부 도 지
符都誌

부도지

박제상 지음 = 김은수 번역·주해

한문화

초판 서문

〈부도지〉는 충렬공 박제상 선생이 삽량주 간으로 있을 때, 전에 보문전 태학사로 재직할 당시 열람할 수 있었던 자료와 가문에서 전해져 내려오던 비서秘書를 정리하여 저술한 책이라고, 김시습 선생은 그의 〈징심록 추기〉에서 추정하고 있다. '부도符都'라는 말은 하늘의 뜻에 부합하는 나라, 또는 그 나라의 수도首都라는 뜻으로, 곧 단군의 나라를 말한다.

〈부도지〉는 한국에서 기록 연대가 가장 오래된 역사서이다. 《징심록》 15 지 가운데 제1 지이며, 《징심록》은 상교上敎 5 지인 〈부도지〉, 〈음신지音信誌〉, 〈역시지曆時誌〉, 〈천웅지天雄誌〉, 〈성신지星辰誌〉와 중교中敎 5 지인 〈사해지四海誌〉, 〈계불지禊祓誌〉, 〈물명지物名誌〉, 〈가악지歌樂誌〉, 〈의약지醫藥誌〉, 그리고 하교下敎 5 지인 〈농상지農桑誌〉, 〈도인지陶人誌〉, 그밖에 알려지지 않은 3 지를 포함하여 모두 15 지로 되어 있다. 후에 박제상 선생의 아들 백결 선생이 〈금척지金尺誌〉를 지어 보태고, 김시습 선생이 〈징심록 추기〉를 써서 보탠, 모두 17편으로 된 책이다.

그러나 현재 원문은 모두 전하지 않고 있으며, 여기에 소개하는 〈부도지〉는 1953년에 박금 씨가 울산의 피난소에서 과거에 《징심록》을 번역하고 연구하던 때의 기억을 되살려 거의 원문에 가깝게 되살려낸 것이다.

박제상 선생이 일본의 목도木島에서 순절하기 전, 그러니까 적어도 서기 419년 이전에 기록한 이 책은, 그동안 영해 박씨 종가에서 필사하여 대대로 비밀리에 전해져 왔다고 하나, 조선 세조 이전까지는 이 책의 내용이 상당히 널리 알려져 있었던 것 같다. 고려 태조 왕건은 왕사王使를 보내 부도의 일을 상세하고 물었다고 하며, 강감찬 장군도 여러 차례 영해(지금의 경북 영덕)를 방문하여 조언을 구했다고 한다.

세종대왕은 영해 박씨 종가宗家와 차가次家의 후예들을 서울로 불러들여 성균관 옆에 거주하게 하고, 장로長老에 임명하여 편전便殿에 들게 했는가 하면, 김시습 선생은 훈민정음 28자를 이《징심록》에서 취본取本했다고 증언하고 있다. 신라와 고려, 조선 초기의 왕들은 영해 박씨에 대해 은근한 대우를 아끼지 않았다.

그러나〈부도지〉는 영해 박씨의 몰락과 함께 수난을 겪지 않을 수 없었다. 세조의 왕위 찬탈에 반기를 들고 김시습, 조상치曹尙治 선생과 함께 금화金化 초막동草幕洞으로 잠적하여 구은사九隱祠 구현九賢 중 무려 칠현을 배출해낸 영해 박씨 문중은, 당시 세조의 눈에는 그야말로 눈엣가시보다도 더 껄끄러운 존재들이었는데, 끝내는 체포령이 내려졌다. 이 때문에 영해 박씨 대소가大小家는 더욱 깊은 산 속으로 숨어버렸으며, 심지어는 선대의 비碑를 땅 속에 묻어 흔적마저 없애가면서 연명하지 않을 수 없었다고 한다.

박금 씨에 따르면, 이 무렵〈부도지〉는 김시습의 손에 의해 금강산의 운와雲窩 효손공孝孫公 댁에서 포신逋臣 계손공季孫公의 집으로 옮겨지고, 다시 계손공의 아들 훈薰 씨가 함경도 문천文川으로 가지고 들어가 운림산雲林山 속으로 숨어버렸다고 한다. 그 후 몇 백 년 간 삼신궤三神匱 밑바닥에 감춰두고 출납을 엄금하여 박금 씨 대에까지 전해졌다고 한다.

박금 씨는 〈부도지〉를 해방 후 월남할 때 문천의 금호에 있는 금호종합이학원에 남겨두고 내려왔다. 그 일로 한을 품은 박금 씨가 자신의 손으로 〈부도지〉를 되살려냈으나, 이 〈부도지〉는 《징심록》 15 지 중 단 1 지에 불과하다. 《징심록》의 유실은 비단 박금 씨 개인이나 영해 박씨 문중에만 한을 남긴 것이 아니라, 우리 한민족 전체에 헤아릴 수 없을 만큼 커다란 손실과 한을 남겼다고 아니할 수 없다.

《징심록》은 거기에 실린 15지의 이름만 보아도 우선 체제부터가 다른 역사서와는 성격이 다른, 정치와 문화 전반에 걸친 괄목할 만한 사서임을 쉽게 알 수 있다. 그 책을 되찾을 방법은 없는가. 혹 박금 씨가 남겨 놓았다는 〈음신지〉, 〈역시지〉, 〈천웅지〉, 〈성신지〉의 남은 일부만이라도 찾을 수 없을까? 〈부도지〉의 여러 역사적 증언과 역법曆法, 허실虛實 기화수토설氣火水土說은 한국 문화의 원형을 여실히 보여주는 주옥같은 기록들이다.

〈부도지〉에 따르면 파미르고원의 마고성에서 출발한 우리 민족은 궁희, 황궁, 유인, 한인, 한웅, 단군에 이르는 동안 천산, 적석산, 태백산과 청구를 거쳐 만주로 들어왔으며, 그 사이 지구상의 동서남북에 사방으로 퍼져 나가 천도 정치의 한국 문화를 전세계에 심어놓았다. 천부의 한국 문화는 오늘날까지도 메소포타미아, 인도, 이집트, 그리스, 프랑스,

영국, 동남아시아, 태평양, 아메리카 대륙에 역법, 거석, 세석기, 빗살무늬 토기, 신화, 전설, 종교, 철학, 천문학, 음악, 수학에 그 잔영을 남겨 놓고 있다.

〈부도지〉는 단군의 사자使者인 순舜의 아버지 유호씨有戶氏가 서방으로 건너가 그 곳에서 전고자典古者를 만나 천부의 본리를 술회하여 전했다고 했는데, 이것이 바로 수메르에 근원을 둔 기독교 사상의 뿌리가 되었으며, 스키타이족에 의해 이루어진 불교와 그리스의 고대 문화도 한국의 천부 문화에서 유래했다고 한다. 유호씨는 피라미드나 지구라트와 같은 높은 탑이나 계단이 마고성에서 소巢를 만들던 옛 풍속에서 유래하였다고 했다.

하프구트 교수는 그의 저서 《고대 해양왕의 지도》에서 1만 년 정도 전의 태고시대에 고도로 발달된 문명이 있었으며, 그것은 중국에서 아메리카까지 지구 전역에 퍼져 있었다고 주장한 바 있다.

이 책을 펴내는 데 몇 가지 의문점이 없지는 않았으나, 여러 가지로 오래 연구한 결과 대부분의 중요한 기록이 《한단고기》 등의 자료와 일치하고, 또 완전히 새로운 정보도 전하고 있으므로, 확신을 갖고 두려움 없이 출간하여 사료에 보태기로 했다. 지하의 박금 씨에게 원망과 위로를 함께 섞어 소식을 전한다.

〈부도지〉는 사라져버린 인류 문화와 초 고대 한국의 줄기찬 역사의 줄거리를 우리에게 보여줌으로써, 과거의 사관, 특히 씨족이 부족이 되고 부족이 종족이 되어 민족국가를 이룬다는, 그리하여 통일신라라는 우리 역사상 최초의 민족국가를 이루었다는 어설픈 발전사학의 공식을, 마치 용맹스러운 장수처럼 진격하여 송두리째 격파해버릴 것이다.

한자판〈부도지〉를 복사하여 넘겨주신 효성 정시화 선생님과 단숨에 달려오셔서 많은 조언을 해주신《새한신문》김강자 씨에게 먼저 인사를 드린다.《영해 박씨 세감》과 박제상 선생의 사적에 대한 자료를 주신 대종회 회장 박영두 사장님과 박진수 상무이사님께 감사드린다. 관련 서적을 구하는 데 헌신적으로 협력해 주신 정해숙 선생님과 최장일 씨, 가나출판사 이광진 사장님과 사원 여러분께 심심한 감사의 뜻을 표한다.

따뜻하게 격려해 주시고 훈훈한 하교의 말씀을 주신 이상식 교수님, 신기철 한국학연구소장님, 김상일 박사님, 중국문학가 김하중 님들의 행복과 건강을 빈다.

아울러 이 자리를 빌어 많은 성원을 보내주신《한단고기》애독자 여러분과 그 가족들에게 무릎꿇고 인사 올린다.

1986년 3월 7일
장성 옥녀봉 기슭 탄금당에서
김은수

개정판 서문

〈부도지〉는 한민족의 기원과 분화, 이동 경로, 한국 고대 문화와 철학 사상의 원형을 담고 있는 책이다. 그런데 이 소중한 책이 절판되어 찾아보기 어렵고, 큰 도서관에서나 어렵게 만날 수 있는 책도 15년 전에 편집한 것이라 읽기에 수월하지 않았다.

이 책을 오늘의 독자가 읽기 쉽게 다듬어 새로이 개정판을 펴낸다니 반가운 마음 금할 수 없다. 이 책을 번역하고 주해하는 데 쏟은 김은수 형의 노력을 가장 가까이서 지켜보았고, 미력하나마 힘을 보탰던 나로서는 먼저 돌아가신 형에게 가장 값진 꽃 한 송이를 바친 기분이어서 홀가분하다.

이 책은 기본적으로 한국의 고대사를 담은 역사서이니, 평생 국어교육에 몸담고 살아온 나로서는 이 책의 역사적 맥락을 살피고, 해설을 덧붙일 형편은 못 된다. 그러나 이 책이 고대사에 대한 대중적 관심을 불러일으킨 바 있으며, 사학계에서도 큰 논쟁거리가 되었던 《한단고기》와 쌍벽을 이루는 소중한 자료라고 알고 있다.

〈부도지〉를 처음 읽는 사람은 누구나 그 안에 담긴 시공간의 깊이와 넓이, 그리고 웅혼함에 마음을 빼앗기게 된다. 나는 〈부도지〉의 창세 신화 부분에 깃들인 신화적 상상력의 깊이와 아름다움에 크게 매료되었다. 이 책에는 한국 고대 문화와 철학, 사상의 원형 외에도 미래 사회의 씨앗이 될 값진 문화적 자산이 많이 숨어 있다.

흔히 21세기를 문화의 시대라고 한다. 이 문화의 시대에 자기 문화,

자기 사상, 자기 생각이 없이는 아무것도 할 수 없다. 창조적 아이디어와 상상력이 경제적 부가가치까지 결정하는 시대에 우리가 기댈 곳은 문화적 창의력밖에 없다.

　나는〈부도지〉가 우리에게 문화적 창의력을 촉발할 훌륭한 내용을 담은 책이라고 생각한다. 이 책에 담긴 역사, 정신, 문하이 씨앗에 대힌 다양한 탐색을 통해 생산적이고 창조적인 성과를 낼 수 있을 것이다.

　이 책은 역사를 공부하는 이들에게는 고대사의 비밀을 밝히는 단서가 될 것이고, 문학을 하는 이들에게는 다양한 소재와 상상력을 제공해 줄 것이며, 여성성女性性의 가치와 생태학적 세계관에 관심을 가진 사람에게는 그에 걸맞는 아이디어를 제공해줄 것이라고 믿는다. 특히 우리나라의 콘텐츠를 바탕으로 세계인이 함께 즐기고 나눌 문화를 창조하려는 젊은이들에게, 이 책은 훌륭한 문화적 자양분이 되어줄 것이다.

　팔십 고령에도 불구하고 불원천리 형을 찾아와〈부도지〉번역을 의뢰하신 정시화 선생님, 그 정정하고 카랑카랑하신 모습이 지금도 눈에 선하다.

　빛을 못 본 채 묻혀 있던 이 소중한 책의 가치를 알아보고, 새로이 다듬어 개정판을 내어 준 한문화에 고마움을 전한다.

2002년 1월
김재수 (광주교육대학교 국어교육과 교수)

일러두기

1. 이 책은 1986년의 초판에서 한자를 줄이고 읽기 쉽게 다듬은 개정판이다. 그러나 번역과 주해의 내용, 책의 전체 체계는 초판과 달라지지 않았다.
2. 가독성을 높이기 위해 한자는 작게 덧붙여 썼다.
3. 본문 내용의 구성은 각 장마다 번역문·원문·주해의 순서로 배열되어 있다.
4. 김은수는 이 책의 초판에서 가능한 한 이해하기 쉽게 번역했지만 그 의미를 확신할 수 없는 부분들은 원문대로 두었다고 밝히고 있다.
5. 부호의 쓰임은 아래와 같다.

　《 》: 책·잡지·신문 이름을 표기한다.
　〈 〉: 문헌 속의 부부·편編·기記·지誌 등 편명을 표기한다.
　「 」: 인용문을 표기한다.
　" ": 대화체를 묶는다.
　' ': 시나 글의 제목을 표기하고, 강조할 단어와 문구를 묶는다.
　*: 주해와는 별개의 부연 설명을 표기한다.

차 례

초판 서문	5
개정판 서문	10
일러두기	12
부도지 박제상	15
소부도지 박제상	95
징심록에 덧붙여 김시습	119
- 징심록 추기	
징심록에 덧붙인 뒷날의 기록 박금	181
- 요정 징심록 연의 후기	
김시습의 징심록 추기 고찰 김재수	197
한국 상대사와 그 문화 김은수	231
참고문헌	315
찾아보기	322

부도지 符都誌

박제상 朴堤上

신라의 충신으로 내물왕 때부터 눌지왕 때까지 활동한 인물이다(363~419(?)). 자는 중운仲雲, 호는 관설당觀雪堂·도원桃園·석당石堂 등이다.

당시 신라는 백제의 세력을 견제하기 위해 내물왕의 둘째 아들인 복호를 고구려에, 셋째 아들인 미사흔을 왜에 파견하여 군사원조를 요청했다. 그러나 왜와 고구려는 왕자들을 인질로 감금하고 정치적으로 이용하고 있었다.

내물왕의 큰아들 눌지왕은 즉위한 뒤 두 동생을 구출하기 위해 군신을 불러 협의했는데, 그 결과 박제상이 적당한 인물로 천거되었다.

당시 삽량주歃良州(지금의 경남 양산) 간干(신라시대 지방민에게 주던 관등 중 제7관등)이었던 박제상은, 418년에 고구려에 들어가 복호를 구해 오고, 곧바로 왜로 건너가 미사흔을 돌아오게 한 후 붙잡혔다. 왜왕이 그를 신하로 삼기 위해 온갖 감언이설과 협박으로 회유했으나, 그는 차라리 신라의 개·돼지가 될지언정 결코 왜의 신하가 될 수 없다며 끝까지 충절을 지키다가 마침내 죽임을 당했다.

눌지왕은 박제상의 죽음을 애통해 하며 그의 벼슬을 대아찬大阿湌(신라시대의 17관등 중 제5관등)으로 높이고 부인을 국대부인國大夫人에 봉했으며, 둘째 딸을 미사흔과 결혼시켜 그의 충절에 보답했다.

제 1 장

    마고성麻姑城[1]은 지상에서 가장 높은 성[2]이다. 천부天符[3]를 받들어 선천先天[4]을 계승하였다. 성 중의 사방에 네 명의 천인天人이 있어 관管[5]을 쌓아놓고 음音[6]을 만드니, 첫째는 황궁黃穹씨[7]요, 둘째는 백소白巢씨[8]요, 셋째는 청궁靑穹씨[9]요, 넷째는 흑소黑巢씨[10]였다. 두 궁씨의 어머니는 궁희穹姬씨요, 두 소씨의 어머니는 소희巢姬씨였다. 궁희와 소희는 모두 마고麻姑의 딸이었다. 마고는 짐세朕世[11]에 태어나 희노喜怒의 감정이 없으므로 선천을 남자로, 후천을 여자로 하여 배우자 없이 궁희와 소희를 낳았다. 궁희와 소희 역시 선천과 후천의 정精을 받아 결혼하지 아니하고 두 천인과 두 천녀를 낳았다.[12] 합하여 네 천인과 네 천녀였다.

    麻姑城은 地上最高大城이니 奉守天符하야 繼承先天이라. 城中四方에 有四位天人이 堤管調音하니 長曰 黃穹氏오 次曰 白巢氏오 三曰 靑穹氏오 四曰 黑巢氏也라. 兩穹氏之母曰穹姬오 兩巢氏之母曰巢姬니 二姬는 皆麻姑之女也라. 麻姑이 生於朕世하야 無喜怒之情하니 先天爲男하고 後天爲女하야 無配而生二姬하고 二姬이 亦受其精하야 無配而生二天人二天女하니 合四天人四天女也라.

1. 마고성

1) 마고가 사는 성. 8려몸의 음音에서 나왔으며 지상의 가장 높은 곳에 있고 가장 오래된 성이라고 한다. 네모형의 성으로, 천국이나 낙원을 의미하기도 한다. 가운데에는 천부단天符壇이, 사방에는 각각 보단堡壇이 있고, 보단과 보단 사이는 세 겹의 도랑으로 연결되어 있다.

위치는, 제 8장에서 천산주天山洲의 남쪽에 있다고 기록한 점으로 미루어 중앙아시아 남동쪽의 파미르고원으로 추정되며, 동쪽에는 운해주雲海洲, 서쪽에는 월식주月息洲, 남쪽에는 성생주星生洲가 있었다.

성의 기능이나 성격으로 보아 소도성蘇塗城이라고도 할 수 있으며, 삼신三神, 산신産神, 삼시랑三侍郎과 관계가 있다. 소도는 하늘에 제사지내던 곳으로, 신성지역이기 때문에 국법의 힘이 미치지 못하여 죄인이 이곳으로 도망하더라도 그를 돌려보내거나 잡아갈 수 없었다.

마고는 여성이며 표면상 단성생식單性生殖을 했고, 8려의 음도 여성음이다. 단군조선 때는 수도를 부도符都라고 하여 마고성의 모양을 본땄다.

2) 마고성은 《구약성서》에 등장하는 에덴동산과 여러 모로 비슷하며, 포도를 먹은 뒤 마고성에서 추방된다는 내용은 선악과를 먹고 에덴동산에서 추방된다는 《성서》의 내용과 더욱 가깝다.

25장에 의하면, 서·남쪽의 월식주와 성생주 사람들이 마고성에서 소巢(망루)를 만들던 습관대로 높은 탑과 계단을 쌓았다고 하는데, 이 점은 바빌로니아와 이집트, 그리고 아메리카의 지구라트(메소포타미아 각지에서 발견되는 고대의 건조물로 하늘의 신들과 지상을 연결시키기 위한 것)나 피라미드가 마고성과 관련이 있음을 시사한다.

3) 지리산에도 마고할미의 전설이 전해오고 있으며 제단도 있다.

4) 영해寧海(경북 영덕에 있는 면 단위 지명)에는 '마고산麻姑山'이라는 산이

있다.

5) 수메르어로 'MAG'는 남성 성기가 발근한 모양의 상형문자에서 나왔다. 높은, 치솟는, 고상한 등의 뜻이 있다. 'GU'는 땅이나 나라라는 뜻이다.(C. J. Ball, 《중국어와 수메르어 Chinese and Sumerian》, 77 · 103쪽 참조)

6) 손진태 씨의 '지석묘支石墓와 관계된 마고전설'을 소개한다.

「이것은 서북양도(황해도 · 평안도 · 함경도)에서 가장 보편적인 전설이나, 그 전설을 윤색한 데는 지방에 따라 조금씩 차이가 있다. 성주와 강동 지방에서는 지석묘가 마고할미를 위해 장수들이 만들어 준 것이라고 하며, 평안남도 양덕군 문흥리 주민은 마고할미 자신이 장수여서 그 큰 돌을 운반해서 직접 만든 것이라고 한다.

평안남도 맹산군 맹산읍 사람들은, 마고할미가 매우 인자한 이라 가난한 사람에게 저고리와 치마, 고의를 벗어주고 나중에는 속옷까지 주었으므로, 맨몸으로는 부끄러워 나다닐 수가 없어서 지석支石을 만들어 그 속에서 살았다고 한다.

또 황해도 봉산지방의 전설에서는 마고할미가 넓고 평평한 돌을 하나는 머리에 이고, 두 개는 겨드랑이에 하나씩 끼고, 하나는 잔등에 지고 와서 지석을 만들었다고 한다.」(박용숙, 《한국 고대미술 문화사론》, 일지사, 1985, 299쪽에서 재인용)

7) 중국에서는 아래와 같이 변했다.

「바다 한가운데의 섬 속에 열고야列姑射가 있다.」, 「바다 한가운데에 야고국射姑國이 있는데 열고야에 속하며, 산이 서남쪽을 에워싸고 있다.」(정재서, 《산해경》, 민음사, 1985, 269쪽 참조)

「그가 말하기를, 막고야산藐姑射山에 신인神人이 있어 살색은 눈처럼 희고 단아하기는 처녀 같은데, 곡식을 먹지 않고 바람을 호흡하고 이슬을 마시며 구름 위에서 날으는 용을 타고 사해 밖으로 놀러다닌다고 한다. 그의 정신이 끌리는 때에 온갖 사물에서 부패를 제거하고 오곡이 풍성하도록 할 수 있다는 것이다.……요임금은 천하의 백성을 다스리며 해내海內를 통치했다. 막고야산에 있는 네 명의 성인聖人을 방문한 뒤에 분수汾手의 양陽으로 돌아오며 '자기의 천하는 이미 상실한 것으로 감각하였다.'고 했다(堯는 治天下之民하고 平海內之政하다가 往見四子藐姑射之山하고, 汾水之陽에서 窅然喪其天下焉하다).」(김동성, 《장자》, 을유문화사, 1969, 20~25쪽 참조)

「한漢의 효환제孝桓帝 때에 신선 왕방평王方平이 채경蔡經의 집에 내려왔다. 도착 시간이 가까와지자 금북(金鼓), 퉁소, 피리, 인마人馬의 소리가 들려왔다. 채경의 집안사람들이 늘어서서 알현하니, 왕방평은 머리에 원유관遠遊冠을 쓰고 붉은 옷을 입고, 호랑이 머리를 장식한 패물이 달린 큰 띠와 오색의 끈을 매고, 칼을 차고 누런 수염이 듬성듬성 나 있는 보통 키의 사람이었다. 우차羽車를 탔는데 다섯 필의 용이 끌었다. 용은 각각 색이 달랐다. 깃발에서부터 시중드는 사람들까지 위엄을 갖추어 마치 대장군과 같았다. 악기를 연주하는 주악대는 모두 기린을 타고 하늘에서 내려와 뜰에 모였다. 시종관은 모두 키가 한 길(242~303cm) 남짓 되었다.

도착하자마자 시종관은 모두 모습을 감추어버려 간 곳을 알 수 없었다. 다만 왕방평만이 채경의 부모형제를 찾아뵈었다. 왕방평은 혼자 앉아 있다가 잠시 후 사자使者를 시켜서 마고를 방문하게 하였다. 채경의 집에서는 마고가 어떤 분인지 아무도 모르고 있었다. '왕방평이 마고 어른께 삼가 한 말씀 올리겠습니다. 저는 오랫동안 민간이 되었으나 지금 여기에 와 있습니다. 마고 어른께서는 잠시 왕림하시어 말씀을 들려주시기 바랍니다.'라고 전하게 하였다.

잠시 후 사자가 돌아왔으나 마고의 모습은 보이지 않고 소리만 들릴 뿐이었다. "마고가 인사드립니다. 뵈옵지 못한 채 어느덧 오백 년이 지났습니다. 존비尊卑의 서열도 있는데 이렇게 뵙게 되리라고는 기대하지 않았습니다. 소식을 듣고 곧 달려왔습니다. 잠시만 기다려 주시면 곧 돌아오겠나이다."라고 하였다.

이각二刻(30분쯤)이 지나자 마고가 왔다. 도착하기 전부터 인마人馬와 피리, 북 소리가 들렸다. 도착하는 것을 보니, 시종은 왕방평이 올 때의 약 반 수였다. 마고가 도착하자 채경 일가는 모두 배알하였다.

마고는 젊고 아름다운 여자로 나이는 열일고여덟 정도였다. 머리는 위로 틀어 올리고 남은 머리는 허리까지 늘어뜨리고 있었다. 입은 옷은 금란金襴은 아니지만 모양이 있었다. 눈빛도 눈부시게 반짝여 무어라 형용하기 어려울 뿐이었다.

마고는 방에 들어가 왕방평에게 배례하였다. 방평도 일어섰다. 좌석이 정해지자 마고는 가지고 온 음식을 내놓았다. 모두 금접시와 옥으로 만든 잔에 음식은 거의 과일 종류였으며, 그 향기는 안팎으로 진동하였다. 마른 고기를 찢어 내놓았는데, 말린 기린 고기를 숯불에 구운 것이었다. 마고가 이렇게 말하였다. "뵈온 이래 벌써 동해가 세 번 뽕나무밭으로 변하는 것을 보았습니다. 지난번 봉래산에 오셨을 때는 물도 먼저 번 대회 때에 비하여 그 반 정도로 얕아졌습니다. 곧 육지가 되지 않을까 싶습니다."

왕방평도 웃으면서, "성인聖人도 모두 바다 가운데에서 먼지가 오를 것이라고 말하고 있습니다."라고 하였다.

마고는 채경의 어머니와 아내를 만나고 싶다고 하였다. 당시 채경의 제수弟嫂는 출산한 지 수일이 지났는데, 마고는 멀리서 보고 알고 있었다. 마고는 "여기에 다시 오기 어려우니"라며, 쌀을 조금 가져오라고 하였다. 쌀을 받아 손에 들고 땅에 뿌리니 모두 진주가 되었다. 방평이 웃으면서, "마고 어른은 역시 젊습니다. 나는 늙어버렸습니다. 이처럼 교묘한 변화를 하는 기분은 벌써 없어져 버렸습니다."라고 말하였다.

방평은 채경의 집안사람들을 가리키며, "그 분들에게 술을 대접하고 싶다. 이 술은 천궁天宮의 부엌에서 나온 것으로 맛이 진하기 때문에 세속인이 마시기에는 적당하지 않다. 마시면 창자가 녹아 내릴지도 모른다. 지금 물을 타려고 하니 이상하게 여기지 말라."하며 1되의 술에 물 1 말을 부어서 흔들어 섞고, 채경의 집안사람들에게 각각 1 되씩 나눠주었다.

잠시 후 술이 떨어지자 방평은 좌우 사람들에게, "먼 곳까지 사러 갈 필요없다. 천문千文 여항余杭의 노파(嫗)에게 가서 술을 사오라."고 명하였다. 곧 오동

나무 기름을 바른 자루 가득히 술을 가져왔다. 5말 정도의 양이었다. 여항의 노파에게서 '지상地上의 술은 입에 맞지만'이란 전언이 있었다.

마고는 새와 같은 손톱을 가지고 있었다. 채경이 그것을 보고 등이 가려울 때 저 손톱으로 긁으면 꽤 기분이 좋겠다고 마음속으로 생각하고 있었는데, 방평은 벌써 채경의 마음을 알아채고는 곧 채경을 묶어놓고 매를 때리게 하였다. "마고 어른은 신인이시다. 너는 왜 손톱으로 등을 긁고 싶어하였는가?"하고 꾸짖었으나, 매가 채경의 등을 때리는 것만 보일 뿐 매를 든 사람의 모습은 보이지 않았다. 방평은 채경을 향하여 "내 매는 절대로 얻을 수 있는 것이 아니다." 라고 하였다.

그날 왕방평은 또 한 통의 호부護符를 채경의 이웃사람인 진위陳尉에게 주었다. 그것은 흔히 귀신과 역신(마마신)을 퇴치하고 사람의 병을 고칠 수 있는 것이었다. 채경도 해태解蛻의 도를 전해 받았다. 그것은 매미가 허물을 벗는 법이었다.

채경은 항상 왕방평을 따라서 산과 바다를 여행했으며 가끔씩 집에 잠깐 돌아올 때도 있었다. 방평은 또 진위에게 편지를 보낸 일이 있는데 대부분 전서篆書 또는 해서체楷書体로 대단히 활달한 대자大字였다. 진위는 그것을 대를 이어 가보로 삼았다.

연회가 끝나자 왕방평도, 마고도 우차를 타고 하늘로 올라갔다. 주악과 행렬은 올 때와 마찬가지였다.」

생산 · 창조의 신이 중국에서는 신선의 모습으로 변했으나 어렴풋이 생산신으로서의 흔적을 가지고 있다.(혼다사이本田濟,《포박자抱朴子 · 열선전列仙傳 · 신선전神仙傳 · 산해경山海經》, 평범사, 동경, 1985, 409~411쪽 참조)

2. **지상에서 가장 높은 성** 마고성은 고산 지역에 있었다. 이 말은 우리 민족을 중심으로 한 현생 인류가 산악 민족임을 시사한다. 신라의 금관이나 80년대 후반에 복원된 압독국押督國(경북 경산시 압량 지역에 있던 삼국시대 초기의 작은 나라)의 '山'자형 입식(갓을 장식하기 위한 장식물), 퀴초에서 출토된 위구르 왕

자의 '山' 자형 관, 페루 모체족(잉카인들보다 훨씬 이전에 페루의 북부 해안에서 살았던 종족)의 산의 형태를 한 그릇의 그림, 그리고 신구 대륙에 널리 산재한 여러 피라미드를 증거로 들 수 있다.

3. **천부** 천부란 천리天理, 즉 천수지리天數之理에 부합符合한다는 뜻이며 하늘의 인장印章, 즉 신표라는 뜻도 있다. 천리 또는 천수지리는 우주의 법칙, 다시 말하면 천도天道를 숫자로 이해하여 표현한 것이다. 천리를 숫자로 표현한 것이 천부경天符經이며, 이 천부경을 새겨서 천권天權을 표시한 것이 천부인天符印이다. 천도정치天道政治를 천명하던 한국의 고대 국가에서는 천부인을 천권의 상징으로 여기고 후계자에게 전수했다. 천부인은, 맑은 소리를 내어 만물을 창조한다고 생각하던 옥돌이나 옥피리, 그 외의 악기와, 자기성찰을 뜻하며 태양을 상징하는 거울, 번성을 의미하는 칼 등에 천부경을 새긴 것이다. 사절오촌四節五寸으로 되어 1부터 9까지의 허수虛數와 실수實數를 나타내는 금척金尺도 천부인의 일종이다.

4. **선천** 후천과 대립적인 의미로 사용되고 있다. 선천시대나 후천시대가 구체적인 연대를 나타내는 것은 아니다. 수에서 선천수는 1 · 2 · 3 · 4 · 5 · 6 · 7 · 8 · 9를, 후천수는 2 · 3 · 4 · 5 · 6 · 7 · 8 · 9 · 10을 말한다. 우주의 1회전 기간을 전 · 후로 나누어 우주력 전반 6개월을 선천, 후반 6개월을 후천으로 보기도 한다. 우주의 1개월을 지구의 역으로 10,800년으로 계산하면, 우주력 12개월 1년은 지구력 129,600년이 된다. 이 중 29,600년은 빙하기이므로 인간이 살 수 없기 때문에 10만 년을 전 · 후로 나누면, 선 · 후천이 각각 5만 년이 된다고 한다.(홍대용, 《의산문답毉山問答》/김시습, 《매월당집梅月堂集》/이능화, 《조선도교사朝鮮道教史》/홍만종, 《해동이적海東異蹟》 참조)

5. **관** '제관조음堤管調音'을 '관을 쌓아 놓고 음을 만든다'로 번역했다. 관은 피리(笛)다. 음을 만든다, 즉 소리를 낸다는 것은 만물을 창조한다 또는 창조된 만물을 천리에 맞추어 깨달아 밝힌다(修證)는 뜻이다.

6. **음** 고대 문화를 이해함에 있어 '음音'은 '수數'와 함께 가장 중요한 의미를 가

지고 있다. 〈부도지〉에서의 음은 바로 천지창조자다.

《성경》에서는 「태초에 말씀이 있었다.」고 했다. 말은 음으로 이루어졌다. 〈부도지〉 2장에서는 「실달성과 허달성, 그리고 마고성과 마고가 모두 음에서 나왔다.」고 했다. 이때의 음은 '8려'의 음이었다. '려'는 여성음이다. 후에 율려律呂는 오음칠조五音七調가 된다. 천녀는 '려'를, 천인은 '율'을 맡아보았다. 〈부도지〉 3장에 의하면, 율려는 다시 음상音象과 향상響象(공명되거나 울려서 나는 소리)으로 나눌 수 있다. 율려는 성聲과 음音이라고 했다. 음상은 위에서, 향상은 아래에서 서로 고르게 퍼져나가므로 기화수토氣火水土가 감응하여 천지에 어둠과 어긋남이 없다고 했다. 역수曆數도 이 음에서 처음으로 나왔다고 했다. 음이 천지를 창조하였다는 설은 〈부도지〉가 처음이다.

고대 중국인들도 음과 수를 중요하게 여겼다. 그러나 그들은 수 우위론자들이었다. 회남자淮南子의 《천문훈天文訓》은 「율력律曆의 수는 천지의 도道」라고 했으며, 한서漢書《율력지律曆誌》는 「수數가 율律을 낳고 기器를 만든다」고 했다. 그렇지만 수數도 자연의 쓰임(用)에 불과하다. 당서唐書《율지律誌》는 「수는 자연의 용用」이라고 했다.

피타고라스는 고대 중국인들보다도 더 적극적인 태도를 보이고 있다. 피타고라스는 자연이 숫자로 다스려진다고 가르쳤다. 그는 자연에는 하모니가 있다고 했다. 자연의 다양성 속에 통일성이 있고 그 나름대로의 언어가 있으며, 그것이 곧 숫자라고 했다. 피타고라스는 음악적인 하모니와 수학 사이에 근본적인 관계가 있다고 했다. 그는 일현금一絃琴을 사용해서 음계의 이론을 세웠다. 이 현을 그대로 옮기면 기저음이 된다. 그는 만물의 근원을 수라고 주장했다. 천체의 운행을 음악의 음정과 관련시켜서 계산해 낼 수 있다고 했다.(J. 브로노브스키, 《인간의 역사》, 삼성문화문고79, 1976, 119~147쪽 참조)

7. **황궁씨** 네 천인 중의 가장 어른으로, 마고성의 복본復本에 대한 책임을 지고 스스로 천산주天山洲로 분거하였다. 한민족의 직계 조상으로, 복본의 서약을 완수하기 위하여 천산으로 들어가 돌이 되어서 길게 울려 소리를 냄으로써 미혹함

을 없애고 마고대성 회복의 서약을 성취했다. 천산주 활동 시대의 책임자로 그 법통이 유인有因, 한인桓因, 한웅桓雄, 단군檀君에게로 이어진다.

8. **백소씨** 마고성에서 월식주月息洲, 즉 중근동 지역으로 이동한 네 파 중 한 파의 책임자. 서양문명은 백소씨족에 의해 이루어졌다.

9. **청궁씨** 중국 대륙에 황궁씨족보다 먼저 들어온 운해주족雲海洲族의 책임자.

10. **흑소씨** 인도지방으로 이동한 성생주족星生洲族의 책임자.

11. **짐세** 선천시대와 후천시대의 중간시대인 중천시대인 듯. 마고성시대.
설문說文에 '짐'은 '아야我也'로 되어 있으며 풀이가 없다. '짐'은 옛날에는 일반적으로 아我의 뜻으로만 쓰였으나, 진시황 6년 이래 특히 왕이 스스로를 칭하는 호칭이 되었다.

12. **선천과 후천의 정을 받아 결혼하지 아니하고 두 천인과 두 천녀를 낳았다** 단성생식이다. 예수도 아버지 없이 단성생식으로 출생했다. 신화 속 인물의 출생에는 수로首露처럼 아버지와 어머니가 없는 경우, 혁거세처럼 어머니만 있는 경우, 주몽처럼 부모가 다 있는 경우, 어머니가 없는 경우의 네 가지 유형이 있다.

제 2 장

 선천시대에 마고대성은 실달성實達城 위에 허달성虛達城과 나란히 있었다. 처음에는 햇볕만이 따뜻하게 내려 쪼일 뿐 눈에 보이는 물체라고는 없었다. 오직 8려呂의 음音[1]만이 하늘에서 들려오니 실달성과 허달성이 모두 이 음에서 나왔으며, 마고대성과 마고 또한 이 음에서 나왔다. 이것이 짐세다.
 짐세 이전에 율려가 몇 번 부활하여 별들이 출현하였다. 짐세가 몇 번 종말을 맞이할 때, 마고가 궁희와 소희를 낳아 두 딸에게 오음칠조五音七調[2]의 음절을 맡아보게 하였다.
 성에서 지유地乳[3]가 처음으로 나오니, 궁희와 소희가 또 네 천인과 네 천녀를 낳아 지유를 먹여 그들을 기르고, 네 천녀에게는 여呂, 네 천인에게는 율律을 맡아보게 하였다.

 先天之時에 大城이 在於實達之上하야 與虛達之城으로 竝列하니 火日暖照하고 無有具象하야 唯有八呂之音이 自天聞來하니 實達與虛達이 皆出於此音之中하고 大城與麻姑이 亦生於斯하니 是爲朕世라. 朕世以前則律呂幾復하야 星辰己現이러라. 朕世

26

幾終에 麻姑이 生二姬하야 使執五音七調之節하다. 城中에 地乳始出하니 二姬又生四天人四天女하야 以資其養하고 四天女로 執呂하고 四天人으로 執律이러라.

1. **8려의 음** 확실하지 않다.《악학궤범樂學軌範》에서는 8음이라 하여 황종黃鐘, 태주太週簇, 협종夾鐘, 중려仲呂, 유빈蕤賓, 이칙夷則, 남려南呂, 응종應鐘을 들고 있다. 6려라고 할 때는 협종夾鐘, 중려仲呂, 임종林鐘, 남려南呂, 응종應鐘, 대려大呂, 육동六同을 든다. 6율은 황종주ㅜㅜ, 태주太簇, 고세古洗, 유빈蕤賓, 이칙夷則, 무사無射를 든다. 8음은 악기를 만드는 중심 재료로 금金, 석石, 사絲, 죽竹, 포匏, 토土, 초草, 목木을 가리키기도 한다.(장사훈,《한국 음악사》, 1978, 89쪽/김기수,《국악입문》, 세광출판사, 1982, 17쪽/《악학궤범》중 팔음도설八音圖說 참조)

《성리대전》의 팔십사성도八十四聲圖에는 남려궁南呂宮, 남려징南呂徵, 남려상南呂商, 남려우南呂羽, 대려궁大呂宮, 남려각南呂角, 대려징大呂徵, 대려상大呂商, 대려우大呂羽, 중려궁仲呂宮, 대려각大呂角 등 음이름이 보인다.(《성리대전性理大典》, 경문사, 1981, 376쪽 참조)

2. **오음칠조** 확실하게 알 수 없으므로 참고로 적는다.

「우리나라 음계는 너·노·느·나·누(궁·상·각·치·우)의 오음계로 되어 있고, 음악에 따라서는 나·너·노의 삼음계도 있으며, 너·노·느·르·나·누·루의 칠성음계도 사용되고 있다.」(김기수,《국악입문》, 세광출판사, 1982, 83쪽 참조)

「《악학궤범》시대에는 평면조와 계면조에 각각 7조가 있었다. 이 7조 중 일지一指, 이지, 삼지, 사지의 4조를 한 데 묶어 말할 때는 낮은조(樂時調)라 하고, 사지, 오지, 육지, 칠지의 4조는 한 데 묶어서 웃조(羽調)라고 하였다.」(장사훈,《한국 음악사》, 1978, 222쪽 참조)

「음악에 대한 이 기본적인 개념은 모두 피타고라스와 그 후계자의 손에서 고도로, 그리고 정밀하게 형성되었다. 이 개념에 어느 정도 수정을 가해서 적어도 천오백 년 간은 유용했고, 우리 시대에서도 거의 의미를 잃지 않은 음계 조직을 만들어냈다. 실제로 그리스 음악뿐만 아니라 그 이후의 음악도 조직적·논리적 기초에서는 피타고라스의 영향을 받지 않은 것이 없다.

신화적인 전언에 의하면, 피타고라스 이전의 시대에도 5음에 바탕을 둔 음계, 즉 뒷날의 7음계와는 달리 거기에서 2음이 생략되고 2개 부분에서 3도의 비약이 있는 음계가 있었다고 한다. 이 불완전한 5음계 조직은 낮은 수준의 음계에서는 필수적이라고 해도 좋겠고, 원시적이고 이국적인 음악에서는 어디서나 발견된다. 중국, 아메리카 인디언, 스코틀랜드, 북유럽, 켈트, 이집트, 타이 등은 모두 일종의 5음계에 의한 음악을 가지고 있다.」(휴고 레이크텐트리트, 《음악의 역사와 사상》, 김진균 옮김, 학문사, 1981, 32쪽 참조)

3. 지유 땅에서 나오는 젖

제 3 장

후천의 운이 열렸다. 율려가 다시 부활하여 곧 향상響象을 이루니, 성聲과 음音이 섞인 것이었다. 마고가 실달대성을 끌어당겨 천수天水의 지역에 떨어뜨리니 실달대성의 기운이 상승하여 수운水雲의 위를 덮고, 실달의 몸체가 평평하게 열려 물 가운데에 땅이 생겼다. 땅과 바다가 나란히 늘어서고 산천이 넓게 뻗었다. 이에 천수의 지역이 변하여 육지가 되고, 또 여러 차례 변하여 수역水域과 지계地界가 다 함께 상하를 바꾸며 돌므로 비로소 역수曆數가 시작되었다. 그러므로 기氣·화火·수水·토土가 서로 섞여 빛이 낮과 밤, 그리고 사계절을 구분하고 풀과 짐승을 살지게 길러내니, 모든 땅에 일이 많아졌다.

이에 네 천인이 만물의 본음本音을 나누어 관장하니, 토를 맡은 자는 황黃이 되고 수를 맡은 자는 청靑이 되어 각각 궁穹[1]을 만들어 직책을 수호하였으며, 기를 맡은 자는 백白이 되고 화를 맡은 자는 흑黑이 되어 각각 소巢[2]를 만들어 직책을 지키니, 이로 인하여 성씨姓氏가 되었다.

이로부터 기와 화가 서로 밀어 하늘에는 찬 기운이 없고 수와 토가 감응하여 땅에는 어긋남이 없었으니, 이는 음상音象[3]이 위에 있어 언제나 비춰주고 향상響象⁴이 아래에 있어 듣기를 고르게 해주는 까닭이었다.

後天運開에 律呂再覆하야 乃成響象하니 聲與音錯이라. 麻姑이 引實達大城하야 降於天水之域하니 大城之氣이 上昇하야 布羃於水雲之上하고 實達之体이 平開하야 闢地於凝水之中하니 陸海 列하고 山川이 廣圻이라. 於是에 水域이 變成地界而雙重하여 替動上下而斡旋하니 曆數始焉이라. 以故로 氣火水土이 相得混和하야 光分晝夜四時하고 潤生草木禽獸하니 全地多事라. 於是에 四天人이 分管萬物之本音하니 管土者爲黃하고 管水者爲靑하야 各作穹以守職하고 管氣者爲白하고 管火者爲黑하야 各作巢而守職하니 因稱其氏라. 自此로 氣火共推하야 天無暗冷하고 水土感應하야 地無凶戾하니 此는 音象이 在上하야 常時反照하고 響象이 在下하야 均布聽聞故也라

1. **궁** 하늘 궁, 활꼴 궁. 궁려穹廬는 흉노가 치고 사는 장막 또는 천막天幕을 이른다.
2. **소** 새집 소. 망루, 망대.〈부도지〉25장에서는 아래와 같이 쓰고 있다.
「백소씨와 흑소씨의 후예가 오히려 소를 만들어 풍속을 잊지 아니하여 높은 탑과 계단을 많이 만들었다.」 소는 높은 탑이나 계단, 즉 지구라트나 피라미드의 기원을 이루었다(이 책의 해설〈서양 문화에 끼친 영향〉참조). 소에는 '큰 피리'라는 뜻도 있다.
3. **음상** 음音. 일반적인 본음本音.
4. **향상** 향響. 공명되거나 울려서 나는 소리

제 4 장

 이 때에 본음本音을 맡아서 다스리는(管攝) 자가 비록 여덟 사람이었으나 향상을 바르게 밝히는(修證) 자가 없었기 때문에 만물이 잠깐 사이에 태어났다가 잠깐 사이에 없어지며 조절이 되지 않았다. 마고가 곧 네 천인과 네 천녀에게 명하여 겨드랑이를 열어 출산하였다. 이에 네 천인이 네 천녀와 결혼하여 각각 삼남 삼녀를 낳았다. 이들이 지상에 처음으로 나타난 인간의 시조人祖¹였다.
 그 남녀가 서로 결혼하여 몇 대를 거치는 사이에 족속이 불어나 각각 삼천² 사람이 되었다. 이로부터 열두 사람의 시조는 각각 성문을 지키고, 그 나머지 자손은 향상을 나누어 관리하며 하늘과 땅의 이치를 바르게 밝히니(修證), 비로소 역수曆數가 조절되었다. 성 안의 모든 사람은 품성稟性이 순정純情하여 능히 조화를 알고, 지유를 마시므로 혈기가 맑았다. 귀에는 오금烏金³이 있어 천음天音을 모두 듣고, 길을 갈 때는 능히 뛰고 걸을 수 있으므로 오고감이 자유로웠다.
 임무를 마치자 금金은 변하여 먼지가 되었으나 그 본바탕(性体⁴)을 보전하여, 영혼의 의식(魂識⁵)이 일어남에 따라 소리를 내지 않고도 능히 말하고, 때에 따라 백체魄体가 움직여 형상을 감추고도 능히 행동하여, 땅 기운 중에 퍼져 살면서 그 수명이 한이 없었다.

是時에 管攝本音者이 雖有八人이나 未有修證響象者故로 萬物이 閃生閃滅하야 不得調節이라. 麻姑가 乃命四天人四天女하야 辟脇生産하니 於是에 四天人이 交娶四天女하야 各生三男三女하니 是爲地界初生之人祖也라. 其男女가 又復交娶하야 數代之間에 族屬이 各增三千人이라. 自此로 十二人祖는 各守城門하고 其餘子孫은 分管響象而修證하니 曆數始得調節이라. 城中諸人이 稟性純情하야 能知造化하고 飮啜地乳하여 血氣淸明이라. 耳有烏金하여 具聞天音하고 行能跳步하여 來往自在라. 任務已終則遷化金塵而保其性体하여 隨發魂識而潛聲能言하고 時動魄体而潛形能行하여 布住於地氣之中하여 其壽無量이러라.

1. **시조** 네 부부가 각각 삼남 삼녀를 낳았으므로 스물네 명 열두 쌍이 된다. 이들이 네 파로 나뉘어 동서남북으로 흩어졌다.《한단고기》는 인류의 시조를 나반那般이라고 했다.(김은수,《주해 한단고기》, 가나출판사, 1985, 33 · 127 · 130쪽 참조)
2. **삼천** 삼천이라는 숫자가《한단고기》,《삼국유사》등과 일치한다.
3. **오금** 순금과 구리의 합금은 적동赤銅이 되고, 착색 여하에 따라 흑색이 되기도 하는데 이것을 '오금'이라고 한다. 오금은 구리에 100대 1∼10의 비율로 섞은 합금이다(황호근,《한국 장신구사》, 서문당, 1979, 37쪽 참조). 귀고리의 유래를 밝혀주는 대목이기도 하다.
4. **성체** 마음의 본체.
5. **혼식** 영혼의 의식. 혼이란 모든 인간 활동의 근원으로 생각되는 정신적인 실체로 영혼의 양陽에 속하는 부분이며, 음陰에 속하는 것은 백魄이라고 한다.

제 5 장

 백소씨 족의 지소씨가 여러 사람과 함께 젖을 마시려고 유천乳泉[1]에 갔는데, 사람은 많고 샘은 작으므로 여러 사람에게 양보하고 자기는 마시지 못하였다. 이런 일이 다섯 차례나 되었다.
 곧 돌아와 보금자리(巢)에 오르니 배가 고파 어지러워서 쓰러졌다. 귀에서는 희미한 소리가 울렸다. (그리하여) 오미五味[2]를 맛보니, 바로 보금자리 난간의 넝쿨에 달린 포도[3] 열매였다. 지소씨는 일어나 펄쩍 뛰었다. 그 독의 힘 때문이었다.
 곧 보금자리의 난간에서 내려와 걸으면서 노래하기를, '넓고도 크도다 천지여! 내 기운이 능가하도다. 이 어찌 도道이리요! 포도의 힘이로다.'[4] 라고 하였다. 모든 사람들이 다 지소씨의 말을 의심하였다. 지소씨가 "참으로 좋다"고 하므로 여러 사람들이 신기하게 생각하고 포도를 먹으니, 과연 그 말과 같았다. 이에 모든 종족에 포도를 먹은 자가 많았다.

 白巢氏之族支巢氏이 與諸人으로 往飮乳泉할새 人多泉小어늘 讓於諸人하고 自不得飮而如是者五次라. 乃歸而登巢하여 遂發飢惑而眩倒하니 耳鳴迷聲하여 呑嘗五味

하니 卽巢欄之蔓蘿葍實이라. 起而偸躍하니 此被其毒力故也라. 乃降巢潤步而歌曰浩蕩兮天地여 我氣兮凌駕로다. 是何道兮오 葍實之力이로다. 衆皆疑之하니 支巢氏曰眞佳라 하거늘 諸人이 奇而食之하니 果若其言이라. 於是에 諸族之食葍實者多러라.

1. **유천** 마고성에 있는 지유가 솟아나는 샘.
2. **오미** 일반적으로 신맛·쓴맛·매운맛·단맛·짠맛의 다섯 가지 맛을 말하나 여기서는 금단의 열매인 포도의 맛을 말한다.
3. **포도** 포도에 대한 내용은 《성경》에 많이 등장한다. 포도나무는 페르시아가 원산지라고 한다. 《구약성서》에는 아래와 같은 이야기가 실려 있다.

「한편, 노아는 포도원을 가꾸는 첫 농군이 되었는데, 하루는 포도주를 마시고 취하여 벌거벗은 채로 천막 안에 누워 있었다. 마침 가나안의 조상 함이 아버지가 벗은 것을 보고 밖에 나가 형과 아우에게 그 이야기를 하였다. 셈과 야벳은 겉옷을 집어 어깨에 걸치고 뒷걸음질쳐 들어가 아버지의 벗은 몸을 덮어드렸다. 그들은 얼굴을 돌린 채 아버지의 벗은 몸을 보지 않았다. 노아는 술이 깨어 작은 아들이 한 일을 알고……」(《구약성서》〈창세기〉 9장 참조)

〈부도지〉에서는 포도의 변을 가리켜 '오미의 변'이라고 하며, 이것은 인류 최초의 변이다. 이 변으로 인하여 지유가 샘솟는 낙원 마고성은 지상에서 사라지고, 마고성의 사람들은 네 파로 나뉘어 이동하여 분거한다. 두번째의 변란은 요堯의 역曆에 의한 변란이었다.

길가메쉬는 포도나무 곁에서 여신을 만난다. 고대 오리엔트인은 포도와 생명의 풀을 동일시했으며, 수메르인의 생명의 표시는 포도잎이었다. 모신母神은 처음에 '어머니인 포도나무'라고 불려졌다. 길가메쉬는 포도의 여신 시두리를 향하여 직접 불사不死를 요구한다.(메르시아 엘리아데, 《종교형태론》, 이은봉 옮김, 형설, 312~314쪽 참조)

4. 포도가葡萄歌　편의상 지소씨의 이 노래를 '포도가'로 이름 붙였다.《구약성서》〈창세기〉9장의 노아의 말을 아래에 적는다.

「가나안은 저주를 받아 형제들에게 천대받는 종이 되어라. 셈의 하느님 야훼는 찬양받으실 분, 가나안은 셈의 종이 되어라. 하느님께서 야벳을 흥하게 하시어 셈의 천막에서 살게 하시고 가나안은 그의 종이 되어라.」

포도를 먹고 취한 점은 같으나 지소씨는 예찬을, 노아는 저주를 했다.〈부도지〉의 내용을 받아들인다면 '포도가'는 인류 역사상 가장 오래된 시가詩歌가 된다.

제 6 장

　백소씨의 사람들이 듣고 크게 놀라 곧 금지하고 지키니(守察), 이는 금지하지 아니하더라도 스스로 금지하는 자재율自在律을 파기하는 것이었다. 이때에 열매를 먹는 습관과 수찰을 금지하는 법이 시작되니, 마고가 성문을 닫고 수운水雲의 위를 덮고 있는 실달대성의 기운을 거두어버렸다.

　열매를 먹고사는 사람들은 모두 이(齒)가 생겼으며, 그 침은 뱀의 독과 같이 되어버렸다. 이는 강제로 다른 생명을 먹었기 때문이었다. 수찰을 하지 않은 사람들은 모두 눈이 밝아져서 보기를 올빼미와 같이 하니, 이는 사사로이 공률公律을 훔쳐보았기 때문이었다.

　그런 까닭으로 사람들의 피와 살이 탁해지고 심기가 혹독해져서 마침내 천성을 잃게 되었다. 귀에 있던 오금烏金이 변하여 달 속에 있는 모래(兎沙[1])가 되므로 끝내는 하늘의 소리를 들을 수 없게 되었다. 발은 무겁고 땅은 단단하여 걷되 뛸 수 없었으며, 만물을 생성하는 원기(胎精[2])가 불순하여 짐승처럼 생긴 사람을 많이 낳게 되었다.

　사람의 수명(命期[3])이 조숙早熟하여 그 죽음이 변하여 바뀌지(遷化[4]) 못하고 썩게 되었으니, 이는 생명의 수數가 얽혀 미혹하게 되고 줄어들었기[5] 때문이었다.

白巢氏之諸人이 聞而大驚하여 乃禁止守察하니 此又破不禁自禁之自在律者也라. 此時에 食實之習과 禁察之法이 始하니 麻姑閉門撤冪이러라. 已矣오 食實成慣者이 皆生齒하여 唾如蛇毒하니 此는 强呑他生故也오 設禁守察者이 皆眼明하여 視似梟目하니 此는 私瞳公律故也라. 以故로 諸人之血肉이 醂化하고 心氣이 酷變하여 遂失凡天之性이라. 耳之烏金이 化作兎沙하여 終爲天聾하고 足重地固하여 步不能跳하며 胎精不純하여 多生獸 相이라. 命期早熟하여 其終이 不能遷化而腐하니 此는 生命之數 縺惑癛縮故也라.

1. **토사** 토는 달, 토사는 달 속에 있는 모래다. 오烏는 해를 뜻하며, 오금烏金은 해 속에 있는 금이다. 오금이 변하여 토사가 되고 그 결과 소리를 들을 수 없었다면, 귀고리로 사용한 오금은 하늘의 소리를 듣기 위한 것이었다.
2. **태정** 원정기元精氣. 만물이 생성되는 원기.
3. **명기** 생명이 붙어 있는 기간. 살아 있는 동안.
4. **천화** 변하여 바뀜. 불교에서는 이 세상 중생들의 교화를 마치고 다른 세상 중생들을 교화하러 가는 일, 곧 고승의 죽음을 이른다.
5. **줄어들었기** 본문에는 '癛縮'으로 되어 있는데 '癛'는 '림癛'이나 '마痲' 또는 '련攣'이 아닌지 모르겠다. 아무튼 '癛縮'은 오그라든다는 뜻이다.

제 7 장

이에 사람들(人世)이 원망하고 타박하니, 지소씨가 크게 부끄러워하며 얼굴이 붉어져서 거느린 무리(眷屬)를 이끌고 성을 나가 멀리 가서 숨어 버렸다. 또 포도 열매를 먹은 자와 수찰을 하지 아니한 자 역시 모두 성을 나가 이곳 저곳으로 흩어져 가니, 황궁씨가 그들의 정상情狀을 불쌍하게 여겨 고별하여 말하기를, "여러분의 미혹함이 심히 커서 본 바탕(性相¹)이 변이變異한 고로 어찌할 수 없이 성 안에서 같이 살 수 없게 되었오. 그러나 스스로 수증修證하기를 열심히 하여 미혹함을 깨끗이 씻어 남김이 없으면 자연히 천성을 되찾을(復本²) 것이니 노력하고 노력하시오."라고 하였다.

이때에 기氣와 토土가 서로 마주치어 때와 절기時節를 만드는 빛이 한 쪽에만 생기므로 차고 어두웠으며, 수水와 화火가 조화를 잃으므로 핏기 있는 모든 것들이 시기하는 마음을 품으니, 이는 빛을 거둬들여서 비추어 주지 아니하고 성문이 닫혀 있어 들을 수 없기 때문이었다.

於是에 人世이 怨咎하니 支巢氏이 大耻顔赤하여 率眷出城하야 遠出而隱이라. 且其

慣食苟實者와 設禁守察者이 亦皆出城하여 散去各地하니 黃穹氏이 哀憫彼等之情狀하여 乃告別曰 諸人之惑量이 甚大하야 性相變異故로 不得同居於城中이라. 然이나 自勉修證하야 淸濟惑量而無餘則自然復本하리니 勉之勉之하라. 是時에 氣土相値하여 時節之光이 偏生冷暗하고 水火失調하여 血氣之類이 皆懷猜忌하니 此는 羃光이 卷撤하여 不爲反照하고 城門이 閉隔하여 不得聽聞故也라.

1. **성상** 삼라만상의 본체와 그 질과 행실.
2. **복본** 천성을 되찾음. 여기서는 많은 뜻을 지니고 있다. 지유를 마시고 오래 살며 마음대로 오가는 사람들이 사는 곳, 즉 마고성의 원상을 회복한다는 뜻이다. 또한 복본이란 낙원을 되찾는다는 뜻이기도 하다. 고구려의 '다물多勿' 과도 관계가 있다.

제 8 장

　더구나 성을 떠난 사람들 가운데 전날의 잘못을 뉘우친 사람들이 성 밖에 이르러 직접 복본을 하려고 하니, 이는 복본에 때가 있는 것을 모르는 까닭이었다. 곧 젖샘을 얻고자 하여 성곽 밑을 파헤치니 성터가 파손되어 샘의 근원이 사방으로 흘러내렸다. 그러나 곧 단단한 흙으로 변하여 마실 수 없었다. 그러한 까닭으로 성 안에 마침내 젖이 마르니 모든 사람들이 동요하여 풀과 과일을 다투어 취하므로 혼탁이 지극하여 맑고 깨끗함을 보전하기가 어렵게 되었다.
　황궁씨가 모든 사람들 가운데 어른이었으므로, 곧 백모白茅[1]를 묶어 마고 앞에 사죄하여 오미의 책임을 스스로 지고 복본할 것을 서약하였다. 물러나와 여러 종족들에게 고하기를, "오미의 재앙이 거꾸로 밀려오니 이는 성을 나간 사람들이 하늘과 땅의 이치와 법도를 알지 못하고 다만 어리석음(惑量)이 불어났기 때문이다. 청정은 이미 없어지고 대성大城이 장차 위험하게 되었으니 앞으로 이를 어찌할 것인가!"라고 하였다.
　이때에 천인들이 나누어 살기(分居)로 뜻을 정하고 대성을 완전하게 보전하고자 하므로, 황궁씨가 곧 천부를 신표로 나누어주고 칡을 캐서

식량을 만드는 법을 가르쳐 사방으로 나누어 살 것을 명령하였다.

이에 청궁씨는 권속을 이끌고 동쪽 사이의 문을 나가 운해주雲海洲² 로 가고, 백소씨는 권속을 이끌고 서쪽 사이의 문을 나가 월식주月息洲³ 로 가고, 흑소씨는 권속을 이끌고 남쪽 사이의 문을 나가 성생주星生洲⁴ 로 가고, 황궁씨는 권속을 이끌고 북쪽 사이의 문을 나가 천산주天山洲⁵ 로 가니, 천산주는 매우 춥고 위험한 땅이었다. 이는 황궁씨가 스스로 떠나 복본의 고통을 이겨내고자 하는 맹세였다.*

已矣오. 出城諸人中悔悟前非者이 還到城外하여 直求復本하니 此未知有復本之時 所故也라. 乃欲得乳泉하여 掘鑿城郭하니 城址破損하여 泉源이 流出四方이라. 然이나 卽化固土하여 不能飮啜이라. 以故로 城內에 諸乳渴하니 諸人이 動搖하여 爭取草果하 니 混濁至極하여 難保淸淨이라. 黃穹氏이 爲諸人之長故로 乃束身白茅하고 謝於麻姑 之前하여 自負 五味之責하여 立誓復本之約이러라. 退而告諸族曰五味之禍이 反潮逆 來하니 此出城諸人이 不知理道하고 徒增惑量故也라. 淸淨已破하고 大城將危하니 此 將奈何오. 是時에 諸天人이 意決分居하여 欲保大城於完全하니 黃穹氏이 乃分給天符 爲信하고 敎授採 葛爲量하여 命分居四方이라. 於是에 靑穹氏이 率眷出東間之門하여 去雲海洲하고 白巢氏이 率眷出西間之門하여 去月息洲하고 黑巢氏이 率眷出南間之 門하여 去星生洲하고 黃穹氏이 率眷出北間之門하여 去天山洲하니 天山洲는 大寒大 險之地라. 此는 黃穹氏이 自進就難하여 忍苦復本之 盟誓러라.

1. **백모** 띠. 모초茅草. 강신降神할 때 띠를 묶어서 모래를 담은 그릇에 꽂는 예법은 지금도 남아 있다.(《사례四禮》 참조)
2. **운해주** 파미르고원의 동쪽, 중원 지역.
3. **월식주** 달이 지는 곳. 파미르고원의 서쪽. 중근동 지역.

4. **성생주** 별이 뜨는 곳. 파미르고원의 남쪽. 인도 및 동남아 지역.
5. **천산주** 파미르고원의 북동쪽. 천산산맥 지역.(《주해 한단고기》, 33 · 136쪽 참조)

   * 고대 한민족의 발상지는 파미르고원의 낙원 마고성이다. 그들은 인구 증가 때문에 오미의 화를 일으키고 사방으로 분산했다. 〈부도지〉 1장에서 8장까지의 기록은 그 골격이 《구약성서》 〈창세기〉와 거의 완벽하게 일치한다.

   여호와 하느님은 7일 만에 천지창조를 마쳤다(한국에서는 아이를 낳으면 일곱 이레, 즉 49일 간 부정을 타지 않도록 가린다). 하느님은 동방의 에덴에 동산을 만들고 그곳에 흙으로 빚어 만든 사람을 살게 했다. 동산에는 과일 나무가 많았다. 생명과(영생과)와 선악과(지혜과)도 있었다. 에덴동산은 네 줄기 강의 발원지였다. 하느님은 사람에게 생명과와 선악과는 먹지 못하게 명령했다. 또한 아담의 갈빗대 하나를 취해 이브를 만들었다. 이브가 뱀의 유혹에 넘어가 선악과를 따먹고 아담에게도 주었다. 하느님은 뱀과 이브와 아담에게 벌을 내리고, 생명과를 지키기 위하여 그들을 에덴동산에서 추방했다.

   〈부도지〉와 〈창세기〉는 적어도 아래의 다섯 가지 점에서 일치한다.

   첫째, 낙원이 설정되어 있다.

   둘째, 포도와 선악과가 있었다.

   셋째, 두 곳에 다 물이 있었다. 마고성을 쌓은 재료는 물과 돌이었다.

   넷째, 〈부도지〉의 네 천녀가 겨드랑이를 열고 각각 삼남 삼녀를 낳았다. 아담의 갈빗대가 여자가 되었다.

   다섯째, 사람들이 낙원에서 추방당하였다(실락원失樂園).

제 9 장

 (마고성을 떠나) 분거한 모든 종족들이 각 주洲에 이르니 어느덧 천 년이 지났다. 옛날에 먼저 성을 나간 사람들¹의 자손이 각지에 섞여 살아 그 세력이 자못 강성하였다. 그러나 거의가 그 근본을 잃고 성질이 사나워져서 새로 갈라져 나온 종족을 보면 무리를 지어 추적하여 그들을 해하였다.

 분거족이 이미 정착하여 거주하니, 바다와 산으로 멀리 떨어져 있어서 거의 왕래가 없었다. 이에 마고가 궁희·소희와 더불어 대성을 보수하여 천수天水를 부어서 성 안을 청소하고, 대성을 허달성 위로 옮겨버렸다. 이때 청소한 물이 동과 서에 크게 넘쳐 운해주의 땅을 크게 부수고, 월식주의 사람들을 많이 죽게 하였다.² 이로부터 지계地界의 중심이 변하여 역수曆數에 차이가 생기니, 처음으로 삭朔³과 판昄의 현상이 있었다.

 分居諸族이 繞倒各洲하니 於焉千年이라. 昔世出城諸人之裔이 雜居各地하여 其勢 甚 盛이라. 然이나 殆忘根本하고 性化猛獰하여 見新來分居之族則作群追跡而害之러

라. 諸族이 已定住하니 海阻山隔하여 來往이 殆絶이라. 於是에 麻姑與二姬로 修補大城하고 注入天水하여 淸掃城內하고 移大城於虛達之上이러라. 是時에 淸掃之水이 大漲於東西하여 大破雲海之地하고 多滅月息之人이라. 自此로 地界之重이 變化하여 曆數生差하니 始有朔昄之象이라.

1. **먼저 성을 나간 사람들** 오미의 변을 일으키고 나간 지소씨의 무리들.
2. **이때 청소한 물이 동과 서에 크게 넘쳐 운해주의 땅을 크게 부수고, 월식주의 사람들을 많이 죽게 하였다** 노아의 홍수를 연상케 한다.
3. **삭** 역제曆制 용어. 합삭合朔의 준말로 달수를 뜻하는 말. 〈부도지〉 23장에 아래와 같은 글이 있다. 「매사每祀의 시작에 대사大祀의 단旦이 있으니, 단과 1은 같기 때문에 합하여 365일이 되고, 삼사三祀의 반半에 대삭大朔의 판昄이 있으니, 판은 사의 이분절二分節이다.」

제 10 장

 황궁씨가 천산주에 도착하여 미혹함을 풀며 복본할 것을 서약하고, 무리에게 천지의 도를 닦고 실천(修證)하는 일에 근면하라고 일렀다. 곧 첫째 아들 유인有因[1]씨에게 명하여 인간세상의 일을 밝히게 하고, 둘째 와 셋째 아들에게 모든 주洲를 돌아다니게(巡行[2]) 하였다. 황궁씨가 곧 천산에 들어가 돌[3]이 되어 길게 조음調音을 울려 인간세상의 어리석음을 남김없이 없앨 것을 도모하고, 기어이 대성 회복의 서약을 쟁취하였다.
 이에 유인씨가 천부삼인天符三印을 이어 받으니 이것이 곧 천지본음天地本音의 상象[4]으로, 진실로 근본이 하나임을 알게 하는 것이었다. 사람들이 추위에 떨고 밤에는 어둠에 시달리는 것을 유인씨가 불쌍하게 여겨, 나무를 뚫어서 마찰시켜 불을 일으켜서 밝게 비춰주고 몸을 따뜻하게 하고, 또 음식물을 익혀서 먹는 법을 가르치니, 모든 사람들이 대단히 기뻐하였다.
 유인씨가 천 년을 지내고 나서 아들 한인桓因씨에게 천부를 전하고 곧 산으로 들어가 재앙을 없애는 굿(禊祓[5])을 전수하며 나오지 아니하였다.
 한인씨가 천부삼인을 이어받아 인간세상의 이치를 증거하는(證理) 일을 크게 밝히니, 이에 햇빛이 고르게 비추이고 기후가 순조로와 생물이 거의 편안(安堵)함을 얻게 되었으며, 사람들의 괴상한 모습이 점점 본래의 모습을 찾게 되었다. 이는 3세(황궁·유인·한인)가 하늘의 도를 닦아 실천하는(修證) 삼천 년 동안 그 공력을 거의 없어질 만큼 썼기 때문이었다.

黃穹氏이 到天山洲하여 誓解惑復本之約하고 告衆勸勉修證之業이라. 乃命長子有因氏하여 使明人世之事하고 使次子三子로 巡行諸洲러라. 黃穹氏乃入天山而化石하여 長鳴調音하여 以圖人世惑量之除盡無餘하고 期必大城恢復之誓約成就러라. 於是에 有因氏이 繼受天符三印하니 此卽天地本音之象而使知其眞一根本者也라. 有因氏이 哀憫諸人之寒冷夜暗하여 鑽燧發火하여 照明溫軀하고 又敎火食하니 諸人이 大悅이라. 有因氏千年에 傳天符於子桓因氏하고 乃入山하여 專修禊祓不出이라. 桓因氏이 繼受天符三印하여 大明人世證理之事하니 於是에 日光均照하고 氣候順常하여 血氣之類이 庶得安堵하고 人相之怪이 稍復本態하니 此는 三世修證三千年에 其功力이 庶幾資於不咸者也라.

1. **유인씨** 황궁씨의 아들이며 한인씨의 아버지. 마고가 궁희를 낳고, 궁희는 황궁씨와 청궁씨를 낳았다.
2. **순행** 화랑도의 수양 방식에 '유오산천遊娛山川 무원부지無遠不至' 라는 말이 있다. 화랑들의 순례는 이 순행에서 시작된 것이다. 단군도 사해를 널리 여행했으며, 모든 종족과 믿음을 돈독히 하고 돌아와 부도符都를 세웠다. 화랑들은 운해雲海·천산天山·성생星生·월식月息을 두루 순례했다.(《부도지》 12장·30장 참조)
3. **돌** 돌은 고대 문화의 상징물이다. 생활도구, 사냥·전쟁 무기, 건축, 축성, 분

묘, 종교적 상징물인 신전 등 쓰이지 않은 곳이 없었다. 돌의 문화를 크게 나누면 세석기 문화와 거석문화로 구분할 수 있다. 대표적인 거석문화로는 이집트의 피라미드, 영국의 스톤헨지, 프랑스 카르나크의 열석, 태평양 이스터 섬의 거인상, 멕시코 올메카의 거석 인두상人頭像, 쿠스코의 잉카제국 시대의 석축, 한국이 중심지인 지석묘 등을 들 수 있다.

그런데 돌을 선택하는 데는 소리와 밀접한 관계가 있다. 인도네시아 토라자 족은 입석立石의 재료를 선택할 때 먼저 모양이나 소리에 주의를 기울인다. 칼 등으로 가볍게 두들겨 맑은 소리가 나야 하며 산돌임이 입증되어야 한다.(최몽룡,《도시의 기원》, 백록출판사, 1984, 80~81쪽 참조)

4. **천지본음의 상** 천부삼인이 음音과 관련이 있음을 밝히고 있다. 음은 수數를 낳는다.

5. **계불** 소도에서 열리는 제천행사(신시神市·조시朝市·해시海市)를 지내기에 앞서 지내는 제사. 우리 민족의 예속禮俗 중에 목욕재계의 유습으로 남아 있다. 문헌상에는《삼국유사》〈가락국기〉에,「3월 계욕일에 그들이 살고 있는 구지봉에서 무엇을 부르고 있는 이상한 소리가 났다.」고 한 내용에 계불과 비슷한 계욕禊浴이라는 말이 처음으로 보일 뿐이다. 그러나 계불은 우리 민족의 제천의식 중에서 종교적·정치적 의미를 고찰할 수 있는 중요한 점을 시사한다. 계불은 수계제불修禊除祓, 계사禊事, 계제禊除, 제불제祓 등의 말과 함께 쓰이고 있으며, 박달나무숲에 신시를 열고 마음을 깨끗이 하여 하늘에 제사를 지내는 의식의 일부였다.

계불의식은 처음에 종교적인 행사로 시작했다. 신시시대에 육지와 섬에 사는 모든 종족은 생선과 고기를 많이 먹었는데, 희생제를 행하여 인간으로 하여금 반성하고 조상에 대하여 기른 공에 보답하게 했다. 제사를 행할 때는 피에 손가락을 꽂아 생명을 성찰하고 땅에 피를 부어 기른 공에 보답하게 했는데, 여기에는 물체가 대신 오미의 화에 보상하게 함으로써 재앙을 멎게 하려는 육신고충肉身苦衷의 고백이 있었다. 이 의식은 전세계적으로 전파되어 여러 신에 대한 제사가 행해지게 되었다.(〈부도지〉 8 · 11 · 12 · 14 · 15 · 29장 및 《주해 한단고기》 41 · 167쪽 참조)

계불에는 계서禊誓의 뜻도 있다. 계서는 피정복민족이 정복민족에 항복하고 귀순하는 것을 의미한다.(가시마노보루 주해, 《왜인전망사倭人典亡史1》, 신국민사, 소화 54년, 171~180쪽 참조)

「김극기의 문집에, '동도東都 풍속에 6월 보름에는 동쪽으로 흐르는 물에 목욕을 하고 계음禊飮을 하는데 이를 유두연流頭宴이라 한다.' 고 하였는데 대개 하삭河朔의 피서연을 계음이라고 한 것은 잘못이다.」(《동경잡기東京雜記》〈풍속편〉 참조)

제 11 장

한인씨의 아들 한웅씨는 태어날 때부터 큰 뜻을 가지고 있었다. 천부삼인을 계승하여 계불禊祓 의식을 행하였다. 웅대한 하늘(天雄[1])의 도를 수립하여 사람들에게 그 유래한 바를 알게 하였다. 어느덧 사람들이 입고 먹는 일에만 편중하므로 한웅씨는 무여율법無餘律法[2] 4조를 제정하여 환부鰥夫로 하여금 조절하게 하였다.

1조는, 사람의 행적은 언제나 깨끗하게 하여 모르는 사이에 생귀生鬼가 되지 않게 하고, 번거롭게 막혀 마귀魔鬼가 되지 않도록 하여, 사람들로 하여금 툭 트여 장애가 하나도 없게 하라(通明無餘一障), 2조는, 사람이 살아오면서 모으고 쌓은(聚積) 것은 죽은 뒤에 공을 제시하여 생귀의 더러움을 말하지 않게 하고, 함부로 허비하여 마귀가 되지 않도록 하여, 사람들이 두루 화합하여 유감이 하나도 없게 하라(普洽無餘一憾), 3조는, 고집이 세고 간사하고 미혹한 자는 광야에 귀양을 보내 때때로 그 사혹함을 씻게 하여, 사악한 기가 세상에 남지 않게 하라, 4조는 죄를 크게 범한 자는 섬도暹島[3]에 유배시켜 죽은 뒤에 그 시체를 태워서, 죄업罪業이 지상에 남지 않게 하라는 것이었다.

또 궁실을 지어 사람들을 살게 하고, 배와 차를 만들어 여행하는 법을 가르쳤다. 이에 한웅씨가 처음으로 바다에 배를 띄워 타고 사해를 순방하니, 천부를 비추어서(照證) 수신하고, 모든 종족의 소식을 소통하여 근본을 잊지 않을 것을 호소하고, 궁실을 짓고 배와 차를 만들고 화식火食하는 법을 가르치기 위함이었다.

한웅씨가 돌아와 여덟 나라의 말과 두 개의 글⁴을 익히고 역법을 정하고 의약술을 수업하며 천문과 지리를 저술하니, 널리 인간세상을 이롭게 하였다. 이는 세대는 멀어지고 법은 해이해져서 모든 사람들이 몰래 거짓(詐端)을 모색하는 일이 늘어났기 때문에, 날마다 쓰는 사물 사이에서 근본의 도를 보전하여 분명하게 밝히기 위한 것이었다. 이로부터 비로소 학문을 하는 풍조가 일어나니, 인성이 어리석고 사리에 어두워서 배우지 아니하고는 알지 못하기 때문이었다.

桓因氏之子桓雄氏이 生而有大志하여 繼承天符三印하고 修禊除祓하고 立天雄之道하여 使人知其所由러라. 於焉人世이 偏重於衣食之業하니 桓雄氏이 制無餘律法四條하여 使鰥夫로 調節하니 一曰人之行蹟은 時時淸濟하여 勿使暗結生鬼하며 煩滯化魔하여 使人世로 通明無餘一章하라. 二曰人之聚積은 死後堤功하여 勿使陳垢生鬼하며 濫費化魔하여 使人世로 普洽無餘一憾하라. 三曰頑着邪惑者는 謫居於曠野하여 時時被其行하여 使邪氣로 無餘於世上하라. 四曰大犯罪過者는 流居於暹島하여 死後焚其尸하여 使罪業으로 無餘於地上하라. 又作宮室舟車하여 敎人居旅러라. 於是에 桓雄氏이 始乘舟浮海하여 巡訪四海할새 照證天符修身하고 疏通諸族之消息하며 訴言根本之不忘하고 敎宮室舟車火食之法이러라. 桓雄氏이 歸而修八音二文하고 定曆數醫藥하며 述天文地理하니 弘益人世라. 此는 世遠法弛하여 諸人之暗揣摸揀이 漸增詐端故로 欲保根本之道於日用事物之間而使昭然也라. 自是로 始興修學之風하니 人性昏昧하여 不學則不知故也라.

1. **천웅** 《징심록》15지 가운데 〈천웅지天雄誌〉가 있다.
2. **무여율법 無餘律法** 복본정신에 기초를 둔, 철저한 종교정신이 엿보이는 율법이며, 죄악과 사기邪氣를 남김없이 없애기 위한 율법이다. 무여율법은 지배적·체계적·강제적 성격을 띠고 있다.(무여율법이 제정된 시기를 추정하면 서기 전 3898년경이다. 참고로 우리 민족의 상고시대에 등장하는 율법 중에 무여율법 4조와 연관시켜 생각해 볼수 있는 내용에는 다음과 같은 것들이 있다.

   첫째는 한국桓國의 오훈五訓인데, 이맥李陌이 지은 《태백일사》〈한국본기桓國本紀〉에 의하면 다음과 같다.
   1. 성신불위誠信不僞 — 성실하고 신의 있어 속이지 않으며,
   2. 경근불태敬勤不怠 — 공경하고 행함에 게으르지 않고,
   3. 효순불위孝順不違 — 효도하고 순종함에 있어 위배됨이 없고,
   4. 염의불음廉義不淫 — 염치 있고 의리 있어 음란치 않고,
   5. 겸화불투謙和不鬪 — 겸손하고 화목하여 다투지 않는다.

   둘째는 같은 책에 나와 있는 신시의 오사五事를 들 수 있다.
   1. 우가주곡牛加主穀 — 우가는 농사를 주관하고,
   2. 마가주명馬加主命 — 마가는 목숨을 주관하고,
   3. 구가주형狗加主刑 — 구가는 형벌을 주관하며,
   4. 저가주병猪加主病 — 저가는 병을 주관하며,
   5. 양가주선악羊加主善惡 — 양가는 선악을 주관한다.

   셋째는 단군조선의 금팔조禁八條를 들 수 있다.
   1. 남을 죽이면 같이 죽여서 다스린다.
   2. 남을 다치게 하면 곡식으로 배상하게 한다.
   3. 남의 것을 도둑질하면 재물을 빼앗고, 신분을 막론하여 남자는 그 집의 노비가 되게 하고, 여자는 계집종이 되게 한다.

4. 소도蘇塗를 훼손시킨 자는 가두어둔다.

5. 예의를 잃은 자는 군에 복무하게 한다.

6. 근면하게 일하지 않는 자는 부역을 시킨다.

7. 음란한 행동을 한 자는 태형笞刑으로 다스린다.

8. 사기치는 자는 훈계·방면하는데, 스스로 속죄하면 공표하여 여러 사람들에게 알리는 것은 면하여 준다. (《주해 한단고기》, 137·191쪽 참조)

「《함무라비 법전》을 거의 완벽하게 보유하고 있는 흑색 석록암 기둥은 1901년 고대 수사의 자리에서 발견되었다. 이보다 앞선 법전도 현재 알려져 있다. 이신Isin의 왕 리피트-이쉬타르Li-pit-Ishtar의 《수메르 법전》은 《함무라비 법전》보다 약 150여 년이 앞선다. 그리고 셈족의 왕 빌라라마Bilalama는 그보다 70여 년 전에 법을 선포했다. 우르 제3왕조의 창건자 우르 – 남무의 법전 역시 《함무라비 법전》보다 앞선 것이다(서기 전 2112년).

이들 마지막 법전들은 조각만 남았지만, 함무라비에게 내려온 법전의 직접적인 계통을 명백히 보여주고 있다. 1500여 년이라는 기간 동안 법전은 더욱 엄격하고 정밀하게 발전했다. 라가쉬국의 우루카키나Urukagina라는 왕은 서기 전 2400년경 일련의 법을 내놓았는데, 이것은 법전이라고 말하기는 어렵지만 이미 어느 정도의 종합성과 조직성을 보여주고 있다.」(헨리 C. 보렌, 《서양 고대사》, 이석우 옮김, 탐구당, 1985, 49~50쪽 참조).

3. **섬도** '섬暹'은 해 돋을 섬, 나라 이름 섬으로 새긴다. 섬라暹羅는 1949년 이전의 태국 국호로, 우리의 기록에 자주 등장한다. 《삼국유사》〈가락국기〉에는 김수로왕의 부인 허황옥이 여기서 온 것으로 되어 있으며, 《한단고기》〈고구려국 본기〉에는 백제인이 그들과 교역하였다고 쓰여 있다. 타이 메콩강 중류에 있는 반치엔에서는 서기 전 3500년경의 청동유적이 발견된 바 있다.

4. **여덟 나라의 말과 두 개의 글(8음 2문)** 배달국에는 녹도문이 있었다. 2문二文이란 원시한글과 한자가 아니었을까?

제 12 장

한웅씨가 임검壬儉씨를 낳았으니, 때에 사해의 여러 종족들이 천부의 이치를 익히지(講) 아니하고 스스로 미혹에 빠져 세상이 고통스러웠다. 임검씨가 천하에 깊은 우려를 품고 천웅의 도를 닦아 계불의식을 행하여 천부삼인을 이어받았다. 갈고, 심고, 누에를 치고, 짚을 먹고, 그릇을 굽는 법을 가르치고, 교역하고 결혼하고 족보를 만드는 제도를 공포하였다.

임검씨가 뿌리를 먹고 이슬을 마시므로 몸에는 털이 길게 자랐는데, 사해를 널리 돌아다니며 여러 종족들을 차례로 방문하니, 백 년 사이에 가지 않은 곳이 없었다. 천부를 비추어서(照證) 수신修信하고 미혹함을 풀고 근본으로 되돌아 갈 것(解惑復本)을 맹세하며 부도[1] 건설을 약속하니, 이는 지역이 멀고 소식은 끊어져서 종족들의 언어와 풍속이 점차 변하여 서로 달라졌기 때문에, 함께 모여 서로 돕고 화합(協和)하는 자리에서 천부의 이치를 익혀 분명히 알게 하기 위함이었다.

이것은 후일 한 달에 한 번씩 모여 배우고 익히는(會講) 실마리가 되니, 사람들의 일이 번거롭고 바빠 익히지 않으면 (천부의 이치를) 잊어

부도지 53

버리기 때문이었다.

　桓雄氏生壬儉氏하니 時에 四海諸族이 不講天符之理하고 自沒於迷惑之中하여 人世因苦라. 壬儉氏懷大憂於天下하고 修天雄之道하며 行禊祓之儀하여 繼受天符三印이라. 敎耕稼蠶葛陶窯之法하고 布交易稼聚譜錄之制러라. 壬儉氏이 啖根吸露하고 身生毛氋하여 遍踏四海하여 歷訪諸族하니 百年之間에 無所不往이라. 照證天符修身하고 盟解惑復本之誓하며 定符都建設之約하니 此는 地遠身絶하여 諸族之地言語風俗이 漸變相異故로 欲講天符之理於會同協和之席而使明知也라. 是爲後日會講之緖하니 人事煩忙하여 不講則忘失故也라.

1. **부도** 단군조선의 수도. 천부의 도시라는 뜻이다. 그러나 부도는 단순히 단군조선의 수도만을 가리키지는 않는다. 부도는 세계의 정치적·종교적 중심지로서 온 천하의 공도公都였다.

제 13 장

임검王儉씨가 돌아와 부도를 건설할 땅을 택하였다. 즉 동북의, 자석이 가리키는 방향(磁方)¹이었다. 이는 2와 6이 교감하는 핵심 지역이요, 4와 8이 상생하는 결과의 땅이었다. 밝은 산과 맑은 물이 만리에 뻗어 있고, 바다와 육지가 서로 통하여 열 방향으로 갈리어 나가니, 즉 9와 1의 끝과 시작이 다하지 않는 곳이 없었다. 인삼(三根靈草²)과 잣(五葉瑞實)과 일곱 가지 색의 옥돌(七色寶玉)이 금강金剛의 심장부에 뿌리를 내려 전 지역에 두루 가득하니, 이는 1과 3과 5와 7의 자삭磁朔³의 정精이 모여 바야흐로 물체를 만드는 복된 땅이었다.

곧 태백산⁴ 밝은 땅 정상에 천부단天符壇⁵을 짓고 사방에 보단堡壇⁶을 설치하였다. 보단의 사이는 각각 세 겹의 도랑으로 통하게 하였다. 도랑의 사이는 천 리였으며, 도랑의 좌우에 각각 관문을 설치하여 지키게 하였다. 이는 마고 본성에서 그 법을 취한 것이었다. 부도의 아랫부분은 나누어 마을을 만들었다. 삼해三海의 주위에 둥그렇게 못에 잠기었다. 네 나루와 네 포구가 천 리 간격으로 연결되어 동서로 줄을 지어 둘러쌌다. 나루와 포구 사이에 다시 6부를 설치하였다. 6부에는 여러 종족이

살았다. 부도가 이미 이루어지니 웅장하고 아름다우며 빛나고 밝아서
온 천하를 화합하기에 충분하였으며, 모든 종족의 삶을 지탱해주는 맥
박(生脈)이었다.

壬儉氏이 歸而擇符都建設之地하니 卽東北之磁方也라. 此는 二六交感懷核之域이
오 四八相生結果之地라. 明山麗水이 連亘萬里하고 海陸通涉이 派達十方하니 卽九一
終始不咸 之基也라. 三根靈草와 五葉瑞實과 七色寶玉이 托根於金剛之臟하여 遍滿
於全域하니 此一三五七磁朔之精이 會方成物而順吉者也라. 乃築天符壇於太白明地
之頭하고 設堡壇於四方이라. 堡壇之間에 各通三條道溝하니 其間이 千里也오 道溝左
右에 各設守關하니 此取法於麻姑之本城이라. 劃都坊於下部之体하고 圓涵澤於三海
之周하니 四津四浦이 連隔千里하여 環列於東西라. 津浦之間에 又設六部하니 此爲諸
族之率居也라. 符都旣成하니 雄麗光明하여 足爲四海之總和요 諸族之生脈이라.

1. 자방 지자기地磁氣가 있는 곳, 지자계地磁界, 자기력의 장場, 즉 자기력이 미치
는 공간을 말한다. 고대인은 자기를 지구의 힘으로 생각했으며, 자기가 많은 곳
을 가장 신성하게 여겨 신전 등을 건립했다.

복희나 여와의 몸은 뱀으로 되어 있으며, 인도 북서부 히마찰 프라데시 주의
캉그라 지방에서 나온 탄트라 경전의 그림 아난타나그는 뱀의 힘을 나타내고
있는데, 우주를 창조하고 유지하고 파괴하는 근원적인 우주 에너지를 상징하고
있다. 탄트라 경전에는 이 외에도 두 그림, 즉 신성한 음절 '옴OM'을 나타내는
그림과 자신의 빛으로 만물에 생명을 주는 태양의 그림이 있다(《유네스코 꾸리
에》, 1984년 12월호/콜린 윌슨, 《우주의 역사》, 한영환 옮김, 범우사, 1986, 32
쪽 참조). 고대인은 빛과 소리와 자력을 만물의 근원으로 생각한 듯하다. 〈부도
지〉는 햇빛만이 내려 쪼일 때 소리로부터 천지가 창조되고, 자방에 부도를 건설

하였다고 했다.

2. **삼근영초** 인삼. 「시市에 온 사람들은 영주瀛州 대여산岱輿山 계곡에서 삼영근三靈根을 얻으니 곧 인삼이었다. 그것을 '영주 해삼海蔘' 이라 하였으며, 능히 삼덕三德을 보전하고 돌아갔다.」(〈부도지〉16장 참조)

영초에 대한 이야기는 수메르에도 있다. 우르크의 왕 길가메시는 친구인 엔키두가 죽자 인생이 덧없음을 깨닫고 수룹파크의 불사의 왕인 우트나피시팀에게 영원한 생명의 비밀을 물으러 간다. 그는 불사의 왕에게 홍수 이야기를 듣고 장수長壽의 영초가 있는 곳을 알게 된다. 그러나 겨우 영초를 구해서 우르크 근방까지 돌아온 길가메시는 샘에서 목욕하는 동안에 영초를 뱀에게 빼앗기고 헛되이 우르크로 돌아온다.

3. **자삭** 북쪽 자장磁場.

4. **태백산** 단군이 도읍한 태백산은 지금의 백두산이 아니라 중국 섬서성에 있는 태백산이다. 단군이 이곳을 도읍지로 정한 데에는 많은 이유가 있지만, 태백산이 옛 한웅의 도읍지라는 데에 큰 이유가 있었던 것 같다. 후에 단군은 만주의 하얼빈으로 도읍지를 옮겼는데, 〈부도지〉에 따르면 요의 습격 때문이었다. 《광주廣州 이씨 세가보世家譜》는 단군의 도읍지가 태백산 아래라 하고, 23년 경인년에 평양, 지금의 만주 요양 또는 개평현으로 옮겼다고 했다. 태백산을 백두산으로 본 것은 옳지 않으나 도읍지를 옮겼다는 내용은 〈부도지〉와 일치한다.

5. **천부단** 천단天壇. 하늘에 제사지내기 위한 제단.

6. **보단** 보堡는 '작은 성 보'로 새기며, 적을 막기 위하여 만든 견고한 구축물을 말한다. 단壇은 '제터 단'으로 새기니, 즉 신단神壇을 뜻한다. 천부단이 순수한 신단이라면 보단은 군사적 목적도 있는 것 같다. 마고성과 부도는 같은 형태로 지어졌는데, 중심에는 천단이, 주위 사방에는 보단이, 그 사이에는 소巢와 궁穹이 있었던 듯하다. 그 주위를 삼조통구三條通溝, 즉 세 겹의 도랑으로 둘러쌌으며, 다시 보의 좌우에는 관문을 설치하였다. 소巢에는 '망루'라는 뜻이, 궁穹에는 '막는다'는 뜻이 있다.

영국의 스톤헨지에도 제단 밖을 빙 두른 도랑이 있다. 「6～9피트 높이의 일 주석―柱石으로 이루어진 말발굽 모양의 열석列石이 제단석을 둘러싸고 있는 것이 우선 생각날 것이다. 그 밖으로는 다시 삼석탑三石塔 5개조로 이루어진 말발굽 형태의 돌이 있다. 이 돌 밖으로 다시 높이 8～10피트의 일주석이 원을 그리며 늘어서 있는데, 이 환상열석環狀列石 바로 밖에 15피트 높이의 돌기둥과, 돌기둥 위에 기둥과 기둥 사이를 가로지른 돌이 얹힌 환상열석이 있다. 그 다음에 100피트의 공간을 남겨두고 원으로 두른 둑이 있으며 그 안쪽에는 도랑이 있다.」(R. M. 아담스,《도시의 기원》, 최몽룡 옮김, 백록출판사, 1984, 213～214쪽 참조)

영국의 고대 유적 연구가인 T. 오브라이언은 스톤헨지를 세운 사람들은 수메르인이며, 그들은 수메르에서 스칸디나비아, 스코틀랜드, 아일랜드를 경유하여 그곳에 도착했다고 믿고 있다(앞의 책《우주의 역사》참조). 또 제프리 비비 Geoffery Bibby는, 무역 등을 하며 유럽 전역을 가로질러 떠돌아다니던 스페인의 비커족이 그들의 문화에 러시아 초원에서 시작된 유목민의 투부鬪斧문화를 받아들여 만들었다고 한다(앞의 책《도시의 기원》참조).

「하프구트 교수는 그의 저서《고대 해양왕의 지도》에서 다음과 같은 놀라운 가설을 펴고 있다. '약 만 년 전의 태고시대에 고도로 발달한 문명이 있었는데, 그 문명은 중국에서 아메리카까지 지구 전역에 퍼져 있었다. 과학과 지도 작성에서는 훗날의 그리스·로마 문명보다 더 발달되어 있었다. 그런데 그 고대 문명은 갑자기, 또는 서서히 사라져 갔으며, 너무나 오래 전의 일이어서 잊혀지게 된 것이다.' (앞의 책《우주의 역사》, 36쪽 참조)」

바로 그 문명이 세계 최초로 역법을 만들어 내고 거석 문화와 세석기 문화, 그리고 빗살무늬토기와 도상 문화 및 까마귀 신화 등을 남긴 파미르고원의 한 민족 문화였다.

제 14 장

 이에 황궁씨의 후예[1] 6만이 (부도에) 이주하여 지키고, 곧 나무를 베어 뗏목 8만을 만들어서 신부信符를 새겨 천지天池[2]의 물에 흘려보내 사해의 종족들을 초청하였다. 종족들이 신부가 새겨진 뗏목을 얻어서 보고 차례로 모여들어 박달나무숲에 신시神市[3]를 크게 열고, 계불로 마음을 깨끗이 하여 하늘의 움직이는 모습을 살핀 후, 마고의 계보系譜를 살펴 그 족속을 밝히고, 천부의 음[4]에 준하여 그 말과 글을 정리하였다.[5]
 또 북극성과 칠요七耀[6]의 위치를 정하여 넓고 평평한 돌 위에서 속죄의 희생물을 구워 제사를 올리고, 모여서 노래하며 천웅天雄의 악樂[7]을 연주하였다. 종족들이 방장산方丈山 방호의 굴에서 칠보의 옥을 채굴하여 천부를 새기고,[8] 그것을 방장해인方丈海印[9]이라 하여 칠란七難을 없애고 돌아갔다.
 이로부터 매 십 년마다 반드시 신시를 여니, 이에 말과 글이 같아지고 천하가 하나로 되어 사람들이 크게 화합하였다. 인하여 바닷가에 성황城隍[10]을 지어 천부에 제사를 올리고, 모든 종족들이 머물러 집을 지어 살게 하니, 그 뒤로 천 년 사이에 성황이 전역에 널리 퍼졌다.

於是에 移黃穹氏之裔六萬이 守之하고 乃割木作桴八萬하여 刻信符流放於天池之水하여 招四海諸族하니 諸族이 得見信桴하고 次第來集하여 大開神市於朴達之林하고 修禊淨心察于天象하여 修麻姑之譜하여 明其族屬하고 準天符之音하여 整其語文이러라. 又奠定北辰七耀之位하여 燔贖於盤石之上하고 會歌而奏天雄之樂이러라. 諸族이 採七寶之玉於方丈壺之堀하여 刻天符而謂之方丈海印하여 辟除七難而歸라. 自此로 每十歲必開神市하니 於是에 語文同軌하여 一準天下하니 人世太和러라. 仍而(仍以)築城於海隅하여 奉奠天符하고 使駐留諸族으로 舘而居之하니 爾來千年之間에 城隍이 遍滿於全域이라.

1. **황궁씨의 후예** 파미르고원의 마고성에서 천산주로 옮겨 유인씨의 시대를 보내고, 한인의 적석산積石山 시대를 거쳐 태백산의 한웅시대에 이른다. 배달국의 14대 자오지 한웅慈烏支桓雄 때 청구靑邱로 옮겼다가 다시 태백산으로 돌아왔다.
2. **천지** 천지라면 일반적으로 백두산에 있는 천지를 가리킨다. 그러나 세 겹의 도랑이 부도의 외곽을 둘러싸고 있었다는 내용으로 보아 '천지'가 단순한 고유명사가 아님을 알 수 있다. 물은 고대인들에게 생명의 원천으로 받아들여지며, 돌과 함께 기본 축성재임을 밝힌 바 있다.
3. **신시** 신국神國의 제천祭天 및 물품 교환 장소를 가리키며, 장소에 따라 세 가지로 분류한다. 정치적 중심지인 부도에서 행하는 것은 '신시'라 하고, 육산물의 중심지에서 행하는 것은 '조시朝市'라 했으며, 해산물의 중심지에서 행하는 것은 '해시海市'라고 했다. 그 목적은 첫째가 종족들 간의 연락과 화합이었으며 물품 교환은 부수적인 것이었다. 아마도 이것은 후에 조공으로 변한 듯하다. 신라에서는 남태백산에서 신시를, 달구에서 조시를, 율포에서 해시를 열었다고 했다(〈부도지〉 29장 참조). 신시와 조시와 해시를 합하여 '제시祭市'라고도 했다.

4. 천부의 음   한국어의 음 또는 천부경의 음. 한국어는 종성이 가장 발달된 언어다. 일본어나 중국어는 원칙적으로 종성이 없다. 서양의 여러 언어의 종성은 몇 개 되지 않는다. 한국어는 초성이 19자, 중성이 21자, 종성이 28자로, 인류 역사에 이처럼 종성이 발달된 언어는 일찍이 없었다. 한국어는 초성·중성·종성을 합하여 11,172개의 문자를 만들 수 있으며, 이들을 결합하여 20만 개 이상의 어휘를 만들 수 있다. 단순한 것에서 복잡한 것으로 발전한다는 문화 발달이론에 비추어 볼 때 이처럼 월등하게 종성이 발달되어 있는 한국어는 그 기원이 가장 오래 된 언어임을 알 수 있다.

한국어는, 초성과 중성의 조직적인 배합만으로도 충분히 언어생활을 영위할 수 있었을 언어인데도 거기에 다시 종성이 결합되었으며, 그 종성이 초성이나 중성보다 더 발달된, 지극히 과학적인 질서와 조직력을 가진 언어다. 그러나 아직까지 한국의 학계에는 이와 같은 한국어의 특성에 대한 언어발달사적인 측면에서의 고찰이 거의 없는 것으로 알고 있다.

고대 문명기에 한국어가 세계어였을 가능성은 충분하다고 본다. 일본어, 특히 한자어에서 일본어의 모음은 한국어 모음을 분해한 것으로 나타난다. 예를 들면, '在'의 한국어 음은 '재'인데, 일본어에서는 'ザイ〔jai〕'로 나타나서, 한국어의 모음 'ㅐ'가 분해되어 일본어의 모음 'ㅏㅣ'가 되었음을 알 수 있다. 일본어는 자음에서도 한국어와 같은 음이거나 동일한 발음 계통의 음을 많이 쓰고 있다. 중국어도 예외가 아니다.

임승국 교수는 한국이 한자漢(桓)字 문화권의 주인공이라고 말하고 있으며, 김상일 교수는 한국어와 수메르어를 비교·연구하여 많은 성과를 거두고 있다 (김상일, 《신학과 한국사상의 만남》, 기독교사상, 1985년 7·8호 참조). 조선이 사해의 공도公都라고 했는데 그렇다면 천부의 음, 즉 한국어가 세계의 표준어였을 가능성은 부정할 수 없다.

5. 말과 글을 정리하였다   《한단고기》의 3세 단군 가륵嘉勒 2년(서기 전 2181년) 조에, 「아직 풍속이 하나같지 않았으며 지방마다 말이 서로 달랐다. 형상으로 뜻

을 나타내는(상형표의象形表意) 진서眞書가 있었으나, 열 집 사는 마을에도 말이 통하지 아니하고 백 리 되는 땅의 나라에서도 서로 글을 이해하기 어려웠다. 이 때에 삼랑三郎 을보륵乙普勒에게 명하여 정음正音 38자를 만들어 이를 가림토加臨土라 하며…」라 했는가 하면, 《단기고사》에도, 「2년 봄에 박사 을보륵에게 명하여 국문정음國文正音을 정선精選하였다.」고 했다. (해설, 〈단군조선의 문화와 정치〉 참조)

6. **칠요** 일월日月과 금목수화토金木水火土. 칠정七政.
7. **천웅의 악** 옛 신들을 노래한 시가(고신가古神歌). 《한단고기》에는 '어아가於阿歌' 등 4편의 고신가가 전해지고 있다.
8. **천부를 새기고** 여기에서 말하는 천부는 천부경인 것 같다. 《구약성서》에는 다음과 같은 구절이 있다. 「돌판 두 개를 처음 것처럼 다듬어 놓아라. 그러면 그 돌판에다 지난번에 네가 깨뜨린 첫 돌판에 써 주었던 글을 내가 다시 새겨 주리라……」(〈출애굽기〉 34장 참조)
9. **방장해인** 돌판에 천부경을 새긴 천부인의 하나.
10. **성황** 씨족이나 부족 단위로 제천을 하던 장소로 소소도小蘇塗인 것 같다. 신시는 상소도上蘇塗, 조시나 해시는 중소도中蘇塗에서 행해지지 않았을까?

제15장

또 예澧¹와 양陽²이 교차하는 중심지에 조시朝市³를 설치하고, 팔택八澤⁴에 해시海市를 열어 매년 시월 아침에 드리는 제사(朝祭⁵)를 지내니, 사해의 종족들이 모두 지방 토산물을 바쳤다. 산악 종족들은 사슴과 양을 바치고 해양 종족들은 물고기와 조개를 바쳐 송축하기를, '고기와 양을 희생으로 조제에 받들어 올리니 오미의 피를 신선하게 하여 창생의 재앙을 그치게 하네'라고 하였다. 이를 가리켜 '조선제朝鮮祭'라 하였다.

이때에 산악과 해양의 종족들이 생선과 고기를 많이 먹으니, 교역하는 물건의 대부분이 절인 어물과 조개와 가죽류였기 때문에, 곧 희생제를 행하여 인간으로 하여금 반성하고 조상의 은공에 보답하게 하였다. 피에 손가락을 꽂아 생명을 성찰하고 땅에 피를 부어 기른 공에 보답하니, 이는 물체가 대신 오미의 잘못을 보상하여 재앙을 멎게 하기 위함이었다. 즉 육신고충의 고백이었다.

언제나 새해맞이 제사(歲祭) 때에는 물화物貨가 폭주하므로 네 나루와 네 포구에 해시를 크게 열고, 몸을 깨끗이 하여 지리地理를 거울삼아 교역의 법을 시행하여 그 값과 분량을 정하며, 물성의 근본을 분별하여 이

부도지 63

용하는 법을 밝혔다. 또 부도에 있는 여덟 개의 연못 모양을 본떠서 못을 파고, 굽이굽이 휘어 흐르는 물 사이에서 추수감사제(報賽[6])를 지내고, 모여서 잔치(會燕[7])하여 모든 물자를 구제하는(濟物) 의식을 행하였다. 종족들이 봉래산 원교봉圓嶠峰[8]에서 오서五瑞의 열매를 얻으니, 즉 잣나무 열매였다. '봉래 해송海松'이라 하여 은혜롭게 다섯 가지 행운을 얻고 돌아갔다.

이로부터 사해에 산업이 일어나서 교역이 왕성해지므로 천하가 넉넉하여 부족함이 없었다.

又設朝市於澧陽交地之復(腹)하고 設海市於八澤하여 每歲十月에 行朝祭하니 四海諸族이 皆以方物로 供進이라. 山岳諸族은 供之以鹿羊하고 海洋諸族은 供之以魚蚧하여 乃頌曰「朝祭供進魚羊犧牲五味血鮮休咎蒼生하라」此謂之朝鮮祭러라. 是時에 山海諸族이 多食魚肉하니 交易之物이 擧皆包具皮革之類故로 乃行犧牲之祭하여 使人反省報功也라. 揷指于血하여 省察生命하고 注血于地하여 環報育功하니 此代物而償五味之過하여 願其休咎하니 卽肉身苦衷之告白也라. 每歲祭時에 物貨輻湊하니 廣開海市於津浦하고 除祓潔身하여 鑑于地理하고 行交易之法하여 定其値量하며 辨物性之本하여 明其利用이러라. 又象鑿符都八澤之形하여 報賽於曲水之間하고 會燕而行濟物之儀러라. 諸族이 取五瑞之實於蓬萊圓嶠之峰하니 卽栢子也라. 謂之蓬萊海松하여 惠得五幸而歸라. 自此로 四海興産하여 交易殷盛하니 天下裕足이러라.

1. 예 물 이름.

1) 호남성湖南省을 흘러 동정호에 들어가는 강. 수원水源이 셋 있는데, 남쪽 수원은 영순현永順縣, 북쪽 수원은 용산현龍山縣, 가운데 수원은 상식현桑植縣이며, 이 세 흐름이 상식현 서북에서 합쳐진다.

2) 하남성河南省 동백현桐柏縣에서 발원하여 서북으로 흐르는 당하唐河의 지류.
2. **양** 한수漢水의 북쪽. 한수는 섬서성陝西省 영강현寧姜縣에서 발원하여 호북성 湖北省을 관통하여 흐르는 양자강의 지류. 섬서·호북 두 성을 '한중漢中'이라 하며, 줄여서 '한漢' 이라고도 함. 예와 양이 교차하는 중심지란 무산巫山이 아닐까?
3. **조시** 제사를 지내고 물품을 교환하기 위한, 육지에서의 모임.
4. **팔택** 양자강 좌우의, 우임금이 만든 아홉 개의 연못 또는 그 연못들이 있는 지역을 가리킴. 팔택이란 말은 부도 팔택에서 유래되었음. 구택의 명칭은 대륙大陸, 뇌하雷夏, 맹제孟諸, 하택荷澤, 영택榮澤, 대야大野, 팽려彭蠡, 진택震澤, 운몽雲夢임.
5. **조제** 조선제의 준말. 소도제천 행사를 말함.
6. **보새** 해마다 가을에 농사를 마치고 신의 공덕과 은혜에 보답하기 위해 지내는 제사.
7. **회연** 연燕은 연宴과 같다. 여러 사람이 모여서 여는 잔치. 그러나 회연會燕을 서술어와 보어로 볼 때는 '연燕(지명)에 모여서' 가 된다.
8. **원교봉** 교는 발해의 동쪽에 있는 산 이름. 《열자列子》 탕문湯門에 '기중유오산언其中有五山焉' 이라고 했다.

제 16 장

시市에 온 사람들은 영주瀛州 대여산岱輿山[1] 계곡에서 삼영근三靈根을 얻으니, 곧 인삼이었다. 그것을 '영주 해삼'이라 하였으며, 능히 하늘과 땅과 사람의 세 가지 덕을 보전하고 돌아갔다. 대개 인삼이 그 수와 격을 갖추어 자삭방磁朔方에서 난 것은 반드시 장생하니, 40세를 1기로 휴면하고 13기를 1삭으로 정기를 쌓고 4삭을 경과하여 씨를 맺어 화하니, 이러한 것은 부도 지역이 아니고는 얻을 수 없다. 그러므로 '방삭초方朔草'라 하니, 세상에서 불사약이라 하는 것이 이것이다. 혹 작은 뿌리라도 부도 지역에서 생산되는 것은 모두가 신령한 효험이 있으므로, 시에 온 사람들은 반드시 그것을 구하였다. 대저 삼근영초의 인삼과 오엽서실五葉瑞實의 잣과 칠색보옥七色寶玉의 부인符印[2]은 진실로 불함삼역不咸三域[3]의 특산이요, 사해의 종족들에게 하늘의 은혜였다.

來市者이 又取三靈之根於瀛州岱輿之谷하니 卽人蔘也라. 謂之瀛州海蔘하여 能保三德而歸라. 盖人蔘이 具其數格하여 生於磁朔之方者이 必長生하니 以四十歲謂(爲)一期休眠하고 以一三期爲一朔而蓄精하고 經四朔而結子乃化하니 如是者는 非符都之

域卽(則)不得也라. 故로曰方朔草하니 世謂之不死藥이 是也라. 其或小根이라도 産於符都之域者는 皆有靈效故로 來市者이 必求之也러라. 大抵三根靈草之人蔘과 五葉瑞實之栢子와 七色寶玉之符印은 眞是不咸三域之特産이오 四海諸族之天惠라.

1. **대여산** 《열자列子》 탕문湯門에는 바다 가운데에 있는 선산仙山으로 발해의 동쪽에 있는 다섯 선산 중 하나라고 했다.
2. **부인** 천부인天符印, 방장해인方丈海印.
3. **불함삼역** 방장의 방호方壺, 봉래蓬萊의 원교봉圓嶠峰, 영주瀛州의 대여산岱輿山을 이름.

제 17 장

때에 도요陶堯¹가 천산의 남쪽에서 일어났는데, 일차로 성을 나간 사람들의 후예였다. 일찍이 제시祭市의 모임에 왕래하고, 서쪽 보堡의 간干²에게서 도道를 배웠다. 그러나 원래 수數에 부지런하지 못하였다. 스스로 9수5중九數五中³의 이치를 잘 알지 못하고, 중5中五 이외의 8은 1이 즉 8이라고 생각하고 내內로써 외外를 제어하는 이치라 하여, 오행⁴의 법을 만들어 제왕의 도를 주창하므로, 소부巢夫와 허유許由⁵ 등이 심히 꾸짖고 그것을 거절하였다.

요가 곧 관문 밖으로 나가 무리를 모아 묘예苗裔⁶를 쫓아내었다. 묘예는 황궁씨의 후예였으며, 그 땅은 유인씨의 고향이었다. 후대에 임검씨가 여러 사람을 이끌고 부도를 나갔기 때문에 그 비어 있는 기회를 이용하여 그를 습격하니, 묘예가 마침내 동·서·북의 세 방향으로 흩어졌다.

요가 곧 9주⁷의 땅을 그어 나라를 만들고, 스스로 5중에 사는 제왕이라 칭하여 당도唐都를 세워 부도와 대립하였다. 때에 거북이가 등에 지고 나왔다는 부문負文⁸과 명협蓂莢⁹이 피고 지는 것을 보고 신의 계시라 하여, 그것으로 역曆을 만들고 천부의 이치를 폐하여 부도의 역을 버리니, 이는 인간세상의 두 번째 큰 변이었다.

是時에 陶堯가 起於天山之南하니 一次出城族之裔也라. 曾來往於祭市之會하고 聞道於西堡之干이라. 然이나 素不勤數하여 自誤九數五中之理하고 以爲中五外八者는 以一於(御)八하며 以內制外之理라하여 自作五行之法하고 主唱帝王之道하니 巢夫許由等이 甚責以絕之라. 堯乃出關聚徒하여 驅逐苗裔하니 苗裔者는 黃穹氏之遺裔오 其地는 有因氏之鄕也라. 後代壬儉氏가 率諸人出於符都而不在故로 堯乘其虛而襲之하니 苗裔가 遂散去東西北之三方이라. 堯乃劃地九州而稱國하고 自居五中而稱帝하여 建唐都하여 對立符都라. 時見龜背之負文과 蓂莢之開落하고 以爲神啓라 하여 因之以作曆하고 廢天符之理하며 棄符都之曆하니 此는 人世二次之大變이라.

1. **도요** 중국의 요임금. 《사기》에 의하면, 제곡帝嚳이 죽자 지摯가 제위에 올랐으나 불선不善했으며, 그가 죽자 동생 방훈放勳이 임금이 되었는데 그가 요라고 했다. 《18사략》은, 「제요도당帝堯陶唐씨는 성은 이기伊祁, 일설에는 이름은 방훈放勳이라고도 한다. 제곡의 아들이다.」라고 했다. 그는 산서성 평양부에 도읍지를 정했다.
2. **간** 「간干은 방防이요 장長이다.(〈부도지〉 28장 참조)」
3. **9수5중** 1부터 9까지 늘어놓으면 5가 중심이 된다.
4. **오행** 우주를 운행하는 원기로서, 만물의 주성분이 된다는 5원소 즉, 금목수화토金木水火土를 말한다. 목木은 육성育成의 덕德을 맡는다고 하며, 방위는 동쪽, 철은 봄에 해당한다. 화火는 변화變化의 덕을 맡아 방위는 남쪽, 여름에 해당한다. 토土는 생출生出의 덕을 맡아 방위는 중앙, 사시의 주가 된다. 금金은 형금刑禁의 덕을 맡아 방위는 서쪽, 가을에 해당한다. 수水는 임양任養의 덕을 맡았으며 방위는 북쪽, 겨울에 해당한다. 또 목생화, 화생토, 토생금, 금생수, 수생목

을 상생相生이라 하고, 목극토, 토극수, 수극화, 화극금, 금극목을 상극相剋이라고 한다.(이홍식,《국사대사전》,〈오행 및 음양오행설〉참조)

그러나〈부도지〉는 이와 같은 오행설에 대하여 천수天數의 이치에 이러한 것이 없으며, 금목화수토를 수성數性에 짝지우는 것도 옳지 않다고 통렬하게 공격하고 있다(21장 참조).〈부도지〉는 음양오행설 대신에 허실기화수토설虛實氣火水土說을 말하고 있다(2∼3장 참조).

또《삼일신고三一神誥》는,「너희의 땅은 스스로 큰 듯하나 한 알(丸)의 작은 세계이다. 중심의 불(火)이 흔들려서 바다(水)가 변하여 육지(土)가 되고 곧 형상을 이루게 되었다. 신께서 기氣를 불어 밑을 싸고 햇빛과 열로 따뜻하게 하시어 걷고 날고 화하고 헤엄치고 심는 것들을 번식하게 하셨다.」고 함으로써 기화수토설을 주장하고 있다.

조선 영조 때의 북학파 홍대용은《의산문답毉山問答》에서,「대저 땅의 경계는 태허太虛에 비하면 미세한 티끌에 지나지 않으며, 중국은 지계의 10수분의 1일 따름인데, 지구 전체를 28숙宿에 배당하였다면 오히려 혹 그럴 수도 있음직 하지만, 구주九州의 좁은 땅을 중계衆界에다 억지로 짝지어 무리하게 쪼개 붙여서 재앙과 상서의 징후를 점치려 하는 것은 더욱 허망한 것이라 말할 나위도 없소.」라고 한 후,「옛 사람이 때를 따라 의견을 세워 만물의 이름을 지었다고 하여 거기에 하나라도 가감할 수 없거나, 천지만물은 꼭 이 수만으로 되어 있다고 하는 것은 아니라오.

때문에 오행의 다섯이라는 수는, 원래 정해져 있는 설이 아닌데 술가術家들이 이를 조술祖述하고 하도河圖 낙서洛書의 이치를 억지로 끌어다 붙이고 주역의 상사象辭로써 이에 천착하는데, 상생상극이니 비잠주복飛潛走伏이니 하는 지리멸렬하고 장황한 이 뭇 기교는 결국 아무런 이치도 없는 것이오. 대저 화火는 해(日)이고 수토水土는 지구이니, 목금木金과 같은 것은 해와 지구가 생성하는 것이요, 마땅히 화수토火水土 3자와 더불어 병립하여 오행이라 함은 부당하오.」라고 하여 오행설을 극력 배격했다.(홍대용,《담헌서》, 대양서적, 1975, 40∼46쪽

/해설〈한국문화의 본체성〉참조)

5. **소부와 허유** 「전부터 천하의 현인을 눈여겨보아 왕위를 물려주려고 생각하였다. 그가 아직 순舜을 만나기 전 양성陽城의 허유許由라는 사나이가 가장 뛰어난 현인이라고 들었기에 친히 그를 찾아가 천하를 넘겨주고 싶다고 말한 적이 있었다. 그러나 허유는 청렴고결한 사람으로 왕위를 물려받기를 원치 않아 밤중에 뛰쳐나와 기산箕山 기슭 영수潁水가로 옮겨 살았다. 요는 그가 천하를 바라지 않음을 알자 이번에는 사람을 보내 구주九州의 장이 되어 달라고 부탁하였다. 허유는 그 말을 듣고 더욱 염증이 나서 부지런히 영수로 가서 물로 귀를 씻었다.

그곳에 마침 그의 친구인 소부巢父가 물을 먹이려고 송아지를 끌고 왔다가 허유가 귀를 씻고 있는 것을 보고 이상히 여겨 까닭을 물었다. 허유는 말했다. "요가 나더러 구주의 장이 되어 달란다네. 이런 번거로운 소리가 싫어서 귀를 씻고 있다네."

소부는 그 말을 듣고 "흥!"하고 코웃음을 치면서, "그만두게나. 자네가 지금까지 심산유곡에라도 들어가 남에게 알려지지 않도록 노력했다면 누가 자네더러 귀찮은 일을 부탁하러 사람을 보내겠나? 쓸데없이 여기저기 나다녀서 명성을 만들어 놓고 이제 와서 이런 데서 귀를 씻고 어쩌고 하는데 우리 송아지의 입이나 더럽히지 말게."라고 말하고는 송아지를 데리고 상류로 가서 물을 먹이는 것이었다.

지금도 기산에는 허유의 묘가 있고 견우牽牛墟라는 곳이 있다. 또 영수 옆에는 독천犢泉이라는 샘이 있으며 바위 위에 송아지 발자국이 나 있는데, 여기가 바로 소부가 송아지를 끌고 와 물을 먹인 곳이라는 것이다.」 (이훈종, 《중국고대신화》, 범문사, 1982, 112~113쪽 참조).

6. **묘예** 묘족. 후예라는 뜻도 있음.
7. **9주** 기주冀州, 연주兗州, 청주靑州, 서주徐州, 양주揚州, 예주豫州, 형주荊州, 옹주雍州, 양주梁州를 말함.

8. **부문** 거북이가 등에 지고 나왔다는 글.

9. **명협** 역초曆草라고도 한다. 보름까지는 날마다 잎이 하나씩 나고 보름 후부터는 잎이 하나씩 떨어지는데, 작은 달에는 떨어지지 않고 그대로 말라버렸다고 한다.

제 18 장

 이에 임검씨가 그것을 심히 걱정하여 유인씨의 손자 유호씨有戶氏[1] 부자에게 환부鰥夫와 권사權士 등 백여 인을 인솔하고 가서 그(요)를 깨우치도록 하였다. 요가 그들을 맞아 명령에 복종하고 공손하게 대접하여 황하의 물가(河濱[2])에서 살게 하였다. 유호씨가 묵묵히 그 상황을 관찰하고 스스로 사람들을 가르치며 여러 번 그 거처를 옮겼다.
 이보다 먼저 유호씨가 부도에 있을 때에 칡을 먹고 오미를 먹지 아니하였으므로, 키는 열 자요, 눈에서는 불빛이 번쩍였다. 임검씨보다 나이를 백여 살이나 더 먹었으며, 아버지와 할아버지의 직업을 이어 임검씨를 도와 도를 행하고 사람들을 가르쳤다. 이에 이르러 사자使者가 되어 완고하고 사리에 어두운(頑迷) 세상을 구제하니, 그가 하는 일에 어려움이 많았다.
 때에 요가 유호씨의 아들 유순有舜[3]의 사람됨을 보고, 마음 가운데 다른 뜻이 있어 일을 맡기고 도와주며 두 딸로 유혹하니, 순이 곧 미혹하여졌다. 유순이 일찌기 부도의 법을 행하는 환부가 되어 마침내 (능력이) 미치지 못하여 절도가 없더니, 이에 이르러 요에게 미혹당하여 두 딸을 몰래 아내로 삼고(密娶) 어리석게도 요에 붙어 협조하였다.

於時에 壬儉氏이 甚憂之하여 使有因氏之孫有户氏父子로 率鰥夫權士等百餘人하고 往而曉之하니 堯이 迎之而服命恭順하여 使居於河濱이라. 有户氏이 默觀其狀하고 自爲敎人하여 數移其居러라. 先時有户氏在於符都에 採葛而不食五味하여 身長十尺이오 眼生火光이라. 年長於壬儉氏百餘歲오 承父祖之業하여 助壬儉氏而行道敎人이러니 至是爲使하여 濟度頑迷之世하니 其行이 艱難이러라. 時에 堯見有户氏之子有舜之爲人하고 心中異圖하여 任事以示協하며 以其二女로 誘之하니 舜乃迷惑이라. 有舜이 曾爲符都執法之鰥夫하여 過不及而無節이러니 至時(是)爲堯之所迷하여 密娶其二女하고 暗附協助러라.

1. **유호씨** 단군의 신하. 유우有虞, 즉 순舜의 아버지. 중국 측의 사료에는 고수로 되어 있다. 〈부도지〉에 의하면 유호씨는 이론가요 외교가로, 그의 논리는 정연하면서도 날카로웠다. 오행설의 오류를 지적하고 기화설을 제창했다. 유호씨는 후에 월식·성생주로 들어가 전교했다. 《19사략》은 유호씨가 무도無道해서 정도正道를 어지럽히므로 계啓가 섬서성의 감甘에서 싸워 그를 멸망시켰다고 했다.
2. **하빈** 물 가. 하는 황하를 가리킨다.
3. **유순** 우순虞舜은 이름이 중화重華다. 중화의 아버지는 고수瞽叟. 고수의 아버지는 교우橋牛, 교우의 아버지는 구망句望, 구망의 아버지는 경강敬康, 경강의 아버지는 궁선窮蟬, 궁선의 아버지는 제전욱帝顓頊, 전욱의 아버지는 창의昌意라고 했다(《사기》 참조). 《단기고사》의 기록은 〈부도지〉와 매우 일치한다. 「고수高叟는 중신 고시高矢의 친형이다. 그의 아들 순舜이 단조檀朝에 벼슬하지 않고 이웃나라 당요唐堯에게 벼슬하므로, 부자가 의견이 서로 맞지 않아 마침내 화목

하지 못했다. 그런 이유로 고수는 작은아들 상象을 사랑하고 일찍이 순을 죽이고자 하거늘, 순이 아버지의 뜻을 알고 효성으로 봉사하여 끝까지 순복順服하니 당요가 신임하고 왕위를 물려주었다.

이에 순이 중화의 천자가 되어 문명한 정치를 베풀므로, 사농공상에 각각 그 직업을 주고 우禹의 아버지를 우산羽山에서 치며 간사하고 흉악한 이들을 축출하니, 이로써 한족에게 미움을 사서 우의 덕망이 날로 높아져서는 순이 재위 61년에 창오蒼悟의 들을 순행하다가 한족이 해하여 죽으니, 순의 처 아황娥皇과 여영女英이 원한을 품고 소상강에서 익사하고, 그의 아들 상균商均은 다시 고국에 돌아와 단조에 벼슬하여 관직이 사도司徒에 이르렀다.」(《단기고사》, 개마서원, 1981 참조)

《한단고기》에 다음과 같은 내용이 있다. 「단군왕검은 당요唐堯와 병세竝世하였다. 요의 덕망이 갈수록 쇠하여지자 너도나도 몰려들어 땅을 다투기를 쉬지 아니하였다. 천왕이 곧 우순에게 명하여 땅을 나누어 다스리게 하고 군사를 보내서 주둔하게 하였다. 약속하고 당요를 정벌하니 요가 힘이 다하여 우순에게 의지하여 목숨을 보전하고 나라를 넘기었다.」(앞의 책 《주해 한단고기》, 185쪽 참조)

제 19 장

 이때 유호씨가 수시로 경계하였으나, 순은 "예, 예"하고 대답만 하고는 고치지 않았다. 그는 끝내 요의 촉탁을 받아들여 현자를 찾아 죽이며 묘족苗族을 정벌하였다. 유호씨가 마침내 참지 못하여 꾸짖고 그를 토벌하니, 순은 하늘을 부르며 통곡하고 요는 몸을 둘 땅이 없으므로 순에게 양위하고 자폐自閉하였다.
 유호씨가 이르기를, "오미의 재앙이 끝나지 않았는데 또다시 오행의 화를 만들었으므로 죄는 땅에 가득하고 북두성은 하늘을 가리어 수사數事가 많이 어그러져 인간세상이 곤란하고 고통스러워졌다. 이는 불가불 바로잡지 않을 수 없는 것이다. 또 알지 못하고 범하는 자는 혹 용서하여 가르칠 수도 있으나, 알고 범하는 자는 비록 부자간이나 형제간이라도 용서할 수 없다."하고 곧 둘째 아들 유상有象에게 명하여 권사權士를 이끌고 무리를 모아 죄를 알리고 그를 치게 하니, 수년 동안 싸워서 마침내 당도를 혁파하였다.
 요는 갇혀 있던 중에 죽고, 순은 창오蒼梧[1]의 들에 도망하여 도당이 사방으로 흩어졌다. 요의 무리 우禹[2]가 순에게 아버지를 죽인 원한이 있으므로 이에 이르러 그를 추격하여 죽여버렸다. 순의 두 처도 역시 강물에 투신하여 자결하였다. 우가 곧 "정의를 위하여 목숨을 바쳐(正命) 공을 세운다(立功)."고 말하고 상의 군사를 위로하고 돌아가므로 유호씨가 물러나서 우의 소행을 관찰하니, 이 때에 우가 도읍을 옮기고 무리를 모아 방패와 창을 보수하고 유호씨에게 항거하여 자칭 하왕夏王이라 하였다.

是時에 有户氏이 隨警隨戒하니 舜이 唯唯而不改라가 終受堯屬하여 追戮賢者하며 仍又伐苗어늘 有户氏이 遂不能忍耐하여 論責討之하니 舜은 呼天哭泣하고 堯는 置身無地하여 遂讓位於舜而自閉하니 有户氏曰五味之災未濟에 又作五行之禍하여 罪滿於地하고 罟蔽於天하니 數事多乘하여 人世困苦라. 此不可不正之오 且不知而犯者는 容或誨之로되 知而犯者는 雖至親이라도 不可得恕라 하고 乃命次子有象하여 率權士聚衆하여 鳴罪而攻之하니 戰及數年에 遂革其都라. 堯死於幽閉之中하고 舜逃於蒼梧之野하여 徒黨이 四散이라. 堯之徒禹이 與舜有殺父之怨이러니 至是하여 追擊殺之라. 舜之二妻이 亦投江自決하니 禹이 乃言正命立功하고 慰衆師而歸之어늘 有户氏이 退而默觀禹之所行이러니 於是에 禹이 移都聚群하여 增修干戈而拒有户氏하고 自稱夏王이러라.

1. **창오** 지금의 광서성 창오현. 광서성은 중국의 서남단, 베트남과 접경을 이루는 성이다.
2. **우** 하우夏禹, 이름은 문명文命, 우의 아버지는 곤鯀, 곤의 아버지는 제전욱帝顓頊, 전욱의 아버지는 창의昌意, 창의의 아버지는 황제黃帝. 우는 황제의 고손高孫이자, 전욱의 손자다.(《사기》 참조. 《사기》에서 순은 황제의 8대 손으로 되어 있다)

제 20 장

　우가 마침내 부도를 배반하고 도산塗山¹에 단壇을 설치하였다. 서남의 종족들을 정벌하여 제후라 하고 도산에 모이게 하여 조공을 받았다. 이는 부도 제시祭市의 제도를 본받은 것이었으나 매우 갑작스러웠다(暴突). 이에 천하가 시끄러워 부도로 도망하여 오는 자가 많았다. 우가 곧 수륙의 길을 차단하여 부도와 연락을 끊고 왕래하지 못하게 하였다. 그러나 감히 부도를 공격하지는 못하였다.
　이 때에 유호씨가 서방에서 살면서 묘예苗裔를 수습하여 소부와 허유가 사는 곳과 통하고 서남의 종족들과 연락하니, 그 세력이 심히 왕성하여 스스로 읍을 이루었다. 유호씨가 곧 권사權士를 보내 우에게 타이르기를(諭示), "요는 천수天數를 몰랐다. 땅을 쪼개서 천지를 제멋대로 하였다. 기회를 틈타 홀로 단을 만들고 사사로이 개나 양을 기르기 위하여 사람을 몰아낸 후 자칭 제왕이 되어 혼자서 처리하였다. 세상은 토석이나 초목처럼 말이 없고 천리는 거꾸로 흘러 허망에 빠져버렸다. 이것은 거짓으로 천권을 훔쳐 사욕의 횡포를 자행한 것이다.
　제왕이 만약 천권을 대행하는 것이라면 능히 일월日月을 개폐開閉하며 만물을 조작할 수 있을 것이 아닌가. 제왕은 수의 요체(數諦)요, 사람이 거짓으로 칭하는 것이 아니다. 거짓으로 칭하면 다만 사기와 허망의 나쁜 장난이 될 뿐이다. 사람의 일이란 증리證理요, 세상의 일이란 그 증리한 사람의 일을 밝히는 것이니, 이 외에 다시 무엇이 있을 수 있겠는가.

그러므로 부도의 법은 천수의 이치를 명확하게 증명하여 사람에게 그 원래 임무를 수행하게 하고 그 본복本福을 받게 할 따름이다. 그러므로 말하는 자와 듣는 자는 비록 선후는 있으나 높고 낮음이 없으며, 주는 자와 받는 자는 비록 친숙하고 생소한 것은 있으나 끌어들이고 몰아내고 할 수는 없기 때문에 사해가 평등하여 종족들이 스스로 행하는 것이다. 오직 그 오미의 죄를 속죄(報贖)하는 것과 대성大成(마고성)의 일을 회복하는 것은 언제나 일인一人 희생의 주관 아래 있는 것이요, 여러 사람의 능력으로 되는 것이 아니니, 이 일은 예로부터 세상일에 섞이지 아니하였다. 황궁씨와 유인씨의 예가 바로 이것이다.

禹遂背反符都하고 設壇於塗山하여 伐西南諸族而謂之諸侯하여 驅聚於塗山而受朝貢하니 此効符都祭市之制而暴突者也라. 於是에 天下騷然하여 走符都者多하니 禹乃遮斷水陸之路하여 孤隔符都而使不得來往이라. 然이나 不敢攻符都러니 是時에 有户氏 居於西方而收拾苗裔하여 通於巢許之鄕하고 連結西南諸族하니 其勢甚盛하여 自成一邑이라. 有户氏乃送權士論禹曰.「堯誤天數하여 割地爲自專天地하고 制時爲獨壇利機하고 驅人爲私牧犬羊하여 自稱帝王而獨斷하니 人世默默爲土石草木하여 天理逆沒於虛妄이라. 此는 假窮天權하여 恣行私慾之暴也라. 帝王者이 若代行天權則亦能開閉日月하며 造作萬物乎아. 帝王者는 數諦오 非人之所假以稱之者니 假稱則徒爲詐虛之惡戱而已라. 人之事는 證理也오 人世之事는 明其證理之人事也니 此外에 復有何哉리오. 故로 符都之法은 明證天數之理하여 使人遂其本務而受其本福而已라. 故로 言者聞者는 雖有先後나 無有高卑하며 與者受者는 雖有熟豆疎나 無有牽驅故로 四海平等하여 諸族이 自行이라. 唯其報贖五

味之責과 恢復大城之業은 常在於一人犧牲之主管이오 非人人之所能爲者故로 此事는 自古不離於人世之事하니 黃穹氏有因氏之例이 是也라.

1. **도산** 안휘성에 있음.

제 21 장

또 소위 오행이라는 것은 천수天數의 이치에 이러한 법이 있는 것이 아니다. 방위의 중앙 5는 교차의 뜻이요, 달라진 움직임(變行)을 말하는 것이 아니다. 변하는 것은 1부터 9까지이므로 5는 언제나 중앙에만 있는 것이 아니며, 9가 윤회하여 율과 려가 서로 조화를 이룬 후에 만물이 생겨나는 것이니, 이는 기수基數[1]를 이르는 것이요, 그 5·7이 크게 번지는 고리(大衍之環)에 이르면 그 자리가 5에 한정되는 것이 아니고 또한 4·7이 있는 것이다. 또 그 순역順逆 생멸의 윤멱輪冪[2]은 4요 5가 아니니, 즉 원수原數의 9는 불변수이기 때문이다. 또 윤멱이 한 번 끝나는 구간은 $2 \times 4 = 8$ 사이의 7이요, 5가 아니다.

또 그 배성지물配性之物[3]은 금·목·수·화·토의 다섯 중에서 금과 토를 왜 따로 구별하는가. 그 약간의 차이 때문에 구별하고자 한다면 기氣·풍風·초草·석石 따위는 어찌 같이 들지 않는가. 그러므로 다 들자면 수가 없는 것이요, 엄밀히 구별해서 들자면 금·목·수·화 혹은 토·목·수·화의 넷이요, 다섯이 되는 것이 아니다. 더욱이 그 물성物性을 어떤 이유로 수성數性에 짝지우는가. 수성지물數性之物은 그 원수가 9

부도지 81

요, 5가 아니다. 그러므로 오행의 설은 참으로 황당무계한 것이다. 이로써 인간세상을 증명하여 밝히는(證理) 일을 속여서 미혹하게(誣惑) 하여 곧 하늘의 화를 만드니 어찌 두려워하지 않을 것인가.

且其所謂五行者는 天數之理에 未有是法也라. 方位五中者는 交叉之意오 非變行之謂也라. 變者는 自一至九故로 五者不得常在於中而九者輪回하여 律呂相調然後에 萬物이 生焉하나니 此는 基數之謂也오 至其五七大衍之環則其位는 不限於五而亦有四七也라. 且其順逆生滅之輪羃은 四也오 非五也니 卽原數之九가 不變故也라. 叉輪羃一終之間 二八之七也오 非五也라. 叉其配性之物은 金木水火土 五者之中에 金土를 如何別立乎아. 以其小異로 亦將別之則氣風草石之類는 豈不共擧耶아. 故로 皆擧則無數也오 嚴擧則 金木水火或 土木水火之四也오. 不得爲五也라. 尤其物性은 由何而配於數性乎아. 數性之物은 其原이 九也오 非五也라. 故로 五行之說은 眞是荒唐無稽之言이니라. 以此로 誣惑證理之人世하여 乃作天禍하니 豈不可恐哉아.

1. **기수** 기초로 하여 쓰는 수. 곧 1에서 9까지의 정수整數.
2. **윤멱** 멱은 같은 수를 여러 번 곱한 상승적인 수를 말함. $9 \times 9 \times 9 = 9^3$ 또는 a^3 따위.
3. **배성지물** 수성數性에 맞춰 배당한 물질, 즉 금목화수토金木水火土.

제 22 장

또 그 역제曆制는 천수天數의 근본을 살피지 못하고 거북이나 명협¹과 같은 미물에서 근본을 취하였으니, 요는 또 무슨 속셈인가. 천지의 만물이 다 수에서 나와 각각 수를 상징하고 있는데 하필 거북과 명협뿐이겠는가. 모든 사물에 각각 그 역曆이 있으니, 역은 역사歷史다. 그러므로 요의 역제는 거북과 명협의 역이요, 인간의 역이 아니니, 그것이 인간세상에 부합하지 않는 것은 진실로 당연하다.

이런 까닭에 삼정三正²을 번복하여 구차스럽게 맞추고자 하였으나 얻지 못하여, 마침내 하늘의 죄를 끌어들였다. 역曆이라는 것은 인생증리人生證理의 기본이므로 그 수는 몸소 가지고 있지 않은 것이 없다. 그러므로 역이 바르면 천리와 인사人事가 증합證合하여 복이 되고, 역이 바르지 못하면 천수에 어긋나 화가 되니, 이는 복은 이치가 존립하는 데 있고, 이치는 바르게 밝히는 데에 존립하는 까닭이다.

그러므로 역의 바르고 바르지 못함은 인간세상의 화복의 발단이니, 가히 삼가지 않을 것인가. 옛날 오미의 화가 한 사람의 미혹에서 나와 만대의 산 사람(生靈)에게 미치고 있는데, 지금 또 다시 역의 화가 장차 천세千世의 진리에 미치고자 하니 두렵기만 하구나.

　且其曆制는 不察乎天數之根本하고 取本於龜莢之微物하니 堯且何心哉오. 天地之物이 皆出於數하여 各有數徵하니 何必龜莢而已哉리오. 故로 於物於事에 各有其曆하니 曆者는 歷史也라. 故로 堯之曆制는 卽龜莢之曆이오 非人世之曆이니 其不合於人世者이 固當然也라. 以故로 龘覆三正하여 將欲苟合而不得하여 遂致天禍也로다. 大抵曆者는 人生證理之其本故로 其數無不在躬이라. 是故로 曆正則天理人事이 證合而爲福하고 曆不正則乖離於天數而爲禍하니 此는 福在於理存하고 理存於正證故也라. 故로 曆之正與不正은 人世禍福之端이니 可不愼哉아. 昔世五味之禍이 出於一人之迷惑하여 及於萬代之生靈이러니 今且曆禍는 將欲及於千世之眞理하니 懼矣哉라.

1. **명협** 〈부도지〉제17장 역주 9번 참조
2. **삼정**　1·4·7의 성수性數와 2·5·8의 법수法數와 3·6·9의 체수体數인 것 같다.

제 23 장

천도天道가 돌고 돌아 종시終始가 있고, 종시가 또 돌아 4단씩 겹쳐 나가 다시 종시가 있다. 1종시의 사이를 소력小曆이라 하고, 종시의 종시를 중력中曆이라 하고, 네 번 겹친 종시를 대력大曆이라 한다. 소력의 1회를 사祀[1]라 하니 사에는 13기期[2]가 있고, 1기에는 28일이 있으며 다시 4요曜[3]로 나뉜다.

1요에는 7일이 있고, 요가 끝나는 것을 복服이라 한다. 그러므로 1사에 52요복이 있으니 즉 364일이다. 이는 1·4·7의 성수性數요, 매 사의 시작에 대사大祀의 단旦이 있으니, 단과 1은 같기 때문에 합하여 365일이 되고, 3사의 반에 대삭大朔의 판昄이 있으니, 판은 사의 2분절이다. 이는 2·5·8의 법수法數요, 달이 긴 것이 1일과 같기 때문에 제4의 사祀는 366일이 된다.

10사의 반에 대회大晦의 구晷가 있으니, 구는 시時의 근원이다. 300구가 1묘眇가 되니, 묘는 구가 눈에 느껴지는 것이다. 이와 같이 9,633묘를 지나서 각刻, 분分, 시時가 1일이 되니 이는 3·6·9의 체수体數다. 이와 같이 끝나고 또 시작하여 차차 중력과 대력에 미쳐서 이수理數가 곧 이루어지는 것이다.

대저 요堯의 이 세 가지 잘못은 허위虛僞의 욕망에서 나온 것이니 어찌 가히 부도 실위實僞의 도에 비할 수 있겠는가. 허위는 안에서 이리理가 부실하여 마침내 멸망에 이르고, 실위는 이리里가 나를 언제나 만족하게 하여 스스로 함께 존립한다."*

天道回回하여 自有終始하고 終始且回하여 疊進四段而更有終始也라. 一終始之間을 謂之小曆이오 終始之終始를 謂之中曆이오 四疊之終始를 謂之大曆也라. 小曆之一回曰祀니 祀有十三期하고 一期有二十八日而更分爲四曜라. 一曜有七日하고 曜終日服故로 一祀有五二曜服하니 卽三百六十四日이라. 此는 一四七之性數也오 每祀之始에 有大祀之旦하니 旦者與一日同故로 合爲三百六十五日하고 三祀有半에 有大朔之하니 昄者는 祀之二分節이라. 此는 二五八之法數也오 昄之長이 與一日同故로 第四之祀는 爲三百六十六日이라. 十祀有半에 有大晦之暑하니 暑者는 時之根이라. 三百暑爲一眇하니 眇者는 暑之感眼者也라. 如是經九六三三之眇刻分時爲一日하니 此는 三六九之体數也라. 如是終始하여 次及於中大之曆而理數乃成也라. 大抵堯之此三誤者는 出於虛僞之欲이니 豈可比言於符都實僞之道哉아. 虛僞則理不實於內하여 竟至滅亡하고 實僞則理常足於我하여 配得自存이니라.

1. 사 연년과 같음.
2. 기 월月에 해당함. 음력으로 윤달이 든 해는 13개월이 됨.
3. 4요 1기 28일의 4분의 1, 즉 7일.
* 중국에는 전욱력顓頊曆, 삼통력三統曆, 사분력四分曆이라는 것이 있다. 또 갑골문의 해독으로 밝혀지게 된 은殷의 역이 있으나 한국역처럼 정교하고 치밀한 계산법을 가지고 있는 역은 없다. 이 점에서는 서양역들도 마찬가지다.

「상력商曆에 대한 지금까지의 연구 결과를 요약하면 아래와 같다.

1)날짜는 간지干支로 기록하였다. 즉 갑甲·을乙·병丙·정丁·무戊·기己·병庚·신辛·임壬·계癸의 10간과, 자子·축丑·인寅·묘卯·진辰·사巳·오午·미未·신申·유酉·술戌·해亥의 12지를 배합하여 사용하였다. 배합의 결과는 모두 60일이 되었다. 따라서 60일이 1주기였다.

2)오늘은 금일今日, 석양은 금석今夕, 낮은 일日, 밤은 월月이라고 하였다(월月과 석夕은 혼용된 문자였다).

3)다음 날이나 그 다음 날은 익翌이라고 하였다. 10일을 순旬이라고 불렀는데, 대개 1순 내의 미래 일을 통칭하여 익이라고 하였고, 1순 외의 미래 일은 통칭하여 래來라고 하였다.

4)지난날은 석昔이라고 불렀다.

5)10간干의 날짜가 일주하는 기간을 1순이라고 하였다.

6)대월大月은 30일이고 소월小月은 29일이었으며, 1년을 1사祀라고 불렀는데 1사에는 대월과 소월이 교대로 배열되어 있었다. 처음에는 1년의 마지막에 13월을 두었다가 말기에 이르러서는 윤월을 1년의 중간으로 옮겼다.

7)조상에 대하여 다섯 종류의 제사가 순차적으로 매일 행해졌는데, 이 제사의 한 주기가 1년이 걸렸다. 따라서 1년을 1사祀라고 불렀다.

8)시기를 기록할 때는 날짜의 간지가 맨 앞에 오고 어느 왕의 몇 사祀인지를 기록하였다.」(윤내현,《상주사商周史》, 민음사, 1985, 85~86쪽 참조)

    은나라 사람들의 역법은 달이 지구를 한 바퀴 도는 시간에 근거한 것으로, 삭망월의 정확한 날짜의 수는 정수가 아니라 29,530,588일이다. 6개월은 30일, 6개월은 29일로 하여 1년을 354일로 계산했다.

제 24 장

유호씨가 이와 같이 단단히 타일러서 모든 법을 폐지하고 부도로 돌아올 것을 권하였으나, 우가 완강하게 듣지 아니하고, 반대로 위협이자 모욕이라 하여 곧 무리를 이끌고 유호씨를 공격하였다. (그러나) 여러 번 이기지 못하고 마침내 모산茅山¹의 진지에서 죽었다. 이에 하나라 백성(夏衆)들이 슬프고 분하여 죽기를 원하는 자가 수만이었다. 이는 거의가 우와 함께 치수治水를 한 무리들이었다.

우의 아들 계啓가 이 대군을 이끌고 유호씨의 읍으로 진격하여 오니, 유호씨의 군은 불과 수천이었다. 그러나 하나라 군사(夏軍)는 싸우면 반드시 패하여 한 번도 전적을 드높이지 못하였다. 계가 마침내 두려워서 퇴진하고 다시 공격하지 못하자 그 무리가 격앙되었다. 이에 유호씨가 하나라 백성이 눈이 먼 것을 보고 고치기가 어렵다고 생각하여 장차 서남의 종족들을 가르치기 위하여 그 무리를 이끌고 가니, 그 읍이 자연히 없어졌다.

有戶氏이 如是叮嚀告戒하여 勸廢諸法而復歸於符都하니 禹이 頑强不聽하고 反爲

威侮라 하여 乃率衆攻有戶氏라가 數次未勝하고 竟死於茅山之陣하니 於是에 夏衆이 悲憤하여 願死者數萬이라. 此盖與禹治水之徒也라. 禹之子啓이 率此大軍하고 進擊有戶氏之邑하니 有戶氏之軍은 不過數千이라. 然이나 夏軍이 戰則必敗하여 一無擧績하니 啓이 遂懼而退陣하여 不復再擧하니 其衆이 激昻이러라. 於是에 有戶氏이 見夏衆之爲瞽盲하고 以爲不可速移라 하여 將欲敎西南諸族하여 率其徒而去하니 其邑이 自廢라.

1. **모산** 구곡산句曲山이라고도 하며, 강소성江蘇省 안에 있다. 《사기》에는 우가 10년에 나라 안을 동으로 순행하다가 회계산에서 죽었다고 했다.

제 25 장

 이로부터 천산 남쪽 태원太原¹ 지역이 뒤숭숭하고 떠들썩하며 주인이 없는 것과 같아서, 소위 왕이란 자는 눈이 멀고 백성은 장님이 되어 암흑이 거듭 겹쳤다. 강자는 위에 있고 약자는 아래에 있어, 왕과 제후를 나라에 봉하고 생민生民을 제압하는 풍속의 폐해(風幣)가 만연하여 고질이 되고, 마침내 서로 침탈하기에 이르니, 헛되게 생령生靈을 죽이고 한 가지도 세상에 이로운 것이 없었다. 그러한 까닭으로 하나라와 은나라가 다 그 법으로 망하고서도 끝내 그 까닭을 알지 못하니, 이는 스스로 부도에서 떨어져 나가 진리의 도를 들을 수 없게 된 까닭이었다.
 어느덧 유호씨가 그 무리를 이끌고 월식·성생의 땅에 들어가니, 즉 백소씨와 흑소씨가 살던 곳이었다. 백소씨와 흑소씨의 후예가 오히려 보금자리(巢)를 만드는 풍속을 잊지 아니하고 높은 탑과 계단²을 많이 만들었다. 그러나 천부의 본음을 잊어버리고 탑을 만드는 유래를 깨닫지 못함으로써, 도를 와전하여 이도異道가 되고 서로 시기하고 의심하여 싸우고 정벌하기를 일삼았다.
 마고의 일은 거의가 기괴하게 되어 허망하게도 남은 흔적이 아주 없

어지니, 유호씨가 두루 여러 종족들의 지역을 돌며 마고와 천부의 이치
를 말하였으나 모두가 의아하게 여기고 받아들이지 아니하였다. 그러나
오직 그 옛일을 맡아보는 자(典古者)가 송구스럽게 일어나서 맞이하였으
므로, 이에 유호씨가 본래 이치를 말하여 그것을 전하였다.

自是로 天山之南太原之域이 紛紛然囂囂然若無主人하여 所謂王者는 爲瞽하고
所謂民者는 爲盲하여 暗黑重疊而强者爲上하고 弱子爲下하여 王侯封國之風과 制
壓生民之弊이 蔓延成痼하여 遂至於自相侵奪하니 徒殺生靈하고 一無世益이라. 以
故로 夏殷이 皆亡於其法而終不知其所以然하니 此는 自絶符都하여 未聞眞理之道
故也라. 於焉에 有戶氏이 率其徒하고 入於月息星生之地하니 卽白巢氏黑巢氏之
鄕也라. 兩巢氏之裔이 猶不失作巢之風하여 多作高塔層臺러라 然이나 忘失天符
之本音하고 未覺作塔之由來하여 訛轉道異하고 互相猜疑하여 爭伐爲事라. 麻姑之
事는 殆化奇怪하여 泯滅於虛妄하니 有戶氏周行諸域하여 說麻姑之道와 天符之理
하니 衆皆訝而不受러라. 然이나 唯其典古者이 悚然起來而迎之하니 於是에 有戶氏
이 述本理而傳之라.

1. **태원** 산서성에 있다.
2. **높은 탑과 계단** 지구라트나 피라미드 또는 불가의 탑의 유래를 밝혀주는 귀중한
   대목이다. 높은 탑과 계단이 마고성의 소에서 유래하였으며, 그 목적이 천부의
   본음을 가까운 데서 듣기 위한 것이었다면, 《천부경》은 천지창조의 소리를 적
   은 경전임에 틀림없다. 아무튼 이 말은 사라져버린 고대문화의 정체를 밝혀주
   는, 이 세상에 남은 단 한 마디의 증언이다.(해설 〈서양문화에 끼친 영향〉 참조)

제 26 장

　임검씨가 유호씨의 행적(行狀)을 듣고 그 길(途)을 장하게 여겨 유호씨의 족에게 교부敎部에 취업하여 살도록 하였다.
　이때에 임검씨가 하나라 땅의 형세를 심히 걱정하고 마침내 입산하여 해혹복본解惑複本의 도를 전수하였다. 임검씨의 아들 부루夫婁씨[1]가 천부삼인을 이어받아 천지가 하나의 이치로 되는 것을 증명하여 인생이 일족一族이 되어 크게 부조父祖의 도를 일으키고, 널리 하늘의 웅대한 법을 행하여 인세 증리證理의 일에 전념하였다. 일찍이 운해족[2]과 긴밀하게 연락하여 하나라가 하나로 돌아오기를 시도하더니, 이도異道가 점차 성하여 마침내 뜻을 이루지 못하였다.
　부루씨가 천부를 아들 읍루浥婁씨[3]에게 전하고 입산하였다. 읍루씨가 날 때부터 대비大悲의 원願이 있어 천부삼인을 이어받고, 하족夏族이 도탄에 빠진 것을 불쌍하게 생각하고 진리가 거짓(詐端)의 지역에 떨어진 것을 슬프게 생각하여 마침내 명지明地의 단壇에 천부를 봉쇄하고, 곧 입산하여 복본의 대원大願을 전수하여 백 년 동안 나오지 아니하니, 남은 백성들(遺衆)이 통곡하였다.

임검씨가 후천 말세의 초에 태어나 사해의 장래를 미리 살피고 부도 건설을 시범하니, 천 년 사이에 그 공업功業이 크게 이루어졌다. 이에 이르러 천부의 전해짐이 끊어져 마고 분거 이래로 황궁, 유인, 한인, 한웅, 임검, 부루, 읍루의 7세에 천부가 전해진 것이 7천 년이었다.

　壬儉氏이 聞有戶氏之行하고 壯其途하여 使有戶氏之族으로 就於敎部而居之러라. 是時에 壬儉氏이 甚憂夏土之形勢하여 遂入山專修解惑復本之道러라. 壬儉氏之子夫婁氏繼受天符三印하고 證天地之爲一理하며 人生之爲一族하여 大興父祖之道하고 普行天雄之法하여 專念人世證理之事러라. 尙緊密雲海之族하여 欲試夏土之歸一이러니 異道漸盛하여 未得遂意라. 夫婁氏傳符於子浥婁氏하고 入山이라. 浥婁氏生而有大悲之願하여 繼受天符三印하고 哀憫夏族之陷於塗炭之中하고 悲痛眞理之墮於詐端之域하여 遂封鎭天符於明地之壇하고 乃入山專修復本之大願하여 百年不出하니 遺衆이 大哭이라. 壬儉氏이 生於後天末世之初하여 豫察四海之將來하고 示範符都之建設하니 千年之間에 其功業이 大矣至矣라. 至是符傳이 廢絕하니 麻姑分居以來黃·因·桓·雄·儉·夫·婁七世符傳七千年이라.

1. **부루씨** 2세 단군. 재위 기간은 서기 전 2240~2183년.
2. **운해족** 청궁씨의 일족.
3. **읍루씨** 부루씨 다음의 3세 단군 가륵嘉勒이다.

소부도지 小符都誌

박제상 朴堤上

신라의 충신으로 내물왕 때부터 눌지왕 때까지 활동한 인물이다(363~419(?)). 자는 중운仲雲, 호는 관설당觀雪堂·도원桃園·석당石堂 등이다.

당시 신라는 백제의 세력을 견제하기 위해 내물왕의 둘째 아들인 복호를 고구려에, 셋째 아들인 미사흔을 왜에 파견하여 군사원조를 요청했다. 그러나 왜와 고구려는 왕자들을 인질로 감금하고 정치적으로 이용하고 있었다.

내물왕의 큰아들 눌지왕은 즉위한 뒤 두 동생을 구출하기 위해 군신을 불러 협의했는데, 그 결과 박제상이 적당한 인물로 천거되었다.

당시 삽량주歃良州(지금의 경남 양산) 간干(신라시대 지방민에게 주던 관등 중 제7관등)이었던 박제상은, 418년에 고구려에 들어가 복호를 구해 오고, 곧바로 왜로 건너가 미사흔을 돌아오게 한 후 붙잡혔다. 왜왕이 그를 신하로 삼기 위해 온갖 감언이설과 협박으로 회유했으나, 그는 차라리 신라의 개·돼지가 될지언정 결코 왜의 신하가 될 수 없다며 끝까지 충절을 지키다가 마침내 죽임을 당했다.

눌지왕은 박제상의 죽음을 애통해 하며 그의 벼슬을 대아찬大阿湌(신라시대의 17관등 중 제5관등)으로 높이고 부인을 국대부인國大夫人에 봉했으며, 둘째 딸을 미사흔과 결혼시켜 그의 충절에 보답했다.

제 27 장

은殷[1]의 망명자 기자箕子[2]가 패한 군사와 난민을 이끌고 부도의 서쪽에 도망하여 왔다. 명예를 위하여 당우唐虞의 법을 행하고 오행삼정五行三正을 써서 천지대법의 무도(洪範巫咸)를 시행하였다. 천웅의 도와는 절대로 서로 용납할 수 없었다. 은의 군사와 백성이 무력으로 부도의 남은 백성(遺衆)을 억압하므로, 그들은 마침내 명지明地의 단壇을 봉해버리고 동해의 물가(東海之濱[3])로 피하여 살았다. 즉 옛날 사례벌斯禮筏[4]의 빈 터였다. 사례벌은 긴 깃발(長旗)이니, 광야에 유배된 사람이 아침에 내걸고 저녁에 거두어들여, 먼 곳에 살면서 지키는 사람에게 도망가지 않았음을 알리는 것이었다.

곧 육촌六村을 설치하고 인접한 종족들과 나누어 함께 지키되 각각 한韓이라 하고 보위保衛하였다. 한은 보위의 뜻이다. 북의 마한馬韓[5]과 남의 변한弁韓[6]과 동의 진한辰韓[7]의 삼한이 부족의 자치를 행하고 선세先世의 도를 굳게 지켜, 이후 천 년 사이에 기자의 법을 받아들이지 아니하고 보위 방비하는 일에 전념하여 거의 여력이 없었다.

이때 하나라 땅에 쟁탈의 바람이 점차 격심하여 동요와 혼란이 삼한에 파급되므로 육촌 사람들이 서로 모의하고, 서쪽의 화가 점차 임박하여 지켜내기가(保守) 장차 위태로우니, 어쩔 수 없이 통합 방비하지 않을 수 없다 하고, 마침내 경계를 정하고 요새를 세워 혁거세를 추대하여 다스리는(統御) 일을 위임하였다.

다른 종족들도 역시 수령을 추대하여 방비하였다. 남은 백제요, 북은 고구려였다. 고구려가 곧 북쪽 성(北堡)의 땅을 회복하여 서침西侵하는 사람들을 쫓아버리고 그 지역을 완전하게 지켜내었다.

殷之亡人箕子이 率敗軍難民하고 逃來於符都之西하여 爲名行唐虞之法하고 用五行三正하여 施洪範巫咸하니 與天雄之道로 固不相容이라. 殷之軍民이 武壓符都之遺衆하니 遺衆이 遂封禁明地之壇하고 避住於東海之濱하니 卽昔世斯禮筏之空地也라. 斯禮筏者는 長旗니 曠野之謫人이 朝揭暮藏하여 使遠居之守者로 知其不逃也라.

乃設六村하고 與隣接諸族으로 分擔共守하되 各稱韓而保之라. 韓者는 保衛之意니 北馬南弁東辰之三韓이 自行部族之治하고 固守先世之道하여 爾來千年之間에 不納殷箕之法하고 專以保防爲事하여 殆無餘力이러라. 於是에 夏土爭奪之風이 漸次激甚하여 動搖混亂이 波及於三韓하니 是時에 六村之人이 相謀以爲西禍漸迫하여 保守將危하니 不可不統合防備라 하고 遂限境設塞하여 推擧赫居世하여 委任統御之事하니 諸族이 亦擧首領而防備라. 南曰百濟오 北曰高句麗니 高句麗이 仍卽恢復北堡之地하여 驅逐西侵之人하고 完保其域이러라.

1. **은** 《한단고기》에 의하면, 은은 서기 전 1766년에 건국하여 서기 전 1122년에 멸망했다.
2. **기자** 은이 망하자 태행산太行山 서북지역, 태원太原 부근에 숨어 살다가 서기 전 1114년에 서화西華로 옮겨 살았다고 한다. 서화는 고비사막 남쪽, 난하欒河의

서쪽 어느 지역으로 추정된다.

3. **동해지빈** 동해의 물가라는 뜻인데, 여기서 동해지빈은 경주가 아니다. 《한단고기》에, 「을미(서기 전 86년) 한소漢昭 대에 부여의 고도古都를 점거하여 나라를 동명東明이라 하니, 이것이 신라의 옛 땅이다.」라고 하고(김은수, 《주해 한단고기》, 23쪽 참조), 「일찍이 북부여가 쇠약해지고 한구漢寇가 아주 성해지는 것을 보고 개연히 세상을 구할 뜻이 있어, 이에 이르러 졸본卒本에서 즉위하고 스스로 칭하기를 동명이라 하였다.」고 했다(위의 책, 109쪽 참조). 또 「사로斯盧의 첫 왕은 선도산仙桃山 성모聖母의 아들이다. 옛날 부여제실夫餘帝室의 딸 자소姿蘇가 남편이 없이 잉태하므로 사람들에게 의심을 당하여, 눈수嫩水에서 도망하여 동옥저에 이르러 또 배를 띄워서 남하하여 진한의 내을촌奈乙村에 닿았다.」고 했다(위의 책, 241쪽 참조).

이상에서 든 기록에 따르면, 신라의 박씨는 번한의 탕지산湯池山에서 출발하여 졸본에 머물면서 고두막왕高豆莫王의 사위가 되고, 남태백산을 거쳐 경주에 이르는 유래를 갖게 된다. 혁거세가 동쪽에 살면서 거서간居西干이라 한 것은 옛날 서쪽 번한에서의 연고와 한족에 대한 적개심에서 나온 애국심의 발로였다고 보아도 틀림없을 것이다.(《부도지》 28·29장 참조)

4. **사례벌** 탈해脫解가 왕이 되어 서라벌로 고쳤다. 사례벌은 '장기長旗'라는 뜻이다.(《부도지》 32장 참조)

5. **북의 마한** 고구려는 옛 마한의 땅이었다.

6. **남의 변한** 백제는 단군왕검이 축성한 요중遼中 12성 가운데 하나인 번한 백제성에서 유래했다.

7. **동의 진한** 남태백산은 서울의 동쪽이다. 이때 월지月支에는 탁대卓大의 중마한中馬韓이, 금마金馬에는 기준箕準의 마한이 있었다.

제 28 장

이보다 먼저 육부六部의 촌장들이 약을 캐는 날에 모여서 선도산仙桃山 단묘壇廟¹의 성모聖母가 알을 낳았다는 말을 듣고 여러 사람이 가서 보았다. 동쪽 우물을 보로 덮어 가리고 껍질을 벗겨서 남아를 얻었다. 몸에서는 빛이 나고 귀가 부채만큼 컸다.² 곧 박朴³으로써 성을 삼고 이름을 혁거세赫居世라 하였다. 박은 단壇의 어음이 박달朴達이기 때문에 그것을 취하여 성을 삼았으며, 혁赫은 빛이니 즉 광명으로써 암흑 세상에 사는 사람들을 구원한다는 뜻이다.

육촌의 사람들이 함께 양육하니 점차 자라면서 신령스러운 기운이 빼어나게 밝고 대인의 도가 있었다. 열세 살에 여러 사람이 추천하여 거서간居西干⁴이 되니, 거居는 거據요, 간干은 방防이요 장長이다. 즉 서방西方에 의거하여 경계하는 방어장防禦長이라는 뜻이다. 서방은 즉 저들, 서침하여 거짓도(詐道)를 행하는 자들이다.

先時에 六部村長이 會於採藥之日이러니 聞仙桃山壇廟之聖母가 生卵하고 諸人이 往見할새 設羃於東井하고 剝部而得男兒하니 身生光彩하고 耳大如扇이라. 乃以朴爲

姓하고 名曰赫居世라 하니 朴者는 壇之語音曰朴達故로 取之爲姓하고 赫者는 光也니 卽以光明匡居暗黑世之意也라. 六村之人이 共扶養育하니 漸長에 神氣秀明하고 有大人之度라. 十三世에 諸人이 推擧하여 爲居西干하니 居者는 据也오 干者는 防也오 長也라. 卽詰据西方而防禦之長之意니 西方者는 卽彼西侵而行詐道者也라.

1. **선도산 단묘** 단壇은 천단天壇, 신단神壇 등의 단이며, 국가를 의미할 때도 있어서 '독단獨壇을 세웠다'는 말은 나라를 세웠다는 뜻으로 쓰인다. 단묘는 사당祠堂이다.「선도산, 부의 서쪽 7리에 있다. 신라 때는 서악西岳이라고 불렀는데 서술西述, 서형西兄, 서연西鳶이라고도 한다」(《동경잡기東京雜記》, 〈산천山川〉 참조)
2. **귀가 부채만큼 컸다** 천부의 본음을 듣기 위해서는 귀가 커야 한다. 불상의 큰 귀나 귀를 꾸미는 장식도 이러한 해석이 가능하다.
3. **박** 박은 박달, 즉 단壇의 뜻. 혁赫은 빛이므로 박혁거세라는 말에는 홍익인간, 광명이세光明理世의 뜻이 들어 있다.
4. **거서간** 서방에 의거하여 경계하는 방어장. 왕을 칭하지 않은 이유를 알 수 있다.

제 29 장

혁거세씨는 천성은 신神과 같고 지혜는 성인과도 같았다. 또 어진 왕비 알영閼英을 맞이하니, 그때 사람들이 그들을 가리켜 두 성인(二聖)이라 하였다. 능히 여러 부족을 통솔하여 선세先世의 도를 행하며 제시祭市의 법을 부흥하고. 남태백산南太白山[1]에 천부소도天符小都[2]를 건설하였다. 중대中臺에 천부단을 축조하고 동서남북의 사 대에 보단堡壇을 설치하여 계불禊祓 의식을 행하고, 대인大人으로 하여금 금척金尺[3]의 이치에 따라 천지시원의 근본을 증리證理하며, 옥관玉管의 음을 내어 율려화생법律呂化生法[4]을 수증修證하였다.

해마다 시월에 백의제白衣祭[5]를 행하였으니, 이는 황궁씨의 속신束身 백모지의白茅之義를 따른 것이었다.[6] 달구達丘[7]에 조시朝市를 베풀고, 율포栗浦[8]에 해시海市를 열어 육해 교역의 제도를 수립하였다. 항상 두루 시찰하며 농상農桑과 방적紡績을 권장하니, 들에는 곡식이 쌓이고 집에는 베(布)가 저장되어 있었다. 이와 같이 착한 일을 크게 일으켜 여러 사람과 함께 그 고락을 같이 하고, 밖으로 방패와 창을 쓰지 아니하여 이웃과 더불어 평화를 보전하였다.

102

한 뜻으로 복고復古하고 중건重建하는 일에 전념하니, 경내에 도가 있어 옛날과 흡사하였다. 이때에 변진弁辰의 종족들이 합동하여 협력하니, 비록 경계를 두고 방비하나 나라를 칭하지 아니하고 또 왕을 칭하지 아니하였다. 경내를 다스리는 일은 선세先世의 법을 준수하여, 제회祭會에서 의결되지 아니하면 일찍이 한 가지의 일도 행하지 아니하였기에, 우두머리를 이어받는 법(領首繼位法) 역시 혈통을 한정할 필요가 없었으며, 현명한 사람을 택하여 우두머리로 삼았다.

赫居世氏이 性神智聖하고 又迎賢妃閼英하니 時人이 謂之二聖이라. 能率諸部之族하여 行先世之道하며 復興祭市之法하고 建天符小都於南太白할새 築天符壇於中臺하고 設堡壇於東西南北之四臺하여 行禊祓之儀하고 使大人으로 準금尺之理하여 證天地始原之本하며 調玉管之音하여 修律呂化生之法하고 每歲十月에 行白衣祭하니 此因黃穹氏束身白茅之儀也라. 設朝市於達丘하고 開海市 於栗浦하여 立陸海交易之制하고 常時巡行하여 勸獎農桑紡績하니 野有露積하고 家有貯布러라. 如是內大興善事하여 與諸人으로 同其苦樂하고 外不行干戈하여 與諸隣으로 保其平和하며 一意復古而 專務重建하니 境內有道하여 恰如昔世러라. 於是에 弁辰諸族이 合同協力하니 雖限境設防이나 不稱國又不稱王이라. 境內治事를 一遵先世之法하여 非祭會之通議면 未嘗行一事故로 領首繼位之法이 亦不必限於血系오 擇賢者而立으러라.

1. **남태백산** 강원도 삼척군과 경상북도 봉화군 사이에 있는 산. 산의 북쪽에서 낙동강이 발원한다.
2. **천부소도** 부도에 대하여 소부도小符都라는 뜻.
3. **금척** 김시습의 〈징심록 추기〉에,「그 형상은 삼태성三台星이 늘어선 것 같고, 머리에는 불구슬을 물었으며, 네 마디가 겼고 다섯 치로 되어 있으며, 그 허실虛實

의 수가 9가 되어 10을 이루므로 이는 천부天符의 수다.」라고 했다.(〈징심록 추기〉 9 · 10 · 11 · 12 · 13장 참조)

「금척원金尺院은 부府의 서쪽 25리 떨어진 곳에 있다. 전설에, 신라의 왕이 황금으로 된 자(尺)를 하나 얻었는데, 사람이 죽거나 병들었을 때 이 자로 몸을 재면, 죽은 사람은 살아나고 병든 사람은 일어났으므로 나라의 보배가 되었다. 중국에서 이 소문을 듣고 사신을 보내어 그것을 요구했으나, 신라의 왕은 주지 않으려고 이곳에 숨기고 산을 30여 개나 만들어 그것을 비밀로 하였다. 그리고 원사院舍를 세웠기 때문에 금척원이라는 이름이 붙었다고 한다.

또는 신라의 시조가 미천할 때 꿈에 하늘에서 신인이 내려와 금척을 주며 말하기를, "너는 문무에 뛰어나고 신성하여 백성이 바라 본 지가 오래 되었으니 이 금척을 가지고 금구金甌(금으로 만든 단지, 나라를 뜻함)를 바로잡으라!"고 하였는데 꿈을 깨보니 금척이 손에 들려 있었다고 하였다.」(《동경잡기》〈이문異聞〉 참조)

「신라 시조 박혁거세 왕의 어느 날 밤 꿈에 한 신인이 나타나 손에 쥐고 있던 금척을 왕에게 주면서, "이것을 왕위의 표로 드리니 자손 대대로 길이 전하소서. 그리고 만일 백성들 중에 병들어 앓는 사람이 있거든 이것으로 몸을 재면 즉시 나을 것이옵니다."라고 하였다. 왕이 기쁘게 생각하고 놀라 눈을 떠보니, 그 신인은 간 데 없고 머리맡에는 과연 금척 하나가 번쩍이고 있었다.

왕은 이것을 나라의 보물로 삼고 귀중히 보관하여 전하게 되었는데, 어느새 그런 보물이 있다는 것이 당나라 황제에게 알려졌다. 당나라 황제는 일부러 사신을 보내어 금척을 보게 해 달라고 청했다. 그러나 신라 왕은 왕위의 표로 계승하는 나라의 보물을 내어 줄 수는 없으므로, 생각 끝에 크고 작은 30여 기의 무덤을 만들어 아무도 모르게 어느 한 곳에 파묻어 버렸다. 당나라 사신에게는 묻혀버렸다는 답변으로 요구는 면했으나 그 후로 어느 무덤에 묻었는지 모르게 되었다고 한다. 일설에는 그 때문에 결국 나라도 망하게 되었다고 전해 내려온다.」(최상수,《경주의 고적과 전설》, 대재각, 66쪽 참조)

「북으로 상경하여 홀한성忽汗城을 가자면 육백 리라 하고, 또 고왕高王의 꿈에 신인이 금부(금척)를 주며 말하기를, "천명天命이 네게 있으니 우리 진역을 다스리라"고 했기 때문에 나라 이름을 진震이라 하고 건원建元을 천통天統이라 하며 항상 공경하여 하늘에 제사 지내더니…….」(북애,《계원사화》, 명지대 출판부, 1984, 47쪽 참조)

매월당 김시습의 시에 금척에 대한 대목이 있어서 여기에 옮긴다.

금계어략 金溪魚躍
김시습

圍圍洋洋吹細波	어릿어릿 펄떡펄떡 가는 물결 이루면서
兩兩相戲遊盤渦	둘씩둘씩 희롱하며 도는 물에 떠논다
有時聚藻飜金尺	가끔 뭉친 마음속에 금척이 번득이고
忽沫淸瀾抛玉梭	문득 맑은 물결 튀기며 옥 같은 북 뛰논다
綠荇深處避人影	사람 그림자를 피하여서 미나리 속으로 숨어들고
碧草磯邊依蟹巢	푸른 풀 낚시터에서는 게 굴에 의지하기도 한다
知汝得所濠梁間	너는 시내 사이에서 좋은 것 얻은 줄 알겠지만
香飼徵婚其如何	향기 나는 낚싯밥 가는 줄 드리운 것 어찌하리

(《국역 매월당집 I》52쪽 참조)

「압록강 위의 집안현輯安縣에서…… 마을사람이 주는 대나무 잎이 그려진 금척과 해지該地에 주거하는 일본사람이 박아 파는 광개토비문을 가격만을 물어보았고…….」(신채호,《조선 상고사 상》, 삼성사, 1977, 35〜36쪽 참조)

《삼국사기》에는 척尺이 사람을 가리키는 말로 쓰인 예가 있다.

「성락기聲樂器의 수와 노래하고 춤추는 모습은 후세에 전해지지 않는다. 다만 옛 기록에 이르기를, 정명왕 9년에 신촌에 거동하여 잔치를 베풀고 음악을 연구하게 하였는데, 가무茄舞에는 감監이 6인이요, 가척歌尺이 2인, 무척舞尺이 1인이며, 하행열무下辛熱舞에는 감이 4인, 금척琴尺이 1인, 무척이 2인, 가척이 3인이며, 사내무思內舞에는 감이 3인, 금척이 1인, 무척이 2인, 가척이 2인이며, 한기무韓岐舞에는 감이 3인, 금척이 1인, 무척이 2인이며, 상행열무上辛熱舞에는 감이 3인, 금척이 1인, 무척이 1인, 가척이 3인이며, 소경무小京舞에는 감이 3인, 금척이 1인, 무척이 3인이며, 미지무美知舞에는 감이 4인, 금척이 1인, 무척이 2인이었다.

애장왕 8년에 음악을 연주했을 때 처음으로 사내금思內琴을 연주했는데, 무척 4인은 푸른 옷이요, 금척 1인은 붉은 옷, 가척 5인은 채색 옷에다 수놓은 부채에 또 금으로 아로새긴 띠를 둘렀으며, 다음에 대금무碓琴舞를 연주했을 때에는 무척은 붉은 옷, 금척은 푸른 옷이었다고 하였다. 문헌이 이러할 뿐 그 자세한 것을 말할 수 없다. 신라 때에는 악공樂工을 모두 척이라고 하였다.」(《삼국사기》 제32권 〈잡지〉 제1 참조)

척尺에 대하여 이병도 씨는 다음과 같이 주를 달았다. 「척은 우리나라에서 고래로 하급 전업자專業者를 일컫는 용어이니, 여기의 금척, 무척, 가척 외에도 《직관지職官志》의 구척鉤尺, 궁척弓尺, 목척木尺 등과 고려 및 조선시대의 수척水尺, 화척禾尺, 양수척楊水尺(이들은 후세의 백정류白丁類), 진척津尺, 도척刀尺, 묵척墨尺, 잡척雜尺 등의 명칭이 있다. 정다산의 《아언각비雅言覺非》에는 수척水尺을 '무자이巫玆伊'라고 한다는 말이 있는데, 자이玆伊는 아마 후세에 와서 뜻을 고려해 붙인 이름인 것 같고 반드시 고대의 척에도 공통된 것이라고는 생각되지 않는다.

고대의 척은 고음古音이 '치' 인 것으로 보아 국어에서 직업을 나타내는 말인 '치(벼슬아치, 장사아치, 갖바치 등)'에 해당한 것이 아닌가, 나는 추측한다.」(《삼국사기》, 이병도 주해, 을유문화사, 1985, 157·167 참조)

여기서는 척尺이 음音, 그리고 사람과 관계가 있음을 알 수 있다.

4. **율려화생법** 음흠이 생기는 법.
5. **백의제** 백모제白茅祭의 신라식 제의.
6. **황궁씨의 속신 백모지의를 따른 것이었다** 마고성에서 오미의 변이 일어났을 때, 가장 어른이었던 황궁씨가 백모(흰 띠)를 묶어 마고 앞에 사죄하며 오미의 책임을 스스로 지고 복본할 것을 서약하던 뜻을 따름을 말한다.(〈부도지〉 8장 참조)
7. **달구** 지금의 대구.
8. **율포** 지금의 월성군 양남면 하서리.

제30장

 남아 나이 스무 살이 된, 아름답고 말 잘하는 사람을 택하여 마랑馬郎[1]이라는 직을 주고, 명령을 받들어 원행遠行[2]하게 하였다. 혹 성생·월식의 옛 땅에 나아가며 혹 운해·천산의 여러 지역에 가니, 이 원행은 믿음을 돈독히 하기 위한 것으로 부도에서 전해진 제도였다.
 동해에 피하여 산 지 천여 년[3] 사이에 제시의 회(祭市之會)를 열지 못하여 서로 왕래가 오랫동안 끊어지고, 또 봉국쟁탈封國爭奪의 풍조가 사해에 만연하여 여러 종족들이 각자 나라를 칭하고 오랜 세월에 전란이 반복되니, 겨레가 종횡으로 나뉘고 말이 잡다하게 변하였다. 천부는 거의 망각하기에 이르고 혹 그것을 아는 사람이 있어도 다 변형되어 음이 다르니, 마랑들의 원행이 심히 어려워 충절을 지켜 죽는 사람들이 많았다.
 그러나 마랑들이 만리 원행에서도 절조를 지켜 능히 굳은 뜻을 가지고 갖가지 난을 극복하여 사명을 완수하니, 그 거룩한 인격이 진실로 호탕하고 비범하였다. 장하게도 귀환하면 반드시 직사職事에 임명하여 천문과 지리와 역수와 박물을 공부하게 하니, 이는 즉 선세先世에 사해를 두루 아울러 인간세상을 하나의 법에 맞추는 유업이었다.

男兒年二十質美而善辯者를 擇授馬郞職하여 奉命遠行하여 或出於星生月息之古地하며 或往於雲海天山之諸域하니 此行符都修信之遺制也라. 自避居東海千有餘年之間에 未得開祭市之會하여 彼此來往이 久爲杜絶하고 又封國爭奪之風이 蔓延四海하여 諸族이 各自稱國하고 悠久歲月에 反覆戰亂하니 族分縱橫하고 語訛雜多라. 至於天符는 殆乎忘却하여 或有知之者라도 皆變形音異하니 馬郞之行이 甚爲艱難하여 殉節者多러라. 然이나 馬郞者이 萬里持節하여 能勵勁志하고 克除百難하여 遂行使命하니 其風度이 眞豪邁也러라. 壯而歸還則必任職事하여 修天文地理曆數博物하니 此則先世이 通和四海하여 一準人世之遺業也라.

1. **마랑** 천지화랑天指花郞에 대한 또 하나의 새로운 소식이다.
2. **원행** 본문처럼 원행의 범위는 대단히 넓었던 것 같다. 「광함廣函의《구법고승전求法高僧傳》에 이렇게 말했다. "중 아리나 발마는 신라사람이다. 처음에 바른 가르침을 구하기 위해 일찍이 중국에 들어갔는데 성인의 자취를 두루 찾아볼 마음이 더하였다. 이에 정관貞觀 연간에 당나라 서울인 장안을 떠나 오천五天에 갔다. 나란타사那蘭陁寺에 머물러 율장律藏과 논장論藏을 많이 읽고 패협貝莢에 베껴 썼다. 고국에 돌아오고 싶은 마음이 간절했으나 뜻을 이루지 못하고 홀연히 그 절에서 세상을 떠나니, 그의 나이 70여 세였다."

그의 뒤를 이어 혜업惠業, 현태玄泰, 玄恪현각, 혜륜惠輪, 현유玄遊와 그밖에 또 이름을 알지 못하는 두 법사가 있었는데, 모두 자기 자신을 잊고 불법을 따라 관화觀火를 보기 위해 중천축中天竺에 갔다. 더러는 중도에서 일찍 죽고 더러는 살아 남아서 그곳 절에 있는 이도 있으나, 마침내는 계귀雞貴(신라)와 당나라에 돌아오지 못하였다. 그 중에 오직 현태 스님만이 당나라에 돌아왔으나, 그도 역시 어디서 죽었는지 알 수 없다.

천축국 사람이 해동을 불러 '구구타예설라矩矩詫瑿說羅'라 하는데, 이 구구타란 닭을 말함이요, 예설라는 귀를 말한다. 그곳에서는 서로 이렇게 전하며 말했다. "그 나라에서는 계신雞神을 만들어 존경하기 때문에 그 깃을 꽂아서 장식한다."」(《삼국유사》제4권〈귀축제사〉참조)

「신라는 보르네오어로 '시라히스'로 해가 뜨는 곳이므로, 일본도 실은 신라의 동의이어同意異語로써 신라일본부新羅日本府라고 하는 것이다.」(가시마노보루,《실크로드シルクロ-ド의 천황가》, 신국민사, 119쪽 참조)

3. 천여 년 박씨 집단이 동해로 피해 살았던 기간이다. 단군조선은 서기 전 238년에 망했다.

제31장

 사례벌(斯禮筏)을 서울로 정한 후로 어느덧 삼세(三世)를 지나니 백여 년이 되었다. 세상의 풍조가 크게 변하여 지켜내기가 어려워졌다. 이에 국왕을 세워 대권을 행사하게 하자는 여론이 대두하여 이러니 저러니 하고 시끄러웠다.
 그 반대자들은, "선세의 내려오는 법이 밝고 밝게 천부를 비추니, 지금 비록 시대가 어려우나 보수하고 튼튼히 방비하여 그때를 기다리는 것이 옳다. 어찌 속임(詐端)에 굴종하여 스스로 소자(小者)가 되어 사리에 어긋난 가운데(悖理之中) 모독을 당하는 것을 참을 수 있겠는가. 이같이 된다면 차라리 의롭게 목숨을 바쳐 진실한 도를 뚜렷하게 나타내어 후세에 남기는 것만 같지 못하다."고 하였다.
 그 찬성하는 사람들은, "외세가 긴박하여 파동이 격심하니 어떻게 방비하겠는가. 담장 안에서도 흩어지고 반란을 일으켜 시끄러움이 그치지 아니하는데 어떻게 지켜낸단 말인가. 일이 이미 이 지경에 이르렀으므로 같이 경쟁하는 마당에 뛰어들어 부강하게 된 후에 유업을 회복하는 것이 불가능하지 않다. 지금 사해의 여러 종족들이 거짓도(詐道)에 미쳐

날뛰어 봉사가 된 지 오래 되었다. 우리가 지금 자멸하여 버리면 누가 참다운 도를 드높이며, 후세에 누가 있어 이를 알 것인가.

만약 능히 방비하여 보수한다 하더라도, 오랫동안 고립되면 새 백 마리 가운데 백로 한 마리가 되어, 오히려 이도異道가 되고 세상에 존립할 수 없게 될 것이니 장차 또 그를 어찌한단 말인가.

이같은 것은 다 옳지 못하며, 오직 택할 바는 나라를 세우고 왕을 높여 대권을 집행하며, 군마를 호령하여 파죽지세로 전진하고 부도 전역을 회복하는 것뿐이다. 부도를 다시 세워 그 근본을 명시하면 여러 종족들이 비록 완강하더라도 반드시 각성하여 근본으로 돌아올 것이다.

詐禮筏創都之後에 於焉經三世하니 白有餘年이라. 世潮大變하여 保守艱難하니 於是에 王國行權之論이 擡頭하여 可否紛紜이라. 其否者曰先世遺法이 昭昭於天符하니 今雖有時艱이나 保守堅防하여 以待其時可也라. 何忍屈從於詐端하여 自爲小者而潰於悖理之中乎아. 寧有如是면 不苦殉義自滅하여 顯彰眞道而遺於後世也니라. 其可者曰外勢緊迫하여 波動激甚하니 如何以堅防乎아. 墻內離反하여 騷然不能止하니 如何以保守乎아. 事已至此則不如竝立於追逐之場하여 圖得富强以後에 恢復遺業이 未有不可也라. 今四海諸族이 狂奔於詐道하여 化作瞽盲이 久矣라. 我今自滅하면 眞道이 有 誰而顯彰하며 後世에 有誰而知此乎아. 若能堅防保守라도 久爲孤立則如鳥千之一鷺하여 反爲異道而不得存立於世하리니 將又何之乎아. 如是者이 皆不當也오 唯有所擇者는 立國尊王하여 執行大權하며 號令軍馬하여 破竹前進而恢復符都之全域而已라. 符都得建而明示其本則 諸族이 雖頑이나 必覺醒而返本矣리라.

제 32 장

 이에 마침내 중론衆論이 결정되었으므로 세상사람들이 따르고 우러르는 덕망이 왕국 수립을 주장하는 석昔씨[1]에게로 돌아갔다. 석씨는 동쪽 작은 성(東堡) 유배인의 후예로, 옛날부터 바닷가에서 살던 사람이었다. 체격이 장대하고 지략이 있으므로 남해씨南解氏가 딸을 주어 아내가 되게 하였다. 이에 이르러 대중의 기대에 따라 자리를 이어 탈해왕脫解王이라 칭하니, 즉 보수保守의 질곡桎梏에서 벗어난다는 뜻이었다. 또 서라국徐羅國이라 칭하고 비로소 방패와 창을 사용하여 경내를 평정하였으나, 용병을 과도하게 하여 필경은 배척당하였다.
 중론이 다시 박씨에게로 돌아오니, 이에 박씨가 다시 계승하고 왕국의 칭호를 폐지하였다. 4세를 지나 중론이 또 석씨에게로 돌아갔으나 단 정벌하는 일은 원하지 않으므로, 이에 석씨가 다시 계승하여 무리에게 서약하고 정벌을 행하지 않으니, 이가 벌휴씨伐休氏였다.
 석씨 4세 사이에 정벌을 다시 시작하니, 중론이 김씨의 중화中和로 돌아왔다. 김씨는 원래 부도에서 동쪽으로 옮겨와 살던 씨족으로, 따뜻하고 겸손하고 후덕하여(溫讓德厚) 지마씨祇摩氏가 손녀를 주어 아내가 되게 하였다. 이에 이르러 자리를 이으니, 이가 미추씨味鄒氏였다.

이때를 당하여 서북에서 계속해서 우환이 일어나되 하나도 조치된 바가 없으므로, 중론이 석씨에게로 돌아왔다. 이에 석씨가 다시 자리를 이어 3세 사이에 전쟁이 허다하여 백성과 물자를 탕진하므로 크게 시대의 배척을 받았다. 중론이 다시 김씨에게로 돌아가니, 이에 김씨가 다시 이어 오늘에 이르렀다.

於是에 衆論이 遂定하여 人望이 歸於王國主張之昔氏하니 昔氏者는 東堡謫人之裔로 自昔世住居於海濱者也라. 壯大而有知略하니 南解氏以女妻之라. 至是依於衆望而繼位하여 稱脫解王하니 卽解脫於保守桎梏之意也라. 又稱徐羅國하고 始用干戈하여 平定境內러라. 用兵過度하여 畢竟受斥이라. 衆論이 復歸於朴氏之保守하니 於是에 朴氏復繼하고 廢王國之稱이라. 經四世하여 衆論이 再歸於昔氏하되 但不願征伐之事하니 於是에 昔氏復繼하여 誓衆以不行征伐하니 是爲伐休氏也라. 昔氏四世之間에 征伐又作하니 衆論이 歸於金氏之中和라. 金氏者는 元來符都東遷之族而溫讓德厚하여 祗摩氏以孫女妻之라. 至是繼位하니 是爲味鄒氏也라. 當此之時하여 西北之患이 繼作하되 一舞所措하니 衆論이 復歸於昔氏라. 於是에 昔氏又復繼位하고 三世之間에 征事許多하여 蕩盡民物하니 大受時斥이라. 衆論이 再歸於金氏하니 於是에 金氏復繼하여 至于今日也라.

1. **석씨** 신라 제4대 왕 탈해이사금脫解尼師今. 재위 기간은 57~80년. 남해차차웅南解次次雄의 사위이며, 부인은 아효阿孝이다. 「탈해는 본시 다파나국多婆那國 출생으로 그 나라는 왜국의 동북 천 리쯤 되는 곳에 있었다.」(《삼국사기》 참조)

「나는 본래 용성국龍城國 사람이요(정명국正國明 또는 완하국琓夏國이라고도 한다. 완하는 또 화하국花廈國이라고도 하니, 용성은 왜국 동북쪽 천 리 떨어진 곳에 있다).」(《삼국유사》 참조)

제33장

　오직 근본을 지키는 우리 종족들이 동해에 피하여 살면서 방비하고 보수한 지 삼백여 년 사이에 중론의 번복이 이와 같으니, 가히 바깥 지역의 풍운이 어떠한지를 살필 수 있을 것이다. 또 가히 천부의 진리가 사단邪端의 세상에서도 의연하게 살아 있음도 알 수 있을 것이다.
　그러므로 세세 중론이 반드시 이 도가 무너지지 않는 것에 근거하여, 역대의 우두머리가 오히려 중론의 소재에 부응하지 못하는 것을 두려워하여 과격하지도 느슨하지도 않게 능히 조절하여 보수를 크게 전하였으니, 마침내 오늘의 사람들로 하여금 가히 천부의 실재를 알게 하며, 또 장차 후인으로 하여금 때를 만나 그것을 행하게 하여, 능히 부도를 다시 건설하고 사해를 통화하며 인세가 복본하여 진리를 명증明證하게 하면, 당시 석씨의 주장이 과연 불행 중에서 행을 성취하는 것이 아니겠는가.

　唯我守本之族이 避居於東海하여 設防保守三百餘年之間에 衆論之飜覆이 如是則可以察域外風雲之如何하며 又可以知天符眞理之毅然不滅於邪端之世也라. 故로 世世衆論이 必根據於斯道之不墜하고 歷代領首이 猶恐不副於衆論之所在하여 不激不

緩하고 能得調節而保守大傳하여 竟使今人으로 可得聞而知天符之在하며 又將使後人으로 及其時而行之하여 能得符都復建하여 通和四海하며 人世復本하여 明證眞理則當時昔氏之論이 果成就於不幸之幸歟아.

제시題詩[1]

관설당

煙景超超望欲流	아지랑이 초초[2]하게 흐르는 걸 바라보니,
客心搖落却如秋	나그네의 마음도 가을처럼 지는구나
世間堅白悠悠事	세간의 견백[3]도 유유[4]한 일도
座對澄江莫設愁	징강[5]을 대하고 앉아 근심을 잊는다

1. **제시** 《영해 박씨 세감》에는 '제징심헌題澄心軒'이라 하고, 이 시는 신라 눌지왕 2년에 박제상이 왜국에 들어갈 때 지은 것이라고 했다.
2. **초초** 까마득하게 먼 모양. 높은 모양. 〈부도지〉에는 초초超超로, 《영해 박씨 세감》에는 초초迢迢로 되어 있다. 여기서는 초초迢迢를 택했다.
3. **견백** 중국 전국시대의 공손룡公孫龍이라는 사람이 내건 일종의 궤변. 단단하고 흰 돌은 눈으로 보면 흰 것은 알 수 있으나 단단한 것은 모르며, 손으로 만지면 단단한 것만 알 수 있을 뿐 흰 줄은 모르므로, 단단한 것과 흰 것은 다르다는 이론. 곧 억지를 써서 옳은 것을 그르다 하고 그른 것을 옳다 하며, 같은 것을 다르다고 하는 궤변. 견백석堅白石과 같은 말이다.
4. **유유** 아주 먼 모양. 여유가 있고 태연한 모양. 느릿느릿하고 한가한 모양. 걱정하는 모양. 생각하는 모양. 여기서는 초초迢迢와 비슷하고 견백堅白과는 반대 의

미로 보는 것이 좋다.
5. **징강** 징심헌澄心軒 앞에 흐르는 강.

징심록에 덧붙여

징심록 추기 澄心錄追記

김시습

조선 전기의 학자이자 문인으로 생육신 중 한 사람이다. 1435년(세종 17년)에 태어나 1493년(성종 24년)에 죽었다. 본관은 강릉, 자는 열경悅卿, 호는 매월당梅月堂·청한자淸寒子·동봉東峰·벽산청은碧山淸隱 등이다.

다섯 살 때 당시의 국왕인 세종대왕이 궁궐로 불러들였을 정도로 나라 안에 소문이 자자한 신동이었다. 삼각산 중흥사重興寺에서 공부하다가 수양대군이 단종을 내몰고 왕위에 올랐다는 소식을 듣고 통분하여 책을 태워버리고, 중이 되어 이름을 설잠雪岑이라 하고 전국으로 방랑의 길을 떠났다. 북으로 안시향령安市香嶺, 동으로 금강산과 오대산, 남으로 다도해에 이르기까지 9년 간을 방랑하면서 《탕유관서록宕遊關西錄》《탕유관동록宕遊關東錄》《탕유호남록宕遊湖南錄》등을 정리하여 그 후지後志를 썼다.

1463년(세조 9년) 효령대군의 권유로 잠시 세조의 불경언해佛經諺解 사업을 도와 내불당內佛堂에서 교정 일을 보았으나, 2년 뒤 다시 경주 남산에 금오산실金鰲山室을 짓고 입산했다. 2년 후 효령대군의 청으로 잠깐 원각사圓覺寺 낙성회에 참가한 일이 있으나 누차 세조의 부름을 받고도 거절했으며, 금오산실에서 한국 최초의 한문소설 《금오신화金鰲新話》를 지었고 《산거백영山居百詠》을 썼다.

이곳에서 6~7년을 보낸 후 다시 상경하여 성동城東에서 농사를 지으며 《산거백영 후지》를 썼다. 1481년(성종 12년)에 환속하여 안씨安氏를 아내로 맞이했다. 그러나 2년 뒤 다시 서울을 등지고 방랑의 길에 나섰다가 충남 부여의 무량사無量寺에서 별세했다. 그는 유·불·선의 정신을 아울러 포섭한 사상과 탁월한 문장으로 일세를 풍미했다. 1782년(정조 6년) 이조판서에 배향配享되었다.

제 1 장

《징심록》은 운와雲窩[1] 박공 집안에서 대대로 전해 내려오는 책이니, 그의 비조鼻祖 관설당觀雪堂 제상공堤上公이 지은 것이다. 후대 종가의 여러 후손들이 복사複寫하여 전한 것이 천여 년이 되었으니, 그 귀하고 소중함이 어떠한가.

슬프다! 우리 가문 선대의 복호공卜好公[2]이 일찍이 공의 큰 은혜를 입은 지 천 년이 지난 후에, 또 공의 자손과 이웃이 되어 한집처럼 오가며 가족같이 만나보고, 나는 또 훌륭한 가문에서 수업하고, 이 세로世路의 말末을 당한 것을 연유로, 공의 후예와 더불어 다시 세한지맹歲寒之盟[3]을 맺어 천리 밖으로 유랑하니, 이것이 바로 천명이란 것인가. 기나긴 고금의 일을 생각하고 회포를 펼치니 슬프고도 슬플 뿐이다. 오늘 이 책을 읽으니 갑자기 천 년 전 옛날로 돌아가 공을 뵈옵는 것 같고, 더욱 우리 가문 선대의 조상들을 우러러 사모하는 마음을 이기지 못할 뿐이다.

澄心錄者는 雲窩朴公家世傳之書니 其鼻祖觀雪堂堤上公之所述也라. 後代宗嗣諸人이 複寫相傳千有餘年하니 其珍重이 如何哉아. 噫라. 吾家先世卜好公이

曾受大恩於公而千載之下에 又作隣於公裔之家하여 來往如一家하며 接遇如同族하고 余又受業于高門而當 此世路之末由하여 與公之裔로 更結歲寒之盟하여 浪跡於千里之外하니 此天耶命耶아. 想緬古今에 展懷惻惻이라. 今讀此書하니 忽然在於千載之上하여 如謁於公而尤不勝感慕於吾 家先世之羅代也라.

1. **운와** 박공 효손, 1428~1495. 조선 단종 때 형조참판을 지냈다. 1455년에 형제와 사촌 및 김시습, 조상치와 함께 금화 초막동에 숨어 자규사子規詞를 함께 읊다가, 다시 회양 풍악산에 들어가 천지조화의 오묘한 이치를 깨닫고 세상 풍진을 피할 곳을 얻어 수 년 간 산 밑에서 살다가, 사동洞東으로 옮겨 산수山水 사이에 살면서 집을 높이 짓고 호를 운와라고 했다.

채미시採薇詩와 송국부松菊賦를 지어 취미를 붙였는데, 공이 저술한 시를 스스로 태워버려 그 원고는 전하지 않는다. 1456년 부모상을 당해 김시습과 장릉(단종의 릉) 간계艮溪 위에 함께 가지 못하고 창벽蒼壁에 김시습의 화상을 그려 붙이고, 날마다 올라가 지팡이에 기대어 휘파람을 불거나 갓끈을 씻어 회포를 달래면서, 매죽루梅竹樓의 두견시가 그리워 초막동幕草洞 수운구水雲句(둔수공이 떠날 때 조상치가 지은 송별시)를 부르며 지냈다. 구은九隱(아호에 '은隱' 자가 붙은 고려 후기의 9명의 학자) 중의 한 사람이다.(《영해 박씨 세감》참조)

2. **복호공** 신라 내물왕의 아들. 눌지왕의 동생. 412년 고구려에 인질로 갔다가 418년 박제상의 노력으로 귀국했다. (《삼국유사》에는 보해寶海로 되어 있다)

3. **세한지맹** 김시습과 박계손 사이에 맺은 약속.

제 2 장

《징심록》의 기록이 멀리는 태고太古의 일에 관계하고, 넓게는 우주의 일에 관여하여 그 광대함(浩汗)은 진실로 말할 수가 없으며, 우리 동방 창도創都의 역사와 하토夏土 변이의 기록은 사람으로 하여금 참으로 숙연하게 한다. 통칭 그윽한 의미(奧義)가 선도仙道와 불법佛法과 비슷하나 같지 아니하다. 당시 신라에는 잠시도 선·유·불이 침투해 오지 않았으니, 이는 고사古史에 근거한 것이 분명하다. 그 신시神市 왕래의 설과 유호씨의 전교傳敎의 일이 진실이니, 고금 천하의 모든 법이 모두 여기서 나와 잘못 전해져 변해버린(轉訛變異) 것이다.

그러므로 이 책의 같지 않음이 유불儒佛의 세계에 용납되지 아니하며, 또 제왕의 관경管境으로부터 배척을 당한 것은 진실로 당연하다. 기록 중에서 말하기를, 이 책은 광명廣明의 시대[1]부터 있었다고 하였으니, 그 시대는 과연 어느 시절인가.

錄中記事가 遠涉于太古하고 廣干於宇宙하여 其浩汗이 固不可言而我東方 創都之史와 夏土變異之記는 誠使人肅然也라. 通篇奧義가 似仙道佛法而非하니

當時新羅에는 姑無仙儒佛之浸來則此根據於古史者明也라. 其神市來往之説과 有户氏傳敎之事이 眞則古今天下之諸法이 皆出於斯而轉訛變異者矣리라. 然則是書之不同이 不能容於儒佛之世하며 又受斥於帝王之境者이 固當然也라. 錄中有曰此書自有廣明之時云하니 其時는 何時耶아.

1. **광명의 시대** 단군(桓檀)의 시대를 가리키는 것이 아닐까? 천부경은 한국桓國에 서 구전되던 것이라고 했으며, 한단시대를 지치至治의 세상이라고 했다.(김은 수,《주해 한단고기》참조)

제 3 장

 삼가 모든 역사를 자세히 살피어 이리저리 상세히 참고하건대, 당시의 세상사람들은 제상공을 천리 연구가라 하였으니, 그것은 신자천申自天공의 말로도 더욱 분명하다.
 혁거세왕의 증손에 형제가 있었다. 그때의 사람들은 큰아들이 작은아들의 신성神聖에 미치지 못한다고 하였다. 그 작은아들이 바로 파사왕婆娑王[1]이요 공의 5대조다. 소위 신성이라는 것은 비단 기품만을 말하는 것이 아니요, 역시 그 이치와 도리가 어떠한지를 가리키는 것이다. 공의 할아버지 아도공阿道公[2]은 124세까지 살았으며, 아버지 물품공勿品公[3]은 117세까지 살았고, 후대에도 역시 백 세까지 산 사람이 많이 있었으니, 공의 집안 전통이 반드시 특별한 이치가 있는 것 같다. 이는 혹 옛날 천웅도天雄道의 전수자이기 때문이 아닌가.
 공의 징심헌시澄心軒詩에 이르기를, 「아지랑이 초초하게 흐르는 걸 바라보니 / 나그네의 마음도 가을처럼 지는구나 / 세간의 견백[4]도 유유한 일도 / 징강을 대하고 앉아 근심을 잊는다」고 하였으니, 여기에서 공이 품은 도(抱道)의 일단을 알 수 있는 것이다.

謹案諸史하여 會通詳考則當時之堤上公은 世稱之爲硏理之家하니 其於申自天公之言에 尤明也라. 赫居世王曾孫에 始有兄弟하니 時人이 曰第一不及於第二之神聖云則其第二者는 卽婆娑王而公之五代祖也라. 其所謂神聖者는 非但氣品之謂而亦指其理道之如何矣리라. 公之祖阿道公이 享年百二十四歲하고 考勿品公이 享年百十七歲하고 後代에 亦多百歲之人則 公家傳統이 必若有特理하니 此或非昔世天雄道之傳守者耶아 公之澄心軒 詩曰 煙景超超望欲流 客心搖落却如秋 世間堅白悠悠事 坐對澄江莫說愁 云하니 於斯에 確然知公之抱道之一端也라.

1. **파사왕** ?~112년(파사왕 33년). 신라 제5대 왕으로 재위 연도는 80~112년이다. 원래의 칭호는 파사 이사금. 성은 박이요, 유리왕의 둘째 아들이다. 일설에는 유리왕의 동생 내로奈老의 아들이라고도 한다. 비는 허루갈문왕許婁葛文王의 딸 사성史省 부인 김씨다. 유리왕의 태자가 현명하지 못해 신하들의 추대로 즉위했는데 검소하고 백성을 사랑하여 명망을 얻었다. 94년 가야의 침공을 격퇴하고 101년 월성月城을 쌓아 백성을 옮겨 살게 했다. 이듬해 음한벌국音汗伐國을 정벌했으며, 실직悉直과 압독押督의 두 나라를 병합하고, 108년에는 비지比只・다벌多伐・초팔草八 등 여러 나라를 병합했다. (이홍식,《국사대사전》참조)
2. **아도공** 휘諱는 대선大善이다. 추대하여 갈문왕이 되었다.(《영해 박씨 세감》참조)
3. **물품공** 휘諱는 천보天寶, 호는 물품勿品이다.(앞의 책 참조)
4. **견백** 〈소부도지〉제33장 역주 3번 참조.

제4장

 가만히 생각하면 연경(아지랑이)은 티끌 같은 세상(塵世[1])의 풍조요, 객심(나그네의 마음)은 자아의 잡념이다. 연기처럼 일어난 먼지(煙塵[2])와 잡념이 피차 떨어져 나가 한 점의 찌꺼기도 없으니, 오직 있는 것은 맑은 가을 징강의 본원本原뿐이다.

 그렇게 한 후에 견백석堅白石[3] 고금의 증리證理에 통하기 어려운 것을 징강을 대하고 앉아 근심을 말하지 않으니, 소위 징강을 대하고 앉는다는 것은 철저하게 전체를 통하여 내려다 본다通觀[4]는 뜻이요, 또 소위 근심을 말하지 않는다는 것은, 고금古今의 세상사람들이 당면한 일에 집착하는 데 국한하고 전체를 통찰하지 못하여 스스로 문란에 이른다는 뜻의 근심이요, 그것을 슬퍼하는 것이 깊기 때문에 말하지 않는다는 것이다.

 이 한 수의 시는, 가히 공이 깊은 깨달음證覺[5]의 경지에 서 있어, 근심스러운 인간세상과 깊이 단절되어 있음을 보여 주는 것이다. 이 일은 또 공의 칭호가 세 번 변한 것에서도 볼 수 있다. 처음에 호를 도원桃源이라 한 것은 반드시 시조왕 탄생처인 선도산의 뜻이요, 다음에 석당石堂이라고 한 것은 말하지 않아도 견백을 통찰한다는 뜻이요, 세 번째로 관설당觀雪堂이라고 한 것은, 즉 남김없이 녹아 없어져 깊은 깨달음을 다한 곳이라는 뜻이다. 하물며 생명을 바쳐 절개를 세우고 불에 타서 눈으로 변하는 기우奇遇[6]를 몸소 실천한 분임에야.

그러므로 《징심록》을 쓴 근본이 고사에 근거하여 증각자에게서 나온 것이 분명하다. 그 고사는 비단 한 문중에 전해진 것만이 아니요, 공이 보문전[7] 이찬[8] 십 년 사이에 반드시 그 상세한 것을 얻었을 것이다.

念煙景者는 塵世之風景이오 客心者는 自我之雜念이니 煙塵雜念이 彼此流落하여 無一點殘滓則唯存者는 淸秋澄江之本原而已라. 然後에 堅白石之古今證理難通者를 坐對澄江而莫說憂愁하니 其所謂坐對澄江者는 徹底通觀之意也오 又所謂莫說憂愁者는 古今世人이 執着於當面之局限하고 未得於全體之通察하여 自素致亂之意憂愁而愁之而深故로 莫說也라. 此一首詩는 可以見公이 立於證覺之境地하여 憂愁人世之深切者也라. 此事는 又見於公之稱號三變之間하니 初曰桃源者는 必始祖王誕生處仙桃山之意也오 次曰石堂者는 卽此默識而通觀堅白之意也오 三曰觀雪堂者는 卽消融無餘證覺之盡處也라. 況其滅生立節하고 炎死化雪之奇遇躬行者乎아. 然則澄心錄記述之本이 根於古史하여 出於證覺者가 明也오 其古史者는 非但家傳而公在寶文殿伊湌十年之間에 必得其詳矣리라.

1. **진세** 티끌이 있는 세상. 곧 이 세상을 가리킨다. 진속塵俗.
2. **연진** 연기같이 일어나는 티끌. 티끌 먼지. 세상 속사俗事.
3. **견백석** 〈소부도지〉 제33장 역주 3번 참조.
4. **통관** 전체를 통하여 내다봄. 전체에 걸쳐서 한 번 훑어봄.
5. **증각** 깊이 깨달음.
6. **기우** 이상한 인연으로 만남.

7. **보문전** 《동국열전》에 박제상을 보문전 태학사에 임명했다는 기록이 있다.
8. **이찬** 신라 때 17관등 가운데 둘째 위계. 진골이 하던 벼슬인데, 3대 유리왕 9년 서기 32년에 설치함.

제 5 장

 대저, 세상사람들이 다만 해가 동쪽을 따라 서쪽으로 향하는 것만 알고, 서쪽을 따라 동쪽으로 향하는 것은 모르니, 이는 소위 《징심록》이 말하는, 눈이 너무 밝기 때문이다. 그러므로 하늘이 곧 빛을 없애고 밤을 만들어 사람으로 하여금 눈을 어둡게 하여, 해가 서쪽을 따르는 이치를 증명하게 하는 것이다.
 지금 한 사람이 밤중에 눈을 감고 해의 뒤를 따른다면, 반드시 이 해가 서쪽을 따라서 동쪽으로 향하는 것을 볼 것이니, 이에 곧 편견을 버리고 또 대지와 산천이 (공중에) 떠서 함께 도는 것을 볼 것이다. 이렇게 되면 동쪽이 바로 서쪽이요, 서쪽이 바로 동쪽이 되어 마침내 동서의 구별이 없는 것이다. 이 때에 곧 원만한 깨달음을 얻을 것이다. 그러므로 눈을 감고 돌을 만지면 다만 그 견고한 것만을 알고, 만지지 않고 보기만 하면 다만 그 흰 빛만을 알게 될 것이니, 이는 표면의 감각만을 중요하게 생각하고 표면과 이면 두 감각의 오고 감(交推)을 모르기 때문이다.
 그러므로 보고 만지는 감각을 모두 갖춘 후에야 곧 그 전체를 얻을 것이요, 비록 표면의 감각만이라도 그 오고가는 이치를 알면 역시 그 전체를 얻을 것이니, 그렇게 되면 단단한 것이 흰 것이요, 흰 것이 단단한 것이 되어 끝내는 단단한 것과 흰 것의 차이가 없어지므로, 이것을 가리켜 통관通觀이라 하는 것이다.

  大抵世人이 但知日之從東而向西하고 不知日之從西而向東하니 此澄心錄所謂眼明故也라. 故로 天乃廢光設夜하여 使人眼暗而證其日從西之理也라. 今有一人이 在於夜半하여 閉目而循日之踵則必見此日이 從西而向東하리니 於是에 乃廢偏見하고 又見大地山川이 浮在於斡旋之中而同軌하리니 然則東則是西오 西則是東하여 終無東西之別이라. 此時에 乃得圓覺也리라. 故로 廢見而撫石則但知其見하고 廢撫而見石則但知其白하니 此重於表感而不知表裏雙感之交推故也라. 故로 見撫具感然後에 乃得其全이오 雖表感이라도 知其交推之理則亦得其全하리니 然則堅則是白이오 白則是堅하여 終無堅白之差하니 是謂之通觀也라.

제 6 장

 무릇 사물은 모두 겉과 속이 있다. 속이 빽빽하면 충실하고, 드물면 구멍이 뚫린다. 겉이 빽빽하면 색이 모이고, 드물면 없어진다. 이는 허실虛實[1] 공색空色[2]의 교추交推(오고감)인 것이다. 또 실實이 빽빽하면 견고하고, 드물면 기氣가 빈다. 색色이 빽빽하면 질質을 만들고, 드물면 흰색으로 돌아온다. 이는 기질氣質 견백堅白의 교추인 것이다.
 그러므로 색질견실色質堅實[3](한 것)은 바탕(相)이 있어서 밝히기(徵)에 족하고, 허백기공虛白氣空[4](한 것)은 이름은 없으나 조짐이 있다. 정情은 바탕이 있는 데서 나와, 금석수토金石水土[5]와 비잠동식飛潛動植[6]의 형상이 밝혀진다. 도道는 무명無名에서 나와 은현생멸隱現生滅과 소장성쇠消長盛衰의 세력이 조짐을 나타내니, 우주 만상이 곧 이루어진다.
 도는 하나의 궤도로 크게 뭉치고 형은 천 가지로 서로 다르니, 이에 성인이 일으키어 온 누리에 통공通空[7]하는 관음管音[8]을 조음調音[9]하여 그 대동大同의 정情을 살피고, 허실의 척도에 따라 그 서로 다른 세력을 조사하니, 이는 진실로 사물을 성찰하여 증리하는 진법眞法과 신라가 금척金尺과 옥적玉笛[10]을 쓴 그 유서가 상고지세上古之世에 연유하고 있음이 분명한 것이다. 대저 소밀疏密은 일체一體요, 기질氣質도 일체요, 공색空色도 일체요, 견백堅白도 일체이며, 각기 양쪽에 있는 것은 장차 교추상자交推相資[11]하여 성물성사成物成事하고자 하는 까닭이다.

그러므로 천하 만물이 반드시 빈 구멍(虛竅)에서 이름을 이루어 위치가 견고하게 되고, 천하 만사가 반드시 실實이 교차하는 데서 바탕을 보여 흔적이 하얗게 되니, 이는 태고 불역不易의 진전眞詮[12]이다. 그러므로 허실견백에 대한 고금의 논급은, 모두 상세上世에서 기원하였으나 그 바른 것을 얻지 못하였으니, 이가 제상공의 근심과 한탄을 깊고 통절하게 한 까닭이다.

凡事物이 皆有表裏하니 裏密則充實而疏則空通하고 表密則色聚而疏則衰虛하니 此虛實空色之交推也오 且實密則堅固而疏則氣沖하고 色密則質造而疏則還白하니 此氣質堅白之交推也라. 故로 色質堅實者이 有相而足徵하고 虛白氣空者이 舞名而可朕이라. 情生於有相하여 金石水土飛潛動植之形이 徵焉하고 道生於無名하여 隱現生滅消長盛衰之勢이 朕焉하니 宇宙萬象이 乃成也라. 道者는 一軌大同하고 形者는 千態相殊하니 於是에 聖人이 作하여 調通空之管音하여 察其大同之情하고 準虛實之尺度하여 審其相殊之勢하니 此誠證理省事之眞法而新羅之用金尺玉笛이 其緖이 由於上古之世者이 明也라. 大抵疏密一体也오 氣質一体也오 空色一体也오 堅白一体而各由有兩般者는 將欲交推相資而成物成事故也라. 故로 天下之物이 必成各於虛竅而位堅하고 天下之事이 必示相於實叉而痕白하니 此太古不易之眞詮也라. 故로 古今論及於虛實堅白者이 皆源於上世而未得其正하니 此堤上公之所以愁嘆之深切者也라.

1. 허실 음양론과 다른 허실론이다. 허실론은 홍대용의 《의산문답》에서 나타난다.

〈부도지〉 1 · 2장을 상기할 것.
2. **공색** 공과 색. 비어 있으면 색이 없으므로 공과 색은 대비가 된다.
3. **색질견실** 색이 차면 질을 만들고 실이 차면 견고하다. 색과 질, 그리고 견과 실.
4. **허백기공** 색이 비면 하얗게 되고 실이 드물면 기가 없다. 허와 백, 그리고 기와 공.
5. **금석수토** 여기서는 단순한 물상을 말할 뿐 원소에 대한 이야기는 아니다.
6. **비잠동식** 새와 물고기와 동물과 식물.
7. **통공** 모든 공간에 통함.
8. **관음** 피리소리.
9. **조음** 소리를 냄.
10. **옥적** 「길이가 한 자 아홉 치인데, 그 소리가 맑고 깨끗하다. 세속에서 이르기를, 동해의 용이 바친 것이라 한다. 대대로 보물로 전하였다. 전설에 고려 태조가 옥적을 구경하려고 사람을 시켜 가져오게 하였다. 조령을 지나오다 이 옥적을 불었으나 소리가 나지 않았다. 고려 태조는 그것이 신물임을 알고 돌려보냈다. 그 후 불에 타서 부서져 지금 공방고에 간직되어 있다.」(앞의 책, 《동경잡기》 269~270쪽 참조)

피리는 도량형으로도 쓰여졌다. 「척도尺度는 황종관黃鐘管 12율의 기본음인 황종況鍾을 내는 피리의 길이를 기본으로 삼는다. 기장秬黍(곡식 이름)의 중간쯤 되는 낱알을 황종관과 나란히 일렬로 이어서 배열하면 이 관의 길이는 기장알 90톨의 몫에 해당한다. 이 한 톨의 폭이 1분分, 10분이 1촌寸, 10촌이 1척尺, 10척이 1장丈……이며, 양량은 황종관의 부피를 기본으로 한다.

즉 황종관에 기장 알을 넣으면 1,200톨로 가득 찬다. 이때의 부피를 약龠으로 하고 그 약을 합合, 10합을 승升, 10승을 두斗, 10두를 곡斛……이라 하며, 형衡은 황종관의 무게를 기본으로 한다. 1약에 채워지는 1,200톨의 기장의 무게를 12수銖로 삼고 24수를 양兩, 16량을 척斥, 30척을 균鈞, 4균을 석石으로 한다.」(김용운, 《한국 수학사》, 열화당, 1982, 72쪽에서 재인용/《한서漢書》〈율

력지律曆志〉참조)
11. **교추상자** 서로 밀어서 서로 도움.
12. **진전** 진법眞法.

제 7 장

1절

《징심록》에 덧붙인 별책〈금척지金尺誌〉¹도 역시 제상공이 쓴 것인가. 혹 뒷사람의 기록인가. 글의 뜻은《징심록》과 서로 연결되어 있는데 별책으로 덧붙인 것은 무슨 까닭인가. 만약 제상공이 지은 것이 아니면 반드시 백결百結 선생²이 추가하여 보충한 것일 것이다.

공의 가문의 전설이 금척과 많이 관계하고 있으며, 내가 일찍이 들은 오대산 노석자老釋者의 이야기가《사승야전史乘野傳》과 크게 다르지 않으므로, 지금 그 개요를 아래에 적는다.

澄心錄添綴之別冊金尺誌도 亦堤上公之所述歟아. 或後人之記錄歟아. 文義則相連 於澄心錄而別冊添綴者何耶오. 若非堤上公之所述이면 必是百結先生之追補者矣리라. 公家傳說이 多有關於金尺而余夙聞 五臺之老釋者이 與史乘野傳으로 大同小異故로 今記其概要於下라.

1. **〈금척지〉** 백결百潔(結) 선생이 지어서 박제상 선생이 지은 《징심록》에 덧붙인 책으로, 지금은 《징심록》의 다른 '지誌'들과 함께 전하지 않는다. 박금 씨의 후기 4장에 따르면, 박금 씨가 함경남도 문천에 있는 양산댁이라고 하는 집에서 소위 금호종합이학원을 경영한 바 있는데 해방 후 남하할 때 그곳에 두고 온 것 같다.

  김시습의 추기에 따르면, 〈금척지〉는 천부의 허실의 수를 풀이한 수사數辭로 된 책이었을 것으로 추측된다. 〈금척지〉를 읽으니 그 수사가 심히 어려워 알 수가 없었다고 했다.(〈징심록 추기〉 8장 참조)

2. **백결 선생** 박제상 선생의 일남삼녀 중 막내아들. 이름은 문량文良, 세상사람들이 백결百結 선생이라 하므로 스스로 호를 '백결百潔'이라 했다. 또 개명하여 '누랑婁琅'이라고도 했다. 박제상 선생의 딸 장녀 아기阿奇와 삼녀 아경阿慶은 김씨 부인과 함께 치술령에서 죽어 삼체신모석상三體身母石像이 되고, 백결 선생은 차녀 아영阿榮이 보살폈다. 박제상 선생이 순절한 해를 대개 눌지왕 3년(419년) 5~6월경으로 추정하면, 이때 백결 선생의 나이가 다섯 살이었으므로 그의 출생 연대는 415년이 된다.(〈징심록 추기〉 7장 4·6절 및 《삼국사기》 48권 〈열전〉 제8 참조)

  참고로 《화해사전華海師全》에 있는 운월재雲月齋 신현申賢(고려 충렬왕 때의 학자)의 글을 소개한다. 「신라사람 박문량은 세상에서 백결이라고 일컫는 이로서, 그의 출처出處를 보면 모두를 바르게 하였고, 또 임금에게 깨우쳐준 모훈謨訓을 보면 옛 사람의 잘 간하고 잘 상소했던 자에게서 찾아보아도 그와 짝할 만한 이가 드물어, 이훈편伊訓篇이나 설명편說明篇 뒤에다 붙일 만한 글로서 만세에 임금된 자가 꼭 본받아야 할 것들이었다.……」(《영해 박씨 세감》 참조)

제 7 장

2절

　신라 내물왕¹때 박제상공이 지마왕祗摩王²의 고손으로 보문전 대부를 지내고, 향리인 삽량주歃良州³의 간干⁴이 되어 징심헌⁵을 짓고, 상세하게 이치를 변증하여 시원전래始原傳來의 역사를 저술한 것을 《징심록》이라 하였다. 때에 내물왕이 죽으니, 세 왕자는 나이가 어렸다. 차가次家의 동생 실성왕實聖王⁶이 위협하고 스스로 왕이 되었다. 내물왕의 장자 눌지⁷는 변란이 올 것을 미리 살피고, 거짓으로 말을 더듬으며 미친 짓을 하고 거리를 방랑하였다. 실성왕이 도외로 치고, 그 둘째 동생 복호를 고구려에 인질로 추방하고, 말사흔은⁸ 인질로 왜국에 보내 그들을 없애서 뒷날의 염려를 끊어버렸다.
　이에 이르러 제상공이 선세의 전통으로써 곧 실성왕의 부당한 처사를 거론하니, 이에 세론이 쏟아져 나와 신자천申自天 배중량裵仲良 등 육신六臣이 사퇴하였다. 실성왕이 마침내 눌지왕에게 왕위를 물려주었다. 이것은 전후 십여 년 간의 책모였으며 순조롭게 반정이 성공하니, 신자천공이 제상은 용감하고 지략이 깊고 말 잘하고 이치에 밝다고 하였다. 이 말은 역시 이에서 연유한 것이다.

新羅奈勿王時朴堤上公이 以祗摩王之高孫으로 經寶文殿大夫하여 爲鄕里獻 良州干하여 築澄心軒하고 辨證細理하여 述始原傳來之史曰澄心錄이러라. 時에 奈勿王薨하니 三王子年少라. 次家弟實聖王이 脅威自立하니 奈勿王 長子訥祗이 豫察來變하고 佯爲訥言作痴하여 放浪市肆하니 實聖王이 置之度外하고 其二弟卜好를 質放高句麗하고 末斯欣을 質於倭國而除之하여 以杜後慮라. 至是하여 堤上公이 以先世傳統으로 乃立言而擧實聖之不當하니 於是에 世論이 淪然하여 申自天襄 仲良等六臣이 辭去하니 實聖王이 遂讓位於訥祗王이라. 此前後十 餘年之策謀而乃 順成反正하니 申自天公曰堤上勇而精略하고 能辨細理 云者이 亦由於斯矣라.

1. **내물왕** 신라 제17대 왕. 재위 356~402년. 미추왕의 조카이며 사위.
2. **지마왕** 신라 제6대왕. 재위 112~134년. 지마 이사금祗摩尼師今.
3. **삽량주** 지금의 양산.
4. **간** 장長.
5. **징심헌** 양산 징강 언덕에 있음.
  「탁영대濯纓臺는 정혜사 동쪽 시냇가 언덕에 있다. 징심대는 정혜사 동쪽 시냇가 언덕에 있는데 탁영대와 쌍으로 대치하고 있다.」(앞의 책,《동경잡기》의 〈승지〉 참조). 징심헌을 소재로 한 명사들의 시 20여 편이 전한다.(《영해 박씨 세감》 참조)
6. **실성왕** 신라 제18대 왕. 재위 402~417년. 미추왕의 동생인 각간 대서지大西知의 아들.
7. **눌지** 신라 제19대 왕. 내물왕의 아들. 비는 실성왕의 딸.
8. **말사흔** 《삼국사기》에는 미사흔未斯欣,《삼국유사》에는 미해美海,《삼강오륜행실도》와 《화해사전》에는 말사흔未斯欣으로 되어 있다.

제 7 장

3절

　눌지왕이 임금이 되어서는 언제나 두 동생의 일로 상심하여 정사에 힘쓰기가 어려웠다. 이에 제상공이 개연히 청하여 고구려에 가서 부도의 일로써 왕에게 말하기를, "한 뿌리의 후예로서 어찌 이런 일이 있을 수가 있습니까?" 하였다. 이 한 마디 말로 복호를 돌아오게 하였다. 귀국하여서는 그의 집 문 안에 들어가지도 아니하고 곧바로 왜국으로 출국하였다. 부인 김씨가 듣고 쫓아가니 공이 이미 배를 타고 손을 흔들어 작별하므로 부인이 또한 그것을 권하고 장려하였다.
　공이 이미 왜국에 입국하여 그의 말을 받아들이지 않을 것을 알고 거짓으로 임금을 배반하고 귀화하였다고 하였다. 계속하여 2년 남짓 머물러 있으면서 뱃놀이를 즐기다가 하루는 말사혼에게 몰래 귀국할 것을 권하였다. 말사혼이 공과 함께 돌아가자고 하므로 공이 말하기를, "공자께서 귀국하시면 일은 성공한 것입니다. 어찌 두 사람이 모두 온전하기를 바라다가 일을 위태롭게 만들겠습니까?" 하였다.
　마침내 울면서 작별하고 뱃놀이를 계속하여 왜인들이 의심하지 아니하게 하고, 말사혼이 멀리 갔을 때를 맞춰 혼자서 관사로 돌아가니, 왜의 임금이 비로소 속은 것을 알고 노하였다. 공이 곧 부도의 일을 말하고 옛날의 정의(舊誼)를 수호할 것을 권하니, 왜의 임금이 완강하여 스스로 동해東海의 주인이라 말하고, 공을 협박하여 신하라 칭하라고 하였다. 공이 웃으면서 "나는 귀화자가 아니요, 계림鷄林의 신하라" 하니, 왜의 임금이 더욱 노하여 곧 음형淫刑을 설하고 협박하였다.

공이 끝내 굽히지 아니하고 말할 때마다 반드시 '계림의 신하'라고 하니, 왜의 임금이 마침내 목도木島에서 태워 죽였다. 공이 죽음을 보기를 마치 눈이 녹는 것과 같이 하고, 재가 되어버린 몸이 정기正氣로 변하여 천추에 절의를 세웠다.

訥祗王이 登位하여 常以二弟之事로 傷心不能勵政이, 於是에 堤上公이 慨然請行하여 出於高句麗하여 言王以符都之事日一根之裔가 何有是事오. 一言而還卜好하고 及歸에 不入其門而直出於倭國이라. 夫人金氏이 聞而追至하니 公이 已乘船하고 搖手作別이어늘 夫人이 亦勵之러라. 公이 已入倭國하여 知其言之不容하고 假稱反者歸化하여 留連歲餘에 好行船遊타가 一日에 囑末斯欣潛歸하니 斯欣이 言與公同歸어늘 公曰公子歸則事成하니 何期雙 全而危其事乎아. 遂泣別하고 優遊船中하여 使倭人勿疑하고 俟斯欣遠去하여 乃獨歸館舍하니 倭主始知見欺而怒어늘 公이 乃言符都之事하고 勸修舊誼하니 倭主頑强하여 自言東海之主하고 迫公稱臣하니 公이 笑曰吾非歸化者오 卽鷄林之臣이라 하니 倭主尤怒하여 乃設淫刑而脅迫하니 公이 終不屈하고 言必曰鷄林之臣이어늘 倭主遂燒殺於木島하니 公이 視死如融雪하고 灰身化正氣하여 立節義於千秋라.

제 7 장

4절

눌지왕 형제가 공의 죽음을 듣고 슬픔이 지극하여 공을 영해군寧海君에 봉하였다. 공의 부인 김씨는 공의 죽음을 듣고 세 딸을 거느리고 치술령[1]에 올라, 스스로 치술령가를 짓고 동해를 바라보며 울다가 자진하였다. 장녀 아기와 삼녀 아경 역시 부모를 따라 죽으니, 모녀의 몸이 변하여 삼체신모석상三體身母石像이 되었다.

차녀 아영은 가문의 일을 위하여 굳세게 살면서 다섯 살 된 남동생을 기르니, 이가 백결 선생 문량공이다. 눌지왕이 듣고 심히 슬퍼하여 말사흔에게 아영을 아내로 삼게 하여 위로하였다.

백결 선생이 장성하여 잠시 자비왕[2]조慈悲王朝에 벼슬하다가 곧 사직하고 돌아가 세상일을 버리고, 거문고를 타서 수증하며 스스로 선세의 도를 행하다가 종적을 감추고 나타나지 아니하였다고 하였다.

訥祇王兄弟이 聞公之死하고 悲痛至極하여 封公寧海君이라. 公之夫人金氏聞公死하고 率三娘하고 登鵄述嶺하여 自製鵄述歌하고 望哭東海自盡而死라. 長女阿奇 三女阿慶이 亦殉父母而死하니 母女之身이 化爲三体身母石像이라. 次女阿榮은

爲家事强生하여 養育五歲男弟하니 是爲百結先生文良公也라. 訥祗王이 聞而甚悲하여 使末斯欣으로 娶阿榮而慰之라. 百結先生이 長而大成하여 暫立於慈悲王朝러니 仍卽辭歸하여 不事世業하고 彈琴修證하며 自行先世之道러니 遂晦跡不現云이라.

1. **치술령** 「부의 남쪽 50리에 있다. 곧 박제상의 아내가 바라보며 곡하다가 죽은 곳이다.」(《동경잡기東京雜記》〈산천山川〉 참조)
2. **자비왕** 신라 제20대왕. 재위 458~478년. 눌지왕의 장남. 비는 미사흔의 딸 김씨.

제 7 장

5절

　제상공이 어렸을 때, 한 도인이 공을 보고 이르기를, "이 사람은 견우성의 화신이니 반드시 제도濟渡하는 공이 있으리라."고 하였다. 이로 인하여 이름을 '제상'이라고 하였다. 자라자 도인이 또 알리기를, "동촌 김공의 집에 17살 난 처녀가 있으니 곧 직녀성의 화신이므로 공과 더불어 좋은 인연이라"하였다. 그로 인하여 혼인이 이루어졌다. 도인이 탄식하여 말하기를, "이 두 사람은 별의 정기로 이루어진 하늘이 내린 인연이라. 그러므로 빛이 오래도록 없어지지 아니할 것이니, 비록 강을 사이에 두고 서로 바라보나 어찌 한이 있으리오."라고 말하였다 하니, 이는 참으로 기이한 일이다.

　堤上公幼時에 一道人이 見公曰此人은 牽牛星之化身이니 必有濟渡之功이라 하여 因名之曰堤上하고 及長에 道人이 又告曰東村金公家에 有十七娘하니 卽織女星之化身이라. 與公好緣이라 하여 因之以成婚이러니 己矣오 道人이 嘆曰此兩人은 星精之天緣이라. 故로 光不滅於久遠하니 雖隔江相望이나 何恨之有云하니 此眞奇異之事也라.

제 7 장

6절

　백결 선생이 일찍이 자비왕을 위하여 식재息災, 치원治源, 여인與人, 지인知人, 양인養人 등의 설說 약간을 진술하였다.* 평생의 품은 회포를 반드시 거문고를 펴서 태허太虛에 울리니, 세상사람들이 그 뜻을 알지 못하였다. 그 중 낙천악樂天樂과 대악碓樂이 전해졌다.

　집이 가난하므로 옷이 해어져 수없이 꿰매 입으니, 세상사람들이 백결百結 선생이라고 불렀다. 선생이 그로 인하여 스스로 호를 백결百潔이라 하고, 또 개명하여 '누랑婁琅'이라 하였다.

　선생이 이미 시골마을로 물러나 여러 번 불러도 나가지 아니하므로, 왕이 그 마을에는 모든 법과 규제를 없애니, 곧 충효곡忠孝谷[1]이요, 세칭 물금리勿禁里다. 고려말에 신운월재申雲月齋[2] 선생과 문헌공文憲公 최충崔沖[3] 선생 등이 그 원고를 수집하여 세상에 드러내고, "크도다! 백결 선생의 도는 마땅히 해야 할 인군人君 만세의 사법師法이요, 그 출처가 정명무애正明無碍하니 가히 지인至人이라 할 것이다."라고 하였다.

百結先生이 曾爲慈悲王하여 陳息災·治源·與人·知人·養人說等若干하고

平生所懷를 必宣於琴而鳴之於太虛하니 世人이 莫知其意라라. 其中樂天樂과 碓樂이 傳於世而已라. 家貧衣弊하여 補綴無數하니 世人이 通稱曰百結先生故로 先生이 因之而自號曰百潔하고又改名曰婁琅이라. 先生이 己退居鄕里에 累徵不就어늘 王이 除一切法禁於其鄕하니 卽忠孝谷而世稱勿禁里也라. 麗末文貞公申雲月齋先生과 文憲公崔沖先生等이 收其稿而顯揚於世曰大哉라 百結先生之道는 當爲人君 萬世之師法이오 其出處이 正明無碍하니 可謂至人云이라.

* 「죽송오竹松烏 서견徐甄이 말하기를, "신라의 인물로서 속세를 피해 숨은 사람이 적지 않았지만 그 중에서 곤궁한 처지에서도 참된 즐거움을 가졌던 사람은 누구일까?" 운곡耘谷 원천석元天錫이 말하기를, "눌지왕 때 왜국에 들어가 사절死節했던 삽량주 사람 박제상의 아들 문량이 자비왕을 섬기면서 천재天災로 인하여 상소하였는데, 그의 말에, '천도天道란, 말이 없는 가운데 사람을 도화導化하는 것입니다. 그러므로 하늘이 재앙으로써 군왕의 마음을 깨우치는 것이, 마치 스승이 착한 일을 열어 주고, 허물을 막기 위하여 회초리와 꾸짖음으로 엄하게 다스리는 것과 같은 것입니다. 임금이 만일 하늘의 재앙에 경각심을 가져 정도를 찾는다면 그것은 다행히 천재를 봄으로써 복된 길로 개혁하는 것입니다.

그러므로 임금이 자기 도리를 자기가 잃어버리면 천재마저도 나타나지 않게 되는데, 그것은 천재 중에서도 제일 큰 천재로써 재앙이 없는 것이 재앙이 되지 않는 것이 아닙니다.

그렇기 때문에 하늘이 반드시 재앙을 보이는 것이지 사람에게 재앙을 주기 위해서 그런 것은 아닙니다. 그렇다면 하늘이 재앙을 내리는 것이 하늘 마음대로 내리는 것이 아니라 임금이 마음을 어떻게 쓰느냐에 달린 것입니다.' 하였고, 그 후로도 계속 진언하여 태평성대를 만드는 것을 자기 책임으로 알았다. 그가

말하기를……」너무 길므로 여기서 줄인다.(《화해사전》,《영해 박씨 세감》에서 재인용)

1. **충효곡** 효충동이 아닐까. 효충동은 양산에 있으며, 이곳에 백결 선생을 모신 효충사가 있다. 양산읍지 상북방에 효충동이 있는데 바로 박제상이 옛날 살던 곳이라고 했다.
2. **신운월재** 1298~1377. 고려 때의 학자. 자는 신경信敬. 본관은 평산平山. 고려 개국공신 신숭겸의 후손. 우탁의 문인. 충숙왕 때에 문과에 급제한 후 원나라에 가서 유명한 학자들과 고유하며 더욱 깊이 학문을 연구하여 당시의 대학자로 추앙되었다.(《한국 인명사전》 참조)
3. **최충** 984~1068. 고려의 문신. 학자. 당시의 이름난 유학자로서 그에 의해 확립된 우리나라 유학의 정통이 안향에게 계승되었다.(《한국 인명사전》 참조)

제 7 장

7 절

　신라 무열왕[1]이 미천하였을 때, 김유신[2] 등과 함께 선도산 아래 백결 선생의 증손 마령간[3] 선생에게 취업하니, 선생이 언제나 백결 선생의 도로 그들을 가르치고, 항상 부도통일론을 설하며 외래의 법을 극력 배척하였다. 후에 무열왕이 등위하여 유신 및 선생의 아들 용문[4] 등과 함께 모의하여 삼국통일의 일을 이룩하였다고 하였다. 후세에 최치원[5], 곽여[6] 등 여러 현인이 이 집에서 나왔다고 하였다.

　新羅武烈王微時에 與金庾信等으로 就業於仙桃山下百結先生之曾孫痲靈干先生하니 先生이 常以百結先生之道로 授之하고 恒說符都統一之論하며 極斥外來之法이라. 後에 武烈王이 登位하여 與庾信及先生之子龍文等으로 謀而成三國統一之業云이라. 後世崔致遠郭與諸賢出於是家云이라.

1. **무열왕** 604~661. 신라 제29대왕 김춘추.

2. **김유신** 595~673. 신라의 명장으로 김해 가야국 김수로왕의 12대손이다. 609년 화랑이 되어 용화향도를 거느리면서 화랑정신으로 심신을 수련했다.
3. **마령간** 백결 선생의 증손.「흥무왕 김유신의 실기에 신라 무열왕이 공자소子로 있을 때 선도산으로 백결 선생을 찾아가 적을 쳐부술 계책을 물었더니 선생이 대답하기를, "나는 이미 늙었고 내가 듣기에는 기계 사람 김유신이 관중 숙하에 못지않다고 하는데 그 사람을 등용하는 것이 좋을 것이요." 하여 그를 천거해 씀으로써 대업을 성공시켰다고 하였다.」(《영해 박씨 세감》상, 162쪽 참조). 이름은 담, 일명 담세. 자는 여량, 호는 마령간. 신라 소지왕 기묘년에 출생했다. 묵호자가 고구려에서 이차돈과 불교를 행하고 신라에 전도하자 왕이 이를 좇는지라, 마령간이 아뢰어 이차돈의 목을 베고 불교도의 무리를 해산시켰다.
4. **용문** 백결 선생의 6세손. 584~670. 시호는 무열.
5. **최치원** 857~?. 신라의 학자. 경주 최씨의 시조로 자는 고운·해운이다. 가야산 해인사에 들어가 여생을 마쳤다고 한다. 그의 난랑비서문은 귀중한 역사자료가 되었다.
6. **곽여** 1058~1130. 고려의 문인. 자는 몽득. 예부원외랑이 되었다가 사직하고 금주의 초당으로 돌아갔다.

제 7 장

8절

    신라말경에 국사가 다난하므로 제상공 집안의 종손 문현[1]선생이 선세 입언立言[2]의 전통을 계승하여 여러 차례 불러도 나아가지 아니하고, 야인으로 있으면서 강직하여 시사를 통론하므로 나라 사람들이 두려워하였다.

    때에 효공왕[3] 왕위 계승의 분쟁이 있으므로, 선생이 백 세의 고령으로 국중에 발언하여 세론을 환기하여 말하기를,「신라 입국의 근본은 부도를 복건하는 데 있다. 위에 있는 사람은 반드시 이 일에 힘쓸 것이요, 감히 사사로이 영화를 도모하여서는 아니될 것이다. 이는 입국 당시의 약속이기 때문에 천 년이 지났다고 하더라도 어제처럼 살아 있는 것이다. 어찌 그 본의를 잊는 것을 참을 수 있겠는가.

    옛날의 조선은 곧 사해의 공도公都요 한 지역의 봉국封國이 아니며, 단씨의 후예는 즉 모든 종족들의 심부름꾼이요, 한 임금의 사사로운 백성이 아니다. 불행하게도 동해로 피난 와서 방비를 설하고 나라를 세운 것은 어쩔 수 없는 데서 나온 것이요, 결코 본의가 아닌 것이다. 그러므로 나라의 근본이 다른 나라와는 현저하게 다른 것이다. 우리들은 마땅히

이에 각성하여 일체의 분쟁을 불태워버리고 마음을 돌이켜 반성하는 것이 옳다.」고 하였다.

이 때에 국론이 크게 바로잡히고 조정이 숙연하여, 왕위를 신라 시조 혁거세왕의 제1 증손의 후예에게 반환하니, 이가 신덕왕[4]이었다. 3세 경애왕[5]이 마침내 근본을 잃고 방자하게 놀다가 몸은 망하고 나라는 패하여 다시 김씨에게 전하고 신라가 마침내 망하니, 이가 경순왕[6]이었다.

新羅末境에 國事多難하니 堤上公家宗嗣文鉉先生이 繼承先生立言之傳統하여 累微不就하고 在野剛直하여 痛論時事하니 國人이 畏之라. 時有孝恭王繼位之爭하니 先生이 以百歲高齡으로 發言於國中하여 喚起世論曰「新羅立國之本은 在於符都之復建故로 爲上者이 必勵於斯오 不敢私謀榮華하니 此는 立國當時之約而雖隔千年이라도 如在昨日이라 何忍忘其本義乎아. 昔世朝鮮은 卽四海之公都오 非一域之封國이며 檀氏之遺裔는 卽諸族之公僕이오 非一君之私民이라. 不幸避居東海하여 設防稱國者는 出於不得已오 決非本意故로 國本이 與他國으로 懸殊하니 吾等은 當覺醒於斯하여 一切紛爭을 付於火消하고 回心反省이 可也云」하니 於是에 國論이 大正하고 朝廷이 肅然하여 王位를 返還於新羅始祖赫居世王第一曾孫之後裔하니 是爲神德王이라 三世景哀王이 遂忘本肆逸타가 身亡國敗하고 復傳於金氏而新羅遂亡하니 是爲敬順王이라.

1. **문현** 박제상 선생의 14세손. 신라 제52대 효공왕 때의 사람이다.
2. **입언** 의견을 세움.
3. **효공왕** 신라 제52대왕. 재위 897~912년. 헌강왕의 서자로 진성여왕의 뒤를 이어 왕위를 물려받았다. 궁예와 견훤이 세력을 펴 각축전을 벌이던 때로, 907년 견훤에게 일선군 이남의 10여 성을 빼앗겼으나 주색에 빠져 정사를 돌보지

않았다.(이홍식,《국사 대사전》 참조)

4. **신덕왕** 신라 제53대 왕. 재위 912~917년. 대아찬 예겸의 아들이며, 아달나왕의 원손이자 헌강왕의 사위이다.(위의 책 참조)

5. **경애왕** 신라 제55대왕. 재위 924~927년. 경명왕의 동생이며, 아버지는 신덕왕이다. 영토를 왕건과 견훤에게 거의 다 빼앗기고, 포석정에서 놀이하다 견훤에게 붙잡혀 현장에서 견훤의 강요로 자살했다.(위의 책 참조)

6. **경순왕** 신라 제56대 왕. 재위 927~935년. 문성왕의 6대손이며 이찬 효종의 아들이다. 견훤의 힘으로 왕이 되었으나 고려 왕건에게 항복했다.(위의 책 참조)

제 7 장

9 절

때에 왕자 궁예[1]가 처음으로 입국의 근본을 듣고 원통해 하고 슬퍼하였다. 강토회복의 뜻을 품고 군사를 이끌고 삭북[2]으로 곧장 향하다가 철원에 이르러 주둔하고, 부장 왕건으로 하여금 고구려 유민들을 설득하게 하니, 저들이 고국의 재건을 원하므로 궁예가 그를 허락하고 곧 후고구려라 칭하였다.

10년 사이에 궁예가 마침내 교만하여져서 태봉국이라 개칭하고 본뜻을 잃었다. 인심이 왕건에게 돌아가므로, 왕건이 마침내 왕이 되어 고려라 칭하고, 송악으로 도읍지를 옮겨 강토를 회복하는 일을 선포하였다. 이 때에 신라는 이미 쇠하고 또 강토회복의 대의를 막을 수가 없으므로, 경순왕이 마침내 나라를 내놓았다.

왕건 태조가 제상공 종가에 사신을 파견하여 부도의 일을 상세하게 묻고, 그 차가次家의 후예 수헌[3] 선생 부자를 불렀으나 다 사양하고 나아가지 않았다고 하였다.

時에 王子弓裔이 始聞立國之本하고 慷慨懷復疆之志하고 率軍直向朔北이라가

至於鐵圓而屯하고 使副將王建으로 說高句麗 遺民하니 彼等이 願再建故國故로 弓裔許之하고 乃稱後高句麗러니 十年之間에 弓裔遂驕하여 改稱泰封國하고 忘失本志하니 人心이 歸於王建故로 王建이 遂爲王하여 稱高麗하고 移都於松嶽하여 宣布復疆之業하니 於是에 新羅已衰하고 又不能拒復疆之大義하여 敬順王이 遂讓國이라. 王建太祖이 遣使於堤上公宗嗣之家하여 詳審符都之事하고 徵其次家之裔睡軒先生父子하니 皆辭而不就云이라.

1. **궁예** ?~918. 태봉국의 임금. 승려로서의 이름은 선종善宗. 신라 제47대 헌안왕 또는 경문왕의 아들이라는 설이 있다. 《한단고기》에 의하면 궁예의 선조는 평양 사람으로 본래 보덕왕 안승의 먼 후예이며, 그의 아버지는 강직하게 술가術家의 말을 따랐는데 어머니의 성을 따서 궁씨라고 했다고 한다.(김은수, 《주해 한단고기》 267쪽 참조)
2. **삭북** 북방.
3. **수헌** 904~?. 이름은 빈濱이며 좌복사술홍의 아들이다.

제 7 장

10 절

고려 현종[1] 때에 거란의 화가 계속하여 일어나니, 왕이 강감찬[2]에게 여러 차례 영해[3]를 방문하게 하여 매우 부지런히 조언을 구하고 문중을 두루 구제하며, 차가의 후예 청허[4] 선생을 불러 은혜로 돌보아주기(恩顧)를 심중하게 하였다.

또 혁거세 왕릉을 다시 고치고 탑을 세워 공양하니, 그 탑문에 이르기를, 「우리나라의 영원한 태평과 온 국민의 평안을 위하여 받들어 이 탑을 건조하고 영원토록 고양할 것입니다.」운운하였다.

강감찬공이 자신의 딸에게 종사의 수건과 빗(巾櫛[5])을 받들게 하여 차가 후예의 아내가 되게 하였다고 하였다.

麗祖顯宗時契丹之禍繼作하니 王이 使姜邯瓚으로 累訪寧海하여 求言甚勤하고 周恤一門하며 徵次家裔淸虛先生하여 恩顧甚重이라. 又修赫居世王陵하고 建塔供養하니 其搭文에 曰「奉爲邦家永泰, 遐邇常安, 敬造此塔, 永充供養」云이라. 姜邯瓚公이 以其女로 欲奉宗嗣之巾櫛하여 妻之於次家之裔云이라.

1. **현종** 991~1031. 고려 제8대 왕. 태조의 여덟째 아들인 안종 욱의 아들이다. 강조의 옹립에 의하여 즉위하자 목종의 살역殺逆을 구실로 거란 성왕이 쳐들어 왔다.(이홍식,《국사대사전》참조)
2. **강감찬** 948~1031. 고려의 명장. 1018년 거란 소배압의 군사를 귀주에서 크게 이겨, 살아 돌아간 적군이 불과 수천이었다.(위의 책 참조)
3. **영해** 박제상이 살던 경북 영덕.
4. **청허** 고려 광종 3년에 태어났으며 이름은 광염이다.
5. **건즐** 수건과 빗. 머리를 빗고 낯을 씻는 일.

제 7 장

11 절

 고려 정종¹때, 왕이 공의 가문의 부흥을 위하여 차가의 후예 명천공²을 다시 영해군에 봉하고, 그 후손을 불러 수대 사이에 군에 봉하여 격려하였다.
 충렬왕³ 때에 몽고의 난이 일어나니, 왕이 영해로 사신을 보내 자연의 이치를 상세하게 묻고, 공의 문중을 두루 구제하며 또 그 마을의 부역을 면하여 주니, 거무역리居無役里라 하였다.
 차가의 후손 세통공⁴의 조손 3 대를 불러 계속 시중에 임명하여 나라의 편안하고 태평함을 도모하게 하였다고 하였다.

 麗朝靖宗時에 王爲公家復興하여 以次家裔命天公으로 再封寧海君하고 徵其裔孫하여 數代之間에 連次封君而勵之라. 忠烈王時에 有蒙古之亂하니 王이 遣使寧海하여 詳審理勢하고 周恤公家一門而且免役其鄕하니 謂之居無役理라. 徵次家裔孫世通公祖孫三代하여 繼任侍中而謀邦家之安泰云이라.

1. **정종** 1018~1046. 고려 제10대 왕. 1037년 거란의 침입을 받고 이후 북방 경비에 전력을 기울여 1044년에 천리장성을 완성시켰다. 1046년 장자상속법과 적서의 구별을 정했다.(앞의《한국 인명사전》참조)

2. **명천공** 박제상의 25대손. 고려조에 전법판서 삼중대광벽상공신으로 예원군에 봉해졌다.

3. **충렬왕** 1236~1308. 고려 제25대왕. 일명 일수왕. 비는 원나라의 세조 홀필열의 딸 장목왕후다. 1274년 여원연합군을 편성하여 일본 정벌을 위한 동로군을 파견했으나 태풍으로 패퇴했다.(앞의《한국 인명사전》참조)

4. **세통공** 박제상의 후손. 충렬왕 3년 1277년에 문하시중평장사가 되었으며, 거주하던 마을에 부역을 없애 주었다.(《용비어천가》, 13 · 83장 참조)

제 7 장

12 절

고려말에 유儒·불佛·무武 세 파가 권력을 쟁탈하므로 국세가 장차 위험하게 되었으나 거의 입국의 근본을 잊어버렸다. 세상사람들이 영해를 보니 복서선술卜筮仙術¹의 집이었다. 때에 이태조李太祖²가 명을 받들어 장마를 무릅쓰고 이미 대군을 동원하였으므로 선비 김생金生³이 심히 걱정하고 곧 영해에 조언을 구하였다.⁴ 김씨가 조언을 얻어 태조의 진중으로 곧바로 달려가서 회군할 것을 몰래 의논하니, 태조가 전날 밤 꿈에 금척을 얻었다⁵는 등의 말을 하였다.

일설에는 중이 동해에서 달려와서 회군할 것을 아뢰었다고도 하니, 이 중이 혹 무학⁶의 무리가 아닐까. 동해에서 달려왔다면 영해와 관련이 있는 것 같기도 하여 무학이 본래 불도가 아니요, 즉 선류仙流며 언제나 한 사람을 데리고 다녔다고도 하였다. 김생의 일은 사록史錄⁷에 보이니 태조 회군의 일은 두 사람이 여쭌 것인가?

麗末에 儒佛武三派爭權하여 國勢將危하되 殆忘立國之本이라. 世人이 目寧海爲卜筮仙術之家러라. 時에 李太祖奉命犯潦하여 已發大軍이어늘 儒者金生이

甚憂하여 乃求言於寧海러니 金生이 得言直走太祖陣中하여 密稟回軍之事하니 太祖前夜에 夢得金尺云이라. 一說則有僧自東海走來하여 稟回軍事云하니 此僧이 或非無學之徒耶아. 自東海走來則如有關於寧海而無學者이 本非佛徒오 卽仙流而常伴一人云이라. 金生之事則見於史錄之上하니 太祖回軍事는 有二人之稟達歟아.

1. **복서선술** 선술로 점을 침. 또는 복서와 선술. 복서는 점을 치는 일이고 선술은 신선이 되는 술법을 일컫는다.
2. **이태조** 1335~1408. 재위 1392~1398년. 공민왕 5년 1356년에 아버지 자춘과 함께 고려에 와서 복종한 뒤, 이듬해 유인우가 쌍성총관부(원이 고려 화주, 지금의 영흥에 두었던 관청)를 공격할 때 비밀히 적과 내통했다. 우왕 14년 1388년 5월에 위화도에서 회군하여 최영 장군을 제거하고, 우왕을 폐한 뒤 창왕을 옹립했다. 후에 다시 창왕을 폐하고, 공양왕을 원주로 추방한 후 7월에 왕이 되었다.(《한국 인명사전》 및 《국사 대사전》 참조)
3. **김생** 누구인지 확실치 않다.
4. **조언을 구하였다** 여기서는 점을 친 것 같다.
5. **꿈에 금척을 얻었다** 이성계가 꿈에 신인한테서 금척을 받아 왕이 되고(《용비어천가》 13장 · 83장 참조), 뒤에 이것을 기념하기 위하여 몽금척을 만들어 거기에다 '천사금척수명지상天賜金尺受命之祥' 이라 새겼다.
6. **무학** 1327~1405. 속성은 박, 이름은 자초, 호는 무학이다. 묘향산 금강굴에서 수도했다.
7. **사록** 어떤 책인지 확실하지 않다.

제 7 장

13 절

　본조本朝(조선조), 세종대왕이 왕이 되어서는 은근히 영해를 생각하여 공의 문중을 두루 구제하였다. 또 혁거세왕 능묘를 세우고, 곧 공의 종가와 차가 두 집에 명하여 서울 성균관 옆으로 옮겨 살게 하고, 장로로 편전에 들어 왕에게 알현하도록 명하여 은혜로 보살펴 주기를 심중하게 하였다. 차가의 후예 창령공[1] 부자를 불러 등용하였다. 때에 나는 이웃에 있어 종가의 후손의 가문에서 수업하였다.

　本朝世宗大王登位하여 甚慇懃於寧海하여 周恤公家一門하며 又建赫居世王陵廟하고 乃命公之宗次二家하여 移居於京師泮宮之隣하고 命長老로 入侍便殿하여 恩顧甚重하고 徵次家裔昌齡公父子而登用이라. 時余在隣하여 受業于宗嗣之門이라.

1. **창령공**　1377~1449. 벼슬이 평양서윤平壤庶尹이었다.(앞의《영해 박씨 세감》참조)

제 7 장

14 절

노산조(단종)¹ 을해(1455년), 손위遜位² 의 날(6월)을 당하여 박씨 대소가大小家가 마침내 서울을 떠나 사방으로 흩어지니, 차가의 사람들이 김화³로 들어갔다. 이 때에 운와 효손공이 종가가 어찌할 겨를 없이 매우 급한 중에《징심록》을 받아 가지고 김화로 들어가 숨어버리니, 때에 나도 같이 따라갔기에 비로소 읽어보게 되었다. 뒤에 다시 차가 포신공⁴의 집에 전해지니, 공의 아들 훈씨가 가지고 문천 운림산으로 숨어버렸다.

當魯山朝乙亥遜位之日하여 朴氏大小家遂離京四散하니 次家諸人이 入於金化라. 是時에 雲窩孝遜公이 受澄心錄於宗家倉皇之中하여 奉持入隱於金化어늘 時余同故로 始得奉讀이라. 後再傳於次家逋臣公家하니 公之子薰氏奉持入隱於文川雲林山中이라.

1. **노산조(단종)** 1441∼1457. 조선조 6대 왕. 재위 1452∼1455년. 12세에 문종이

돌아가자 왕위에 올랐다. 1455년 숙부 수양대군이 정인지, 한명회, 권람 등과 결탁하여 왕위를 빼앗았다. 1457년 노산군으로 강봉당하여 영월에 추방되었다가 가을에 서인이 되고, 12월 24일 영월에서 죽임을 당했다.(앞의 《국사대사전》 참조)

2. **손위** 왕위를 사양함.
3. **김화** 강원도 북부에 위치. 원래의 김화군과 금성군이 합쳐진 것이다. 본래 고구려 때에는 부여군, 신라 때에는 당평군이었다(위의 책 참조). 김화에는 구은사와 박씨 선대의 묘소 및 신도비神道碑가 있다.
4. **포신공** 1419~1485. 단종 때 병조판서를 지냈으며 고종 때 정절의 시호가 내렸다. 관직에 있을 때의 휘는 계손, 입산했을 때는 숙손이었다. 기상과 절개가 걸연하여 바르지 못한 것을 싫어했다. 1455년에 자취를 감추었다가 김화에서 아버지와 형을 모시고 다시 함경남도 문천 운림산으로 들어가 스스로 호를 포신이라 하고 손수 묘비문을 지었다.(《영해 박씨 세감》 참조)

제 8 장

위에 기록한 모든 일은 가히 《징심록》의 유래를 추측하여 알 수 있게 한다. 소위 입언[1]이나 구언[2]이란 것은 반드시 금척의 수리數理에 있으나, 지금 공의 집 종가의 후손이 이미 세상을 달리하였고 집안사람들 모두가 뿔뿔이 흩어져 풀어볼 수 없게 된 지가 오래 되었다. 그러므로 지금 아는 사람이 없으니 애석할 따름이다.

내가 일찍이 〈금척지〉를 읽으니 그 수사數辭가 매우 어려워서 알 수가 없었다. 대저 그 근본은 곧 천부의 법이다. 그것을 금으로 만든 것은 변하지 않게 하기 위한 것이요, 자로 제작한 것은 다 같이 오류가 없게 하기 위한 것이었다. 변하지 않고 오류가 없으면 천지의 이치가 다하는 것이다. 〈금척지〉 중의 소위 일월성신日月星辰과 금토기수金土氣水[3]의 근본이 한 가지로, 불변의 도에 있다. 나는 새(飛)와 헤엄치는 물고기(潛)와 동물과 식물의 낳고 죽고 성하고 쇠하는 이치가 다 오류가 없는 법에 매달려 있는 것이 이것이다.

上記諸事는 可以推知澄心錄之由來也라. 其所謂立言求言者는 必在於金尺之

數理而今則公家宗嗣已逝하고 諸家離散하여 不講이 久矣라. 故로 今無知者하니 惜哉라. 余嘗讀金尺誌하니 其數辭甚難하여 不可了解라 大抵其本은 卽天符之法而製之以金者는 爲其不變也오 作之以尺者는 爲其無誤也라. 不變而無誤則天地之理盡矣니 誌中所謂日月星辰金土氣水之本이 一存於不變之道하고 飛潛動植生滅盛衰之理이 全系於無誤之法者이 是也라.

1. **입언** 후세에 모범이 될 만한 의견을 세움.
2. **구언** 임금이 신하의 조언을 구함.
3. **금토기수** 여기서는 4원소를 가리키는 말이 아니라 단순히 예로 들었을 뿐이다.

제 9 장

 그러므로 금척의 유래가 그 근원이 매우 멀고 그 이치가 매우 깊어, 그 형상은 삼태성三台星[1]이 늘어 선 것 같으니 머리에는 불구슬을 물고 네 마디[2](節)로 된 다섯 치[3]이다. 그 허실의 수가 9가 되어 10을 이루니, 이는 천부의 수다.

 그러므로 능히 천지조화의 근본을 재고, 능히 이세소장理世消長[4]의 근본을 알고, 인간 만사에 이르기까지 재지 못하는 것이 없으며, 숨구멍(氣門), 마음(心窺), 목숨(命根)을 재면 기사회생한다고 하니, 진실로 신비한 물건이라고 할 것이다.

 是故로 金尺之由來이 其源이 甚遠하고 其理이 深邃而其形象則如三台之列하니 頭含火珠하고 四節而五寸이라. 其虛實之數이 九而成十하니 次則天符之數也라. 以故로 能度天地造化之根하며 能知理勢消長之本하고 至於人間萬事에 無不測察而規矩於氣門 · 心窺 · 命根則能起死回生云하니 眞可謂神秘之物也라.

1. **삼태성** 대능성좌大能星座에 딸린 별. 자미성紫微星을 지킨다는 세 별. 곧 상태성上台星, 중태성中台星, 하태성下台星을 일컫는다. 오리온좌에 딸린 삼형제별을 잘못 일컫는 말.
2. **네 마디** 5등분한 가운데 네 개의 선. 네 선은 실체를 갖지 않으므로 여기서는 허수가 된다.
3. **다섯 치** 여기서는 다섯 개의 실수가 되어 4허5실 9수가 된다. 9는 선천수의 최종수, 10은 후천수의 최종수이다. 선천이 끝나면 후천으로 넘어가므로 10을 이룬다. 또 10은 9다음이며 완성수이다.
4. **이세소장** 자연의 이치가 쇠하기도 하고 성하기도 함.

제 10 장

　역사 기록에 의하면, 혁거세왕이 미천할 때에 신인神人이 금척을 주면서 이 금척을 가지고 금사발(金甌¹)을 바로잡으라고 말했다 하고, 일설에는 금척과 옥피리가 칠보산²에서 나와 혁거세왕에게 전해졌다고도 한다. 칠보산은 영해의 명산이요, 백두산 아래 명천부明川府에 또 칠보산이 있으니, 어느 산인지 알 수가 없다. 만약 후자라면 이는 반드시 옛날의 일이리라.

　신라 창시의 근본이 이미 부도에 있었으니, 금척의 법이 또한 단군의 세상에 있었음을 알 수 있는 것이다. 혁거세왕이 선도산仙桃山 단묘壇廟의 성모聖母 파사소婆娑蘇에게서 출생하여 13세의 어린 나이로 능히 여러 사람의 추대를 받은 것은, 그 혈통의 계열이 반드시 유서가 깊었기 때문이며, 금척이 오래된 전래물임을 또한 알 수 있는 것이다.

　그러나 이 법이 세상에 전해지지 않고 제상공의 집에만 홀로 전한 것은, 이것이 반드시 파사왕가에 전하였기 때문이요, 또 공의 문중의 후예가 엄중하게 비밀에 부쳐 그것을 감춰 두었기 때문이다. 하물며 본문 《징심록》을 세상에 보이지 않았음에랴.

據史錄則神人이 授金尺於赫居世王微時曰持此金尺하여 以正金甌云하고 一説則金尺玉笛이 出於七寶山하여 傳於赫居世王云하니 七寶山은 寧海之名山이오 白頭山下明天府에 又有七寶山하니 未知何山이라. 若後者則此必昔世之事리라. 新羅創始之本이 已在於符都則金尺之法이 亦在於檀世者可知也라. 赫居世王이 出於仙桃山壇廟之聖母婆娑蘇하여 以十三之年少로 能爲衆人之所推則其 血系이 必有由緒而金尺之爲傳來之古物을 亦可以推知也라. 然而此法이 不傳 於世而 獨傳於堤上公家者는 此必婆娑王家傳故也오 又公家之後裔이 嚴秘而 諱之故也라. 況其本文澄心錄은 不可開示於今世者乎아.

1. **금구** 금구무결金甌無缺이란 말이 있다. 국세가 금단지같이 견고하여 다른 나라의 모욕이나 침략을 받지 않음을 뜻한다. 금구는 나라를 비유한 것이다.
2. **칠보산** 칠색보옥七色寶玉의 산의 약칭인 듯하다. 방장방호方丈方壺의 굴에서 칠보의 옥을 캐서 천부를 새겨 그것을 방장해인方丈海印이라 했다고 한다(〈부도지〉 13 · 14 · 16장 참조). 함경남도 남부 동해안에 위치한 명천에 있는 산. 경상북도 영덕군 영해면에 있는 산.

제 11 장

　금척의 소재는 〈금척지〉에서 밝히지 않았다. 역사 기록에 의하면, 혁거세왕이 땅 속에 묻고 30개의 언덕을 만들어 그것을 감춰버렸다고 하였다. 신라 무열왕 대에 당나라의 장수 소정방이 백제를 평정한 공으로 당나라 황제의 명령을 빙자하여 이 물건을 찾아내기 위하여 금척원金尺院 지역을 파내므로, 때에 최씨라는 사람이 몰래 감추어서 바다를 건너가 땅 속에 묻었다가 몇 년 뒤에 다시 가지고 돌아와서 그 스승에게 반환하므로, 그 스승이 금강산 바위굴 속에 깊이 감추어버렸다고 하였다.
　일설에 최씨라는 사람은 귀단鬼團[1]의 두목으로, 도둑과 마귀를 높은 산과 바다 가운데 있는 섬으로 몰아내고, (금척을) 금강산으로 몰래 가지고 들어가서 깊이 감추어버렸다고도 하였으니, 이 또한 기설奇說인 것이다. 옥피리는 이미 땅 속에서 나왔으니 금척도 역시 다시 나타날 때가 있을 것인가.

　金尺之所在는 誌中無擧라. 據於史錄則赫居世王이 埋於地中하고

作三十餘八丘而秘之云이라. 新羅武烈王時에 唐將蘇定方이 以平濟之功으로 憑唐帝之命하고 索求是物하여 掘起金尺院地域이어늘 時에 有崔氏者이 密持渡海하여 埋於地中이라가 數年後에 持歸返於其師하니 其師仍以深藏於金剛岩堀中云이오 一說則崔氏者는 鬼圍之頭目而遂賊魔於高山海島하고 密持入於金剛而深藏云하니 此亦奇說也라. 玉笛則已出於地中하니 金尺亦有再現之時耶아.

1. 귀단 《삼국유사》 제1권 '도화녀桃花女와 비형랑鼻荊郎' 참조.

제12장

　신라가 백제를 평정한 후에 당나라 황제가 신라를 침범하고자 출병하였으나, 국경의 해역海域에 당도할 때마다 싸워보지도 못하고 번번이 스스로 패하였으니, 이는 기후가 괴상하여 군졸들이 병이 들어 군사력이 스스로 약해졌기 때문이었다.
　당나라 황제가 이 일을 괴상하게 여기고 사신을 보내 신라에 이상한 물건이 있는지 살펴보게 하였다. 사신이 와서 그 일을 시험하니 이상한 기운이 항상 신라 서울의 산천에 떠 있으므로 마침내 군사를 돌렸다고 하니, 이것은 금척에 관계된 설이 아닌가.
　기타 신라 때의 허다한 이설이 천부금척에 관계된 것이 많으나 승려의 무리가 자가自家에 억지로 끌어다 붙여 설교의 도구로 제공하고 흐리게 하였으니(뒤섞었으니), 그것을 가려낼 여유가 없는 것이 애석할 따름이다.

　新羅平濟之後에 唐帝欲犯新羅하여 出兵每到境海則不戰而自敗하니 此天候乖常하여 軍卒病而勢自弱故也라. 唐帝怪之하여 遣使審異物之在於新羅러니 使來驗之

하니 有異氣이 常浮於羅都山川故로 遂返師云하니 此非金尺所關之說耶아. 其他羅代之許多異說이 有關於天符金尺者多而僧輩이 附會於自家하여 供於說敎之具而淆之하니 可惜未遑辯之라.

제13장

금척의 소재와 척도의 측법을 지금 비록 알 수 없으나, 〈금척지〉만이라도 남아 있는 것은 다행한 일이다. 만약에 후인이 있어 연구하여 그것을 아는 자가 있게 된다면, 어찌 금척을 복제할 길이 없을 것인가. 만약 복제하지 못하더라도 그 법리를 알면 족할 것이다.

그러므로 이 법이 역대 우리나라에 공이 있었다고 할 수 있으며, 특히 본조(조선조) 태조의 회군에는 그 공이 현저하였다. 태조가 꿈에 금척을 얻은 것이 어찌 우연이겠는가. 그러므로 영묘英廟(세종대왕)가 공가의 후예에게 은근히 대한 것은 당연한 바가 있으니, 하물며 훈민정음訓民正音[1] 28자의 근본을《징심록》에서 취했음에야.

金尺之所在와 尺度之測法을 今雖未知나 誌在者幸也라. 如有後人이 究而通之者則尺豈無復製之道리요. 如不得復製라도 知其法理則足矣라. 故로 是法之於歷代邦家에 可謂有功而殊於本朝太朝回軍之事則其功이 著矣라. 太祖之夢得金尺이 豈其偶然者哉리오. 然則英廟之懇懇於公家之裔는 有所當然而況訓民正音二十八字를 取本於澄心錄者乎아.

1. **훈민정음** 《한단고기》와 《단기고사》에 각각 한글이 세종 이전에도 있었다고 씌어 있다.

제 14 장

 슬프다! 바꿀 수 없는 진리의 법이 안개에 싸여 인간세상 풍파 중에 배태되어 있으면서 숨어버린 듯 징조가 있고, 백성이 태어난 시원의 역사가, 누누이 세대가 잇달아 끊이지 않는 사이에 비밀스럽게 전해져서 쓸쓸하게도 들을 수 없으니, 허구한 세월 속에서 제상공 후예 일가는 진실로 천고 세외世外[1]의 족족族이며, 세세로 숨어 흔적을 감춘(晦迹[2]) 사람을 많이 낸 것은 참으로 우연이 아닌 것이다.

 이것으로 가히 백결 선생의 도풍가법道風家法을 볼 수 있으며, 또한 상고上古에 있었던 도가 이어 내려온 세상 일부분의 모습(樣子)을 엿보기에 족하니, 읍루씨가 산에 들어 나오지 않으며 혼탁한 세상에 이름을 끊어버린 것이 역시 까닭이 있기 때문이었을 것이다.

청한[3] 씀

 噫라. 眞理不易之詮이 靄靄然胚存於人世風派之中而潛然有徵하고 生民始原之史이 縷縷然密傳於世代連綿之間而寂然無聞하니 處於大塊之載에 堤上公裔之一家는 眞是千古世外之族而世世多出晦跡之人이 固非偶然也라. 於斯에

可以見百結先生之道風家法而亦足以窺上古有道之世之一端樣子則婁氏
入山不出하여 絶命於濁世者이 亦將有所以然也라.

清寒 記

1. **세외** 속세의 밖.
2. **회적** 피하거나 도망쳐서 흔적을 감춤.
3. **청한** 김시습의 호, 청한자淸寒子라고도 함.

후기

　이는 청한淸寒 김시습 선생의 〈징심록 추기〉이다. 선생은 어려서부터 거의 우리집에서 지내셨다. 다시 세한歲寒의 맹세를 맺고 함께 운림으로 들어갔다. 이는 당시의 사세事勢에 연유한 것이었다.
　어느날 부도를 복건할 대업에 뜻을 세우고 동분서주 남정북래하며 사람을 찾아 왕성하게 도모하고 일생의 정력을 기울여 쏟더니, 이징옥李澄玉[1]과 이시애李施愛[2]의 두 차례에 걸친 실패에 당하고는 마침내 자취를 감추어버렸다. 이는 무여의 도를 몸소 실천하기 위한 것이었다.
　그러므로 선생이 우리 가문 선대의 일을 익히 알아, 행장行狀[3]을 쓰거나 족보를 만드는 일이 거의 선생의 손에서 이루어졌다. 선생은 우리 가족이나 다름없었다.
　이번에 본문을 어수선하고 시끄러우며 이산離散 중에 기억하여 쓰니, 혹 군더더기를 붙이고 뼈를 없애는 한탄이 없을 수 없겠으나, 선생의 본문이 이산離散 중에 완성되었으니 시대의 추세(時色)가 우연히 들어맞고 (偶合) 사세가 일치하였다. 그러므로 하늘에 계시는 선생의 영혼이 반드시 불쌍하게 여겨 이를 용서하고, 장차 저승에서 이 세상에 천부의 이치를 드러내어 밝히는 것을 도울 것이다.

금당琴堂[4] 삼가 씀

此는 淸寒金時習先生之澄心錄追記也라 先生이 自幼至長으로 殆奇於吾家하야 更結歲寒之盟而同歸雲林하니 此當時事勢之末由故也라. 一朝立志於符都復建之大業하고 東奔西走南征北來하여 尋人逞謨而傾注一生之精力이러니 及其李澄玉李施愛兩次之失敗에 遂晦跡乃己하니 此爲躬行無餘之道也라. 以故로 先生이 熟知吾家先世之事하여 記狀修牒이 殆成於先生之手하니 無異於吾家同族이라. 今次本文을 憶記於騷亂離散之中하니 或不無贅附指沒之嘆이라. 先生之本文이 己成於離散之中則時色이 偶合하고 事勢相同이라. 然則先生在天之靈이 必憫察而恕之하고 且將冥助天符之理之闡明於世矣리라.

琴堂 謹書

1. **이징옥** ?~1453. 조선 세종 때의 무관. 스스로 대금황제大金皇帝라 했으나 정종鄭種에게 붙잡혀 살해되었다.
2. **이시애** ?~1467. 조선 세조 때의 무관. 대대로 길주에서 살아온 호족 출신이며 이주, 이운로 등에게 살해되었다.
3. **행장** 사람이 죽은 뒤 그 평생의 지낸 일을 기록한 글.
4. **금당** 박금 씨의 호.

징심록에 덧붙인 뒷날의 기록
요정 징심록 연의 후기 要正澄心錄演義後記

박 금

〈부도지〉를 쓴 박제상의 55세손으로 본명은 박재익이며, 1895년 함경남도 문주에서 태어났다. 1925년《동아일보》판매부 서기를 거쳐 그 후 원산 지국장, 사회부 · 정리부 기자를 역임하다가 1934년에 퇴사했다.《동아일보》에 재직할 때 만보산萬寶山 사건을 취재하여 사태 수습에 많은 공을 세웠다.

만보산 사건은 1931년 중국 장춘 근교의 만보산에서 조선인 농민과 중국인 농민 사이에 수로 개설을 둘러싸고 일어난 분규를 말한다. 이 일로 당시 중국 국민정부의 주석이었던 장개석으로부터 그가 입고 출정한 중산복中山服과 친서 1통을 받았다고 한다. (박영석,《만보산 사건 연구》, 아세아문화사, 1985, 111쪽 참조)

제1장

 《징심록》은 우리 영해 박씨의 시조 영해군 제상공이 양주良州(박금 씨가 양산梁山이라는 원주를 달았다) 백伯으로 재직할 때 기록한 것이다. 여러 대에 걸쳐 복사하여 서로 전하여, 묶어서 삼신함(三神匱) 밑바닥에 두고 출납을 엄금한 지 몇 대가 지난 것이다. 내가 어렸을 때 간혹 훔쳐보아서 중요한 줄거리를 대강 알고 있었는데, 뒷날《동아일보[1]》에 재직할 때 전편을 번역하여 장차 잡지에 게재하려고 했더니, 편집자가 반드시 일정日政의 꺼리는 것(忌諱)에 저촉된다고 하므로 곧 중지하고 옛 광주리 속에 넣어 두었다.

 2차대전 전후 6년 사이에 이학원理學院을 설립하고 금호錦湖[2]에 칩거하여 다시 뜯어 볼 기회를 얻었지만, 원래의 수리數理를 고증하기에 바빠 깊이 연구하여 자세히 풀이(熟究詳解)하지 못했으니, 오늘에 와서 한이 많다.

 澄心錄者는 我貫祖寧海君堤上公이 在良州(梁山)伯時 記錄者也라. 累世復寫相傳하여 束置於三神匱底而嚴禁出納者이 經幾代也라. 余童稚時에 問或偸閱而畧知其

要領하고 後日在於東亞日報時에 全篇譯出하여 將欲揭載於雜誌러니 編輯者이 以爲必觸日政之忌諱故로 乃中止而仍置於舊筐中矣라. 當二次大戰前後六年之間에 設立理學院而蟄居於錦湖하여 復得披閱之機會라. 然이나 自忙於原數理之考證하여 未嘗熟究詳解하니 至今多恨이라.

1. **《동아일보》** 박금 씨는 1925년 6월에 《동아일보》에 입사하여 1934년 1월에 퇴사했다.
2. **금호** 함경남도 문천에 있다.

제2장

《징심록》은 3교三教 15지十五誌로 되어 있는데, 상교가 5지요, 중교가 5지요, 하교가 5지다. 〈금척지〉는 뒤에 별록別錄으로 첨부했으며, 청한淸寒 김시습의 추기가 있었다. 상교 5지는 〈부도지符都誌〉, 〈음신지音信誌〉, 〈역시지曆時誌〉, 〈천웅지天雄誌〉, 〈성신지星辰誌〉이고, 중교 5지는 〈사해지四海誌〉, 〈계불지禊祓誌〉, 〈물명지物名誌〉, 〈가악지歌樂誌〉, 〈의약지醫藥誌〉이며, 하교 5지는 〈농상지農桑誌〉, 〈도인지陶人誌〉 등이다(나머지 3지는 알 수 없다). 책은 큰 문종이를 4절 크기로 자른, 약 30장의 종이에 잔 글씨로 쓴 것이었다.

本錄이 爲三教十五誌하니 卽上教五誌오 中教五誌오 下教五誌오 金尺誌爲別錄而添付於後하고 又有淸寒(金時習)之追記也라. 上教五誌는 卽符都誌, 音信誌, 曆時誌, 天雄誌, 星辰誌也오 中教五誌는 卽四海誌, 禊祓誌, 物名誌, 歌樂誌, 醫藥誌也오 下教五誌는 卽農桑誌, 陶人誌等也라. (三誌未詳)其爲冊則細書而長楮四切約三十張也라.

제3장

《징심록》은 양산 징심헌에서 쓰여져, 제상공이 일본에서 순절한 후에 아들 백결 선생이 내용을 보태었다. 후대에 (후손들이《징심록》을) 영해로 가지고 들어가 대대로 살게 되었다.

조선 세종 때에 종가와 차가 두 집이 (왕의) 명령을 받들어 서울에 이사하여 살다가, 단종의 선위일禪位日[1]을 당하여 종가와 차가의 모든 집이 금화로 들어갔다. 우리집은 즉 둘째 종가의 둘째 집이다. 다시 문천의 운림산으로 들어갔다. 그때 김시습 선생이 우리 선대와 결맹을 맺은 교분으로 함께 입산하여 이징옥·이시애로 하여금 복세復世의 일을 거사하게 하였다. 김시습 선생이 남북도를 분주히 다니다가 금강산의 운와공 댁에서 이《징심록》을 가지고 와서 문천에 두었기 때문에 우리집에 전해진 것이다.

本錄이 成於梁山澄心軒而堤上公殉節於日本之後에 子百結先生이 增補하고 後代 携入於寧海而世居러니 李朝世宗時에 宗次二家이 奉命移居於京師타가 當端宗禪位之日하여 擧家入於金化하니 此卽次宗諸家也라. 吾家는 卽次宗之次而再轉入於文川

雲林山中하니 時에 金時習公이 以吾先世結盟之交로 同伴入山하여 使李澄玉李施愛로 擧復世之事하여 奔走南北之道에 自金剛山雲窩公宅으로 携來此錄하여 仍置於文川而傳於吾家者也라.

1. **선위일** 왕위를 다음 임금에게 물려주는 날.

제 4 장

　지금 비록 원문이 손에 없으나 다행히 예전에 번역한 기억에 의지해 실마리를 이어 써 낸 것이 여러 편이므로, 〈징심록 연의〉라 하여 원래의 수리 연구의 기본에 제공하니, 원문을 회수할 때까지는 잠시 '요정要正' 두 자를 붙여 훗날의 정정을 기다리기로 한다. 그러나 기록 가운데 중요한 것은 거의 명료하다. 또 대개 고증을 거쳤으므로 거의 착오가 없으며, 비록 사소한 것이라도 본뜻을 잃지 않도록 주의하였다. 단 그 문체와 구절의 순서는 반드시 원문과 많이 부합되지 않으나, 이는 어쩔 수 없었다.
　원문의 문체도 〈금척지〉 외에는 고체古体가 아니며 거의 근고체近古体로 변했는데, 이는 (복사하여) 서로 전할 때 어렵고 까다로운 것을 반드시 속俗에 따라 쉽게 읽을 수 있도록 한 것이리라. 원문은 지금 문천의 금호종합이학원(박금 씨가 통칭 양산댁이라고 한다는 원주를 달았다)에 있으니, 알지 못하는 곳에 혹 동본同本이 있지나 않을까.

　　今原文이 雖不在手나 幸賴前日飜譯之記憶하여 系綴記得者數篇故로 謂之澄心錄

演義하여 供於原數理研究之基本而原文回收之間은 姑付「要正(正要)」二字하여 以俟後日之正訂也라. 然이나 錄中重要者는 殆明瞭而又槪濟考證故로 庶幾無誤오 雖些少者라도 注意於本義之不失也라. 但其文体與句節之順序는 必多不符於原文하니 此則無可奈何者也오. 原文文体이 金尺誌以外는 亦非古体而殆變於近古則此傳寫之時에 難澁者를 必從俗而使易讀也라. 原文은 今在於文川錦湖綜合理學院(通稱梁山宅)而未知何處에 或有同本歟아.

제5장

 우리 단군의 후예가 유사 이래 가장 처참했던 경인년(1950년) 12월 대소한의 계절에, 나는 식구들을 이끌고 서울을 떠나 무개차(지붕이 없는 차량)를 타고 반 달을 허비하여 겨우 울산의 피난소에 이르니, 식구들은 거의 죽을 지경이었다. 풍운의 고난을 맛볼 대로 맛보고 말세의 허망함을 경험으로 알았으나 〈자존원리의 실재〉¹를 발표하고, 인하여 고증하는 일을 계속하여 1년 반 만에 거의 30여 년의 일을 정리하고, 임진년(1952년) 여름에야 비로소 깊이 옛 기억에 파묻혀 이 글의 원고를 쓰기 시작하여 계사년(1953년) 여름에 마쳤다.

 그 하는 일이, 암기했던 것 속에서 찾아내는 것이었으므로, 노신초사勞神焦思하여 겨우 단편을 얻어내면 그것으로 인하여 곁가지들을 모아서 서로 통하게 하고 뒤를 이었다. 이같이 한 지 1년 사이에 낮으로 밤을 이어 끼니를 잊고 병이 들어 눕게 되었으니, 그 일의 어려움을 미루어 헤아릴 수 있을 것이다.

 我檀裔有史以來最慘之庚寅十二月大小寒之間에 余率眷離京하야 乘無蓋車하고

費半月而僅抵蔚山之避難所하니 眷率이 殆至於死境이라. 喫極風雲之苦難하고 驗知末世之虛妄하야 乃發表自存原理之實在하고 仍以繼續考證之業이러니 一年有半에 幾整三十餘年之業하고 壬辰夏에 始沈潛回憶而起筆此稿하야 終於癸巳夏라. 其爲事也이 覓求於暗記之中故로 勞神焦思하야 纔得斷片則因之以會通傍系而後乃綴이라. 如是一年之間에 晝以繼夜하여 頓忘病侵而臥하니 其爲難事를 可以推知也라.

1. 〈자존원리의 실재〉 박금 씨가 《징심록》의 정신을 약 300자 정도로 요약·정리한 것으로, 〈요정 징심록 연의〉에 실려 있으나 여기서는 생략한다.

제6장

 슬프다! 나의 고조 문홍공이 헌종 정미(1847년)에, 양산을 살펴보러 나갔다가 징심헌을 고쳐 지으니 그 기록한 글에 이르기를, 「징심 일록은 천고의 비밀스러운 이치로다. 백 세의 후손에게 뿌리를 지켜 전해주나, 그것을 아는 사람이 적어 탄식을 이기지 못한다.」고 하였다. 그러나 지금은 아는 사람이 적을 뿐만 아니라 받아서 지키는 사람 역시 적으니, 이는 비록 시대가 시킨 것이라고 하더라도 또한 내가 선대에 죄를 지은 것이다.
 그러므로 온갖 어려움을 극복하고 스스로 힘써 마음을 가다듬고 원리를 천명하는 것은, 지금에 있어서 어찌할 수 없이 성언成言하여, 후인後人으로 하여금 그것을 알게 하는 것이요, 이로 인하여 원문을 다시 찾을 기회가 온다면 나의 지은 죄가 거의 만 분의 일이나마 속죄되지 않겠는가.

 噫라. 余之高祖文鈜公이 憲宗丁未에 出守梁山하여 修築澄心軒하니 其記文에 曰「澄心一錄 千古密理. 百世之下 株守傳受 知之者鮮 可勝嘆哉」云이라. 然이나 今日

則不當知者之爲鮮이오 受守者亦鮮하니 此雖曰時代之使然이나 且余之得罪於先世者也라. 故로 克服萬難하고 自勉心得以闡明原義者는 在於今日하여 不可不成言而使後知之오 因此以有原文回收之機則余之獲罪이 庶幾有萬一之贖歟否아.

제7장

 울산읍은 서쪽으로 치술령을 바라보고 동쪽으로 율포에 임하니, 율포는 선대의 제상공이 일본으로 출발할 때 닻줄을 풀던 곳이요, 치술령은 공의 부인 김씨가 두 딸과 함께 울다가 죽어 신모神母가 된 땅이다.
 내가 이 땅에 와서 이 원고를 쓰게 된 것은 기연이라고 말할 수 있으며, 계사년 여름 원고를 마친 날에 푸른 빛 깃이 하나 달린 비둘기가 갑자기 동네에 나타나니, 여러 아이들이 따라가 붙잡고자 소란을 피우므로 비둘기가 날아가서 보이지 않다가, 저녁이 되어 홀연히 내 방에 날아들어와서 내 어깨 위에 앉아 옷을 쪼며 기이한 소리를 연발하는 지라, 여러 이웃 사람들이 보고 해괴하게 생각하였다. 나도 매우 이상하게 여겨 말없이 그 상황만을 바라보다가, 끝내는 나와 같은 방에서 한 달을 지내고 가니, 즉 8월 5일에 와서 9월 4일에 가고, 한 달이 지나서 즉 10월 3일에 또 홀연히 날아와서 같이 내 방을 둘러보고 갑자기 간 뒤로는 소식이 없었다.
 음력 7월 16일 비둘기가 있을 때, 여러 벗들과 더불어 태화강 위에서 제상공과 신모의 추념식을 거행하고 원고를 쓰던 붓을 씻었다. 이 비둘기가 사람의 말을 알아듣는다는 것은 이웃 사람들이 그것을 증명하니, 기이한 새라고 할 것이다. 비둘기가 온 뜻을 비록 상세하게 말할 수 없으나, 이 먼 옛적의 일을 정리한 날을 당하여 이같이 기이한 일이 있었으므로 덧붙여 써 둔다.

계사년(1953년) 가을
관설당 55세손 금당 박금 씀

蔚山邑은 西望鴉述嶺하고 東臨栗浦하니 栗浦者는 先世堤上公出發日本時解纜處也오 鴉述嶺者는 公之夫人金氏與二娘으로 哭盡而化神母之地也라. 余來此地하여 記錄此稿者는 可謂奇緣而癸巳夏稿終之日에 有一羽靑鳩突現洞中하니 群兒이 追捕騷然하여 鳩去不見이러니 至夕에 忽然飛入於余室하여 坐於余臂하고 喙余衣裳하며 連發奇音하니 諸隣이 見而駭然이라. 余甚異之而默視其狀하고 終與余同室一月而去하니 卽八月五日來九月四日去하고 經一月卽十月三日에 又忽然飛來하여 同視余室하고 須臾而去하여 後無消息이라. 陰七月旣望鳩在之日에 與諸友로 擧堤上公及神母追念式於太和江上而洗此稿筆이라. 此鳩이 分明知人之語者는 隣人이 證之하니 可謂奇鳥也라. 鳩來之意는 雖云來詳이나 當此千古記事整稿之日에 有如是奇異事故로 追記以存之라.

癸巳 仲秋
觀雪堂 五十五世孫 琴堂 朴錦記

김시습의 〈징심록 추기〉 고찰

1. 머리말
2. 김시습과 박씨 칠의사
   1) 금화 초막동의 구은九隱
   2) 김시습과 문천 운림산의 박계손
   3) 김시습과 금강산의 박효손
   4) 초혼각 동계사와 김시습
3. 징심록 추기의 내용
   1) 천웅도의 전수자 박제상
   2) 징심헌 시 풀이
   3) 징심록의 유래와 관계 설화
   4) 금척은 곧 천부경
4. 맺는말

김재수

김재수는 전남대학교 국어국문학과와 동대학원을 졸업했다. 현재 광주교육대학교 국어교육과 교수로 있으며, 논문으로는 〈주구呪具로서의 동명왕의 마편馬鞭〉〈주생전周生傳 연구〉〈최척전崔陟傳의 소설화 과정〉〈신화교육의 중요성 - N. Frye의 문학교육론을 중심으로〉 등이 있다.

1. 머리말

《징심록》은 관설당 박제상이 쓴 책이라고 한다. 이 책은 삼교三敎 오지五誌로 되어 있다. 상교 오지는 〈부도지〉·〈음신지〉·〈역시지〉·〈천웅지〉·〈성신지〉이고, 중교 오지는 〈사해지〉·〈계불지〉·〈물명지〉·〈가악지〉·〈의약지〉이며, 하교 오지는 〈농상지〉·〈도인지〉(삼지는 미상이다) 등이다. 거기에 백결 선생 박문량이 지었다는 〈금척지〉와 김시습이 지은 〈징심록 추기〉가 첨가되어 있다.

《징심록》은 영해 박씨 후손들에게 대대로 전해져 왔으나, 지금은 애석하게도 〈부도지〉와 〈징심록 추기〉만이 남아 있다. 삼교 오지의 제목들만 보아도 우리나라 상고의 역사와 문화, 종교와 철학과 신화들을 풍부하게 담고 있는 귀중한 책임을 짐작할 수 있다.

이 책에 첨가되어 있는 〈징심록 추기〉는, 윗대로부터 박제상의 후손 운와雲窩 박효손朴孝孫에게 전해진 《징심록》을, 김시습이 직접 읽고 그 유래와 내용을 자세하게 서술해 놓은 글이다.

따라서 〈징심록 추기〉는 《징심록》의 문헌적 가치를 고증해 주는 유일하고도 귀중한 문헌이다.

단종이 왕위에서 물러나자 세종대왕에게 총애를 받아왔던 영해 박씨 일파는 세조를 피하여 깊은 산 속으로 은거했다. 이들이 을해년(1455년)에 금화 사곡촌 초막동에 은거한 박도朴渡·박제朴濟 형제이며, 이들의 아들과 조카가 규손·효손·천손·인손·계손이다. 이들을 박씨 칠의사七義士라고 하는데, 이들과 세한지맹歲寒之盟을 맺은 김시습은 정제 조상치와 함께 금화에 은거했다. 세상사람들이 이들을 흠모하여 구은九隱이라 부르고, 이곳에 구은사를 지었다. 김시습은 이들과 두터운 교분을 나누면서 박효손에게 《징심록》을 받아 직접 읽고 이 책에 대한 추기를 썼던 것이다.

그러나《매월당집》을 보면 단종의 '자규사子規詞'에 화답하여 읊은 '자규사'와 그곳의 은거생활을 읊은 두 편의 시만 있을 뿐, 박씨 일가에 대한 글이나 이들과 주고받은 시는 보이지 않는다. 유자한柳自漢에게 자신의 출신과 성장 과정을 솔직하게 고백한〈상류양양진정서上柳襄陽陳情書¹〉에도 박씨가에 대한 기록은 전혀 보이지 않으니 이상한 일이다. 다만 후세에 보충한 부록에 좌의정 완산 이지연李止淵이 쓴〈구은사 상량문²〉,〈집현전 부제학 충정공 조상치³〉에 구은들이 읊은 글이 보일 뿐이다. 이는 김시습이 단종을 평생토록 흠모했으면서도 단종에 대해 쓴 글을 남기지 않은 점으로 미루어 짐작할 수 있다.⁴ 당시 박씨가는 세조에게 강한 반기를 들었기 때문에 박씨가와 주고받은 글을 남기는 것을 기피한 듯하다.

이 소고에서는 새로 발견된〈징심록 추기〉와《영해 박씨 세감⁵》에 김시습이 쓴 글로 기록되어 있는 박창령, 박랑, 박도, 박계손의 행장을 중심으로 김시습과 박씨가와의 관계를 밝혀《징심록》의 문헌적 가치를 고증해 보려고 한다. 정주동 교수가〈매월당 김시습 연구〉에서 아직도 의문으로 남겨 놓고 있는 그의 생애와 행적에 대해서도 검토해 보려고 한다.

김시습은《사방지四方志》일천육백기一千六白紀와《산기지山紀志》이백二百,《역대년기歷代年紀》를 썼다고 한다.⁶ 이 책들의 성격이《징심록》과 비슷하여 좋은 자료가 될 터인데, 전하지 않으니 애석할 따름이다.

1.《국역 매월당집 3》, 세종대왕기념사업회, 1979, 237~252쪽 참조
2.《국역 매월당집 4》, 258~265쪽 참조
3. 위 책, 90~92쪽 참조
4. 정주동,《매월당 김시습 연구》, 민족문화사, 1983, 62쪽 참조
5.《영해 박씨 세감》상 참조
6.《국역 매월당집 1》15쪽 참조

2. 김시습과 박씨 칠의사

1) 금화 초막동의 구은九隱

〈징심록 추기〉 1장에서 그는 박제상 후손과의 관계를 아래와 같이 서술하고 있다.

「《징심록》은 운와雲窩 박공 집안에서 대대로 전해 내려오는 책이니, 그의 비조鼻祖 관설당觀雪堂 제상공堤上公이 지은 것이다. 후대 종가의 여러 후손들이 복사復寫하여 전한 것이 천여 년이 되었으니, 그 귀하고 소중함이 어떠한가.

슬프다! 우리 가문 선대의 복호공卜好公이 일찍이 공의 큰 은혜를 입은 지 천 년이 지난 후에, 또 공의 자손과 이웃이 되어 한집처럼 오가며 가족같이 만나보고, 나는 또 훌륭한 가문에서 수업하고, 이 세로世路의 말末을 당한 것을 연유로, 공의 후예와 더불어 다시 세한지맹歲寒之盟을 맺어 천리 밖으로 유랑하니, 이것이 바로 천명이란 것인가.

기나긴 고금의 일을 생각하고 회포를 펼치니 슬프고도 슬플 뿐이다. 오늘 이 책을 읽으니 갑자기 천 년 전 옛날로 돌아가 공을 뵈옵는 것 같고, 더욱 우리 가문 선대의 조상들을 우러러 사모하는 마음을 이기지 못할 뿐이다.

澄心錄者는 雲窩朴公家世傳之書니 其鼻祖觀雪堂堤上公之所述也라. 後代宗嗣諸人이 復寫相傳千有餘年하니 其珍重이 如何哉아. 噫라. 吾家先世卜好公이 曾受大恩於公而千載之下에 又作隣於公裔之家하야 來往如一家하며 接遇如同族하고 余又受業于高門而當此世路之末由하야 與公之裔로 更結歲寒之盟하야 浪跡於千

里之外하니 此天耶命耶아. 想緬古今에 展懷惻惻이라. 今讀此書하니 忽然在於千載之上하야 如謁於公而尤不勝感慕於吾家先世之羅代也라.」

위 글의 「우리 가문 선대의 복호공卜好公이 일찍이 공의 큰 은혜를 입은」이라는 구절은 고구려에 볼모로 잡혀갔던 눌지왕의 아우 복호卜好를 417년에 박제상이 구출해 온 사실을 말하는데, 복호가 김시습의 선조임은 정주동 교수가 조사한 그의 세계世系(대대의 계통)에서 확인된다.[7] 이런 인연으로 두 집안은 선대부터 가족처럼 지내온 듯하다.

「천 년이 지난 후에 또 공의 자손 집과 이웃이 되어 한집처럼 내왕하며 가족같이 만나보고, 나는 또 훌륭한 가문에서 수업하고」라는 내용으로 보아 그가 제상의 후손들과 이웃하여 가족처럼 오가며 가르침을 받았음을 알 수 있다.

그러나 그는 여섯 살 때까지 일가의 시조 최치운의 각별한 사랑을 받았고 외조부에게 배웠다. 그 후 이색의 손자인 이계전, 대사성 김반, 성균관장 윤상에게 수학했다. 또한 그는 허조, 조수, 박이창 등의 아낌을 받았다.

어렸을 때 성균관 근처에 살면서 사귄 벗들을 〈상류양양진정서上柳襄陽陳情書〉에서 밝혔는데 박씨가에 대한 언급은 전혀 없다. 그러나 《영해 박씨 세감》에 실린, 그가 쓴 창령공昌齡公의 행장에서 이들 박씨가와의 관계를 확인할 수 있다.

「아! 나는 그 분의 후학으로 다행히 지난날 공의 위의를 보고 음성을 들었는데 그 분의 모습이 위엄이 있어 당시의 사표가 될 만했다. 그러므로 공의 손자 규손, 효손, 계손과 사귀어 놀았으니 아름다운 일이었다.

---

7. 정주동, 위 책, 37~38쪽 참조

행적을 써달라는 부탁이 있어 감히 사양치 못하고 드디어 기록한다.

鳴呼余以末學 幸昔登拜贍其儀承其咳 蔚然爲一世之師表 仍與公之孫奎孫
孝孫季孫從以交遊者雅矣 有行蹟之託不敢辭而遂述焉」[8]

박창령은 1377년에 태어나 1449년에 죽었다. (박창령이 죽었을 때) 김시습의 나이가 15세였다. 위 글에서「그분의 말학末學으로서 다행히 전날 당상에 올라가 공의 위의를 보고 음성을 들었다.」고 쓴 것으로 보아, 직접 가르침을 받지 않았지만 이웃에 살면서 늘 스승으로 존경했음을 알 수 있다. 공의 손자 규손, 효손, 계손과 사귀어 놀았으니 아름다운 일이었다고 서술한 것으로 이들의 관계는 확인된다.

박창령의 아들 낭(1394~1456), 도(1394~1459), 제(1398~1466)와는 40여 년 아래이고, 그의 손자 규손(1426~1494), 효손(1428~1495), 계손(1419~1485), 천손(1431~1503), 인손(1417~?)과는 김시습이 4~18년 아래이니, 그들을 아버지와 형처럼 받들었을 것으로 추정된다.

김시습이 천재로 이름난 데다 의기가 서로 같아 벗처럼 아낌을 받은 것이다. 조상치는 1419년에 증광문과[9]에 장원하여 집현전 부제학에 올랐다.

25세에 등과했다고 해도 1394년에 태어났으니 김시습보다 40년 위이지만 벗처럼 교류한 것이 이를 말해 준다.

박씨가는 신라에 이어 고려에서도 명문세족으로 번성했다. 조선조에서도 세종대왕의 총애를 받았으나 세조에게 반기를 들고 숨는 바람에 몰락의 길을 걷는 비운에 이르렀다. 이들은 1455년에 단종이 왕위에서

---

8. 《영해 박씨 세감》상, 238쪽 참조
9. **증광문과** 조선 시대에 나라에 큰 경사가 있을 때 보이던 과거로 증광시라고도 한다.

물러나자 금화에 은거했다.

 이들 칠의사와 세한지맹을 맺은 김시습은 조상치와 함께 금화에 은거했으므로, 세상에서 이들을 구은九隱이라고 부르고 구은사를 지어 추모했다. 이에 대한 기록은 〈구은사 상량문九隱祠上樑文〉과 《정재실기靜齋實記》에 자세히 나와 있다.

 1455년 6월, 단종이 왕위에서 물러난 후의 김시습의 행적에 대해서는 설이 구구하지만 서울과 가까운 금화에 은거했음이 거의 확실하다고, 정주동 교수는 아래와 같이 주장한다.

 「시습時習이 병자화丙子禍의 석상席上에 나타났다면 송도로 떠나기 전에 서울 근방에서 배회하고 있었다고 보아야 할 것이다. 서울 근방에서 배회하고 있었다면 서울에서 얼마 안 되는 금화에 숨어 있었을 것임을 조상치의 《정재실기靜齋實記》에서 짐작할 수 있다. 곧 경태景泰 을해 단종 3년 윤유월 단종이 왕위에서 물러난 날에 시습은 정재 조상치와 사복정 증판중추 박도, 부사직 박제, 예빈경부사과 박규손, 형조판서 박계손 등 부자·형제·숙질 칠인과 더불어 금화현에서 십 리 남쪽에 있는 사곡촌이란 곳에 초막을 지어 살았다.」[10]

 여기서 이들 구은은 시를 읊어 풀잎에 써서는 물에 띄우기도 했는데, 시가 거의 전하지 않으나 단종의 '자규사'에 화답하여 읊은 '자규사' 만은 《영해 박씨 세감》에 실려 오늘에도 전하고 있다. 이를 들어보면 아래와 같다.

  子規啼 子規啼   자규가 우네 자규가 우네
  夜月空山何所訴   달 밝은 밤 빈 산에 무엇을 하소할까
  不如歸 不如歸   불여귀 불여귀

---

10. 정주동, 위 책, 69쪽 참조

望裏巴岑飛欲	파산을 바라보며 날아가고 싶은 걸까
渡看他衆鳥摠安巢	다른 새들은 모두 보금자리를 찾았는데
獨向花枝血寃吐	홀로 꽃가지 향해 피를 토해 운다네
形單影孤貌憔悴	외로운 몸 짝 그림자 그 모습도 초췌한데
不肯尊崇誰爾顧	누가 너를 존숭하며 누가 너를 돌아보리
嗚呼人間寃恨豈獨爾	오오 인간 원한이 어찌 너뿐이겠느냐
義士忠臣激不平	의사 충신들 강개하고 불평했던 일
屈指難盡數	손꼽아 세어 보기가 어렵구나
- 曹尙治	- 조상치

子規啼 子規啼	자규가 우네 자규가 우네
月落天空聲似訴	달은 지고 고요한데 그 소리 호소하는 것 같네
不如歸 不如歸	돌아가 돌아가
西望峨嵋胡不度	아미산을 바라보며 날아가지 않고
縣樹孤啼謝豹	나무 위에 슬피 울며 소쩍새를 부르다가
點點花枝哀血吐	꽃가지 여기저기 붉은 피를 토하느냐
落羽蕭蕭無處歸	깃털 빠져 쓸쓸하고 돌아갈 곳 없을 적에
衆鳥不尊天下顧	뭇새들이 괄시하고 하늘마저 돌아보지 않으니
故向終宵幽咽激不平	밤중에 울어대며 불평을 터뜨리는 소리에
空使孤臣	외로운 신하에게 부질없이
寂寞空山殘更數	남은 시간만 세게 하네
- 附次韻 梅月堂 金時習	- 부차운 매월당 김시습

子規啼 子規啼	자규가 우네 자규가 우네
咽咽凄凄若有訴	목메어 슬피슬피 무엇을 하소할까
不如歸 不如歸	돌아가 돌아가

欲歸巴岑不能度	파촉을 가려 해도 가지 못해 우네
山空月落夜	산은 비고 달은 저문데
何其灑血花問哀寃吐	왜 그리 꽃에 피를 뿌리며 애원을 토할까
跳枝竄葉聲聲苦	가지에서 가지로 잎에서 잎으로 애 끓는 소리……
不西不東但北顧	서도 아니고 동도 아닌 북쪽만을 바라보며
悲來乎使人聽此淚不禁	슬픔이 올 때 그 소리 들으면 눈물 금할 길 없네
禁之魂鳥冬靑樹一般恨千古數	초혼조 동청수와 한이 같다고 천고에 세어 왔다네
- 又遯叟 朴渡	- 우둔수 박도

子規啼 子規啼	자규가 우네 자규가 우네
跳枝向天有何訴	가지에서 하늘 보며 무슨 하소 있어설까
不如歸 不如歸	불여귀 불여귀
一辭巴南不復度	한 번 떠난 파남을 다시 가지 못하고서
錦城煙火寄那	금성의 봄 경치는 어디다 두었기에
夜夜枝頭吻血吐	밤마다 가지 위에 피를 토하는가
剩水殘山春事空	잉수 잔산에다 봄마저도 떠났으니
飛去飛來誰肯顧	날아가고 날아온들 누가 너를 돌아보리
聽未了擊余節淚先傾	네 소리 듣다 말고 내 눈물이 먼저 지니
天老地荒	하늘도 늙었구나 땅도 황량해라
綿綿此恨難盡數	꼬리 문 이 한을 다 세기 어렵구나
- 又濯纓齋 朴奎孫	- 우탁영재 박규손

子規啼 子規啼	자규가 우네 자규가 우네
啼啼花月不盡訴	달을 보고 꽃을 보고 하소연을 못다 해서
不如歸 不如歸	불여귀 불여귀
制翼西山飛欲度啼	서산에 날개 털고 날아가고 싶어서일까

近志士寃何深	지사 곁에 와서 울 때 그 원한 그리 깊고
啼近孤臣血空吐	고신 찾아 날아와선 부질없이 피 토하네
脉脉漫聲又短聲	맥맥한 긴 소리 어쩌다간 짧은 소리
錦城煙花春焉顧	금성의 봄 경치 그리워서 권연히 돌아보네
已焉哉自古遺恨皆如斯	아! 그만두자 옛부터 유한은 다 그런 것
啼莫啼歸不歸	울고 말고, 돌아가고 말고
悠悠天數	유유한 저 하늘에 묻자꾸나
- 又雲窩 朴孝孫	-우운와 박효손

子規啼 子規啼	자규가 우네 자규가 우네
如怨如泣復何訴	원망할 듯 흐느낄 듯 그 하소연 무엇일기
不如歸 不如歸	돌여귀 돌여귀
夢裏錦城春幾度	꿈 속에서 금성의 봄 몇 번이나 보냈더냐
啼莫近孀婦窓前	청상의 창 가까이 가 울지 마라
望夫山頭殘月吐	망부산 봉우리에 조각달이 나올 적에
影孤形悴復啼	외 그림자 야윈 모습 울고도 또 울 적에
無知百鳥誰憐顧	무지한 뭇새들이 누가 너를 돌보더냐
万古遺恨無時無說向孤臣志士	만고 유한을 고신과 지사에게 어느 때나 말해 다오
噓唏慷慨心暗數[11]	강개하고 슬픈 마음 가만히 세어 보리
- 又逋臣 朴季孫	-우포신 박계손

이처럼 금화에 은거하면서 시로 화답하며 단종에 대한 충절을 지켰던 구은들의 이후 행적이 관심거리가 아닐 수 없다. 박도의 형이요, 규손, 효손, 천손의 부친이었던 박랑이 1456년에 죽어 금화에서 장례를 치뤘

---

11. 정주동, 위 책, 424~425쪽 참조

다. 김시습은 박랑의 행장을 썼다.[12] 따라서 박씨 칠의사들은 1456년까지 여기에 머물렀을 것이다.

그러나 김시습은 이후 송도·관서 여행에 올랐고, 조상치는 고향인 영천永川 창수滄水에 은거하여 여생을 마쳤는데, 자기의 모든 글을 불사르고 스스로 묘비문을 써놓았다. 박씨 일가는 금화 은거 후 세 곳으로 흩어졌는데, 규손과 천손을 비롯한 여러 형제들은 선영이 있는 금화에 그대로 머물렀고, 도, 제, 계손, 인손은 문천 운림산 수한동에 들어가 더 깊이 숨어 버렸으며, 효손은 금강산에 수 년 간 머무르다가 사동 사곡 진곡에 머물렀다.

그러면 그 이후 김시습과 박씨 일가와의 관계는 지속되었는지가 의문이다. 이를 알아보기 위해 1455년 이후 즉, 21세 이후의 김시습의 생애를 살펴보자.

정주동 교수는 그의 생애를 아래와 같이 정리했다.

1. 방랑기 : 1455~1462(21세~31세)

    ① 서울 주변 배회기 1456~1458

    ② 송도·관서 유람기 1458~1459

    ③ 관동 유람기 1459~1460

    ④ 호남 유람기 1460~1463

2. 은거기 : 1463~1481(29세~47세)

    ① 은거 준비기 1463~1465

    ② 금오金鳥 은거기 1465~1471

    ③ 성동城東 은거기 1471~1481

    (성동정사와 수락정사 시대로 농경·성시출입·은거 소요·환속 생활을 했다.)

---

12. 《영해 박씨 세감》 상, 257쪽 참조

3. 배회기 : 1483~1493(49세~59세)

　① 관동 배회기 1483~1491

　② 호서 배회기 1491~1493

　위에서 살펴보면 박씨가와 접촉이 불가능했던 시기는 송도 유람기, 호남 유람기, 금오 은거기, 호서 배회기이다. 이 기간은 12~13년뿐이고 나머지 25~28년 간은 박씨가와 교분을 나눌 가능성이 많은 기간이다. 금화는 서울이나 금강산과 가까운 거리에 있기 때문이다.

　박씨가 중에서도 선배이면서 동료로 흠모의 정을 서로 나누었던 사람이 규손, 효손, 계손이다. 이들과의 돈독한 우정은 많은 일화를 남겼다.

2) 김시습과 문천 운림산 박계손

　박도가 문천 운림산으로 떠날 때 김시습이 쓴 송별시를 살펴보자.

「萬古蒼山日暮時　　만고 푸른 산에 석양 빛이 떨어질 때
　半輪明月照禪籬　　반쪽 밝은 달이 선리에 비춰 오네
　森森玉洞羅松栢　　옥동을 에워싸고 송백은 삼삼한데
　繡歠飮寒泉暫蒞裴　　한천물 움켜 먹고 잠시 머뭇거리네」[13]

　이 시에서 선리禪籬는 옥동에 있는 절 이름이고, 한천寒泉은 초막동 수리數里에 있는 샘이라고 한다. 또한 조상치도《정재실기》에서 아래와 같은 송별시를 읊었다고 한다.

---

13. 《영해 박씨 세감》 상 266쪽 · 《국역 매월당집 4》 55쪽 참조. 여기서는 조상치에게 준 시로 되어 있다.
14. 정주동, 위 책, 55쪽 참조

「鳥啼花落春將暮　　새는 울고 꽃은 지고 봄은 영영 저무는데
　無限衷情草葉題　　끝없는 이 충정을 풀잎에다 써 보이네
　握手臨岐還默默　　갈림길에 손을 잡고 도리어 말이 없어
　隨雲隨水各東西　　구름따라 물따라 동서로 각기 가리」[14]

　김시습이 문천 운림산에 갔으리라고 추정할 수 있는 점은, 그가 충신 절의사로 추앙했던 박도가 1459년에 그곳에서 죽었기 때문이다. 박도는 그와 가장 절친했던 포신 박계손의 부친이기도 하며, 어렸을 때 이웃에서 가르침을 받았으니 절의를 중히 여겼던 그는 필히 조문을 갔을 것이다. 이때에 그는 송도·관서 유람을 마치고 관동 유람길에 올랐다. 박도를 조문하려는 의도도 겸했으리라고 본다. 어느 때인지는 확인할 수 없으나 그는 박도의 행장을 쓰기도 했다. 그의 기질이 잘 드러나 있는 글이어서 아래에 소개한다.

　「남들의 속박이나 지배를 받지 않고, 독특하여 세상사를 돌아보지 아니하며, 세상을 피하여 살면서도 원망이 없는 분이 사군자가 아니겠는가? 빈천해도 그의 뜻을 옮기게 못하고, 위엄과 무력도 그의 마음을 굴복시킬 수 없는 분이 대장부가 아니랴! 아, 공이 양조에 걸쳐 보불황유생용지치黼黻皇猷笙鏞至治의 태평시절에 있어 형제·아들·조카와 함께 우의형구羽儀亨衢하였으니 부귀하다 할 만한데, 공은 이에 만족하지 않고 무엇 때문에 달 아래에서 두견새 소리를 들으며, 토구에 집을 짓고 호수를 바라보며 높은 관직을 사양하였는고.
　궁벽한 촌간에 묻혀 도시락밥으로 즐거워하며, 형제·아들·조카와 함께 자벌레와 자라처럼 움츠려 있었으니 극히 빈천하다고 하겠으나, 공은 슬퍼하지 아니하고 욕심없이 깨끗하여 본디 가난했던 선비같이 하였는고. 아! 공의 높은 뜻을 누가 따라갈 수 있겠는가?

공이 조정에 있을 때의 휘는 '도'이고 민간에 있을 때의 휘는 '숭질'인데, 아마도 의심스러운 일이 있어 그러한 것이리라. 아버지 창령昌齡은 기성윤箕城尹을 지냈고, 어머니는 평해 손씨이고, 조부 유는 전객령典客令으로 벼슬을 내놓았고, 증조 충옥은 내시연경궁제조홍문관을 지냈는데, 대체로 신라 때 황璜의 계통이었다. 파사왕의 5세손인 제상은, 눌지왕이 왜국에 사신으로 보내자 왜국에서 충절을 세웠고, 그의 부인 금교 김씨는 치술령에서 순절하였으니, 그 참된 충성과 깨끗한 절조가 해와 별처럼 빛났다.

그러므로 그 충과 열을 조정에서 정표하고 단성丹城의 장長에 봉했는데, 단성은 바로 영해이다. 그 자손들이 봉한 땅을 본향으로 삼아왔다. 나이가 많아서까지 대대로 높은 관직을 지냈는데, 삼시중을 지낸 세통世通, 홍무洪茂, 감瑊은 모두 정권을 잡아 큰 공로가 있었다. 현릉조에 공이 살던 마을에 모든 부역을 없애주고 그 마을 이름을 '거무역'이라 하였는데, 감瑊은 바로 공의 고조가 된다.

공이 홍무 29년 병자년에 태어나, 경태 6년에 그 아우 제와 조카 인손, 계손, 규손과 함께 하루아침에 벼슬을 버리고 금화 초막동에 은거하다가, 다시 문천 운림산 수한동으로 옮겨갔다.

아! 생각컨데 나같이 변변치 못한 종적으로서, 일찍이 공의 아들 계손과 함께 세한의 약속이 있었기에 한 고을에 같이 있으면서 공을 오래 모셨고, 또 공을 잘 알게 된 것이다. 밤새도록 크게 탄식하는 것이 무엇을 생각하여 그런 것이며, 꽃을 보며 눈물을 뿌리는 것이 무엇에 감동하여 그런 것인가?

천순 3년 기묘에 64세로 세상을 뜨자 수상리 습응동 경좌에 장례를 지냈고, 부인 파평 윤씨의 무덤은 수상리 수한동 건향에 있다.

정낭공 인손, 포신공 계손, 사복정 홍손, 중손, 장손, 성손 6형제를 두었는데, 포신공이 자기 돌아가신 아버지의 행장을 기록해 달라고 부탁하므로, 내 감동된 바 많아 삼가 이 글을 쓰는 것이다.

獨立而不顧遯世而無悶者非士君子乎 貧賤不能移威武不能屈非大丈夫乎 嗚呼公 歷事兩朝 黼黻皇猷笙鏞至治與兄弟子姪羽儀亨衢可謂富貴而公不以爲泰夫何聽月 鵑而營菟裘望湖龍而辭軒冕葩于窮巷樂以簞食與兄弟子姪 蟣處龜縮可謂貧賤之極 而公不以爲慽淡然若素所寒土樣嗚呼公之尚志其可企及哉公之登朝諱渡遜野諱崇 質抑有所嫌而然歟考諱昌齡箕城尹妣平海孫氏祖諱 璟典客令致仕曾祖諱忠玉內侍 延慶宮提調弘文館蓋自新羅璜派至破娑王有別子之曾孫堤上事訥祗王王使倭立節 於倭庭其配金校金氏殉節於鵄嶺丹忠貞操炳若日星於是旌其忠烈封伯于丹城卽寧 海子孫襲封爲貫迄麗世世達官至諱世通曰洪茂曰瑊是三侍中皆秉軸有大勳勞玄陵 朝 賦役於所居之里號曰居無役諱瑊卽公之高祖也 公生于洪武二十九年丙子景泰 六年與其弟濟及子姪璘孫季孫奎孫等一朝勇退隱於金化草幕洞又轉入又文川雲林 山水寒洞嗚呼顧此寒蹤曾與令胤季孫有歲寒之約共守一壑侍公久矣識公深矣終宵 浩歎何所思而然也看花灑涙何所感而然也卒于天順三年己卯享年六十四葬于水上 里習應洞庚坐原配坡平尹氏墓水上里水寒洞乾向原有六男曰璘孫正郞曰季孫逋臣 曰興孫司僕正曰仲孫章孫誠孫逋臣以先府君狀命余識之余有所感焉謹述

梅月堂 金時習」[15]

또한 계손이 문천 운림산으로 떠날 때 김시습이 지었다는 송별시 '우제우제偶題'가《영해 박씨 세감》에 실려 있다.

「圖書只有故山房　　매만지던 도서들을 옛 산방에 모두 두고
　千里遙程意渺茫　　천리 먼 길 떠나는 맘 그 아니 아득하리
　朴氏舊城多野草　　박씨의 옛 성터엔 잡초만이 우거지고

15.《영해 박씨 세감》상 260쪽 참조

崔君廢宅有脩篁	최군의 내버린 집엔 긴 대만이 서 있네
歸心正似搖搖	가는 마음 어찌 보면 자유로운 길 같은데
留恨環如咽咽	남은 한이 어이하여 목멘 매미 같단 말가
束盡裝包乘小艇	행장 모두 챙겨 싣고 작은 배는 떠나는데
松柯東堰陰苔牆[16]	동쪽 방축 솔가지가 보내는 눈 가리우네」

그러나 그의 시집《영사詠史》에 들어 있는 이 시는, 중국의 역사를 시로 읊거나 우리나라의 역사 유적지를 돌아보고 쓴 시들에 끼어 있으니, 관서·호남·금오 유람기 이후에 쓰여진 작품으로 보인다. 더구나 '고산방故山房'이란 구절은 그가 금오산방을 지칭할 때만 썼던 문구이고, '박씨구성朴氏舊城 최군폐택崔君廢宅'이라는 구절로 보아 금오기金鰲期에 쓰여진 것이 분명하다.

김시습이 다시 문천 운림산에 갔을 가능성이 있는 때는 1485년에 그와 절친했던 포신 박계손이 죽었을 때이다. 이 때에 그는 금강산을 유람하기 위해 다시 관동 배회길에 올랐다. 1483년에서 1491년까지니 가장 절친했던 벗의 장례에 참례했다는 것은 너무 당연하다. 그는 계손의 행장을 썼다.

이 행장은 고종본高宗本《매월당집》에 들어 있고《영해 박씨 세감》에도 들어 있는데, 애절함이 절절하게 드러나 있으며 알려지지 않은 자료이므로 여기에 소개한다.

「공이 관직에 있을 때의 휘는 '계손'이고 입산한 뒤의 휘는 '숙손'이며 자는 '자현'이다. 노산조에 병판이었다가 경태 6년에 금화 초막동에 숨어 조공상치(조상치)와 '자규사'를 지어 주고받았는데, 그 가사의 내용이 매

16.《국역 매월당집 1》155쪽 참조

우 처량하고 완곡하였다.

그때 국가에서는 공을 자주 찾았으므로 공은 더 깊이 숨을 계획을 세우고, 아버지와 형을 모신 채 문천 운림산 수한동으로 자리를 옮겨 '포신'이라는 자호를 붙이고 손수 묘문을 지어 나에게 보여 주었다. 절반도 채 못 읽어서 눈물이 뺨을 적셨는데, 아! 비단옷(잠불簪紱)을 마다하고 풀옷(설라薜蘿)을 입고 맛난 음식을 싫다하고 고사리를 먹었으니, 모르는 자가 보기엔 세상물정 모르는 짓이었고, 아는 자가 볼 때는 분수였으며, 당시의 사람들과 비교하면 궁벽한 짓이요, 옛사람과 비교하면 곧은 일이었다. 질풍에 굳센 풀이었고 거센 파도에 끄떡없는 지주였으니, 장하다 공이여! 공은 부끄러움이 없는 분이다.

아버지의 휘는 '도'인데 사복시[17]정이요, 어머니는 파평 윤씨로서 영락 17년 기해에 공을 낳았다. 태어나서부터 남다른 기개와 절조가 있었으며, 바르고 절조가 굳은 품행을 가다듬고 굽은 것을 미워하여 조정과 민간에서 올바른 사람으로 인정받았다.

조부의 휘는 '창령'인데 기성윤이었고, 증조의 휘는 '유'로 전객령에서 벼슬을 그만두었고, 시조의 휘는 '제상'인데 절의로 영해의 장長에 봉해져 신라 때에는 자손들이 채읍采邑[18]을 먹었고, 고려 때에는 13대가 국가의 중요한 자리에 있어 나라의 높은 자리를 차지한 이름난 성씨가 되었다. 공이 모든 것을 떨친 듯한 자세로 더럽힐 듯이 생각하고 숨어서 세상에 미련이 없었던 것도 조상들이 전해준 충절을 이어받은 소치가 아니겠는가?

성화 21년 을사에 향년 67세로 세상을 떠났고, 그 해에 문천 초한사 산리동 술좌원에 장사하였다. 배위[19]는 한양 조씨인데 왼쪽에다 묻었고, 아들은 5형제를 두었는데 맏이가 훈, 다음이 우·난·영·줄이며, 내외손은

---

17. **사복시** 궁중의 말과 가마에 대한 일을 맡아보던 관청.
18. **채읍** 일정한 지역의 조세를 거둘 수 있도록 봉작에 따라 할당해준 지역.
19. **배위** 부부가 다 죽었을 때 그 아내를 높여 부르는 호칭.

많아서 다 기록할 수 없었다. 아! 그만두어야겠다. 나도 산수간에 방랑하는 사람으로 세상에서 나를 아는 자가 없었고 오직 공이 알았는데 그만두어야 할까보다. 나는 앞으로 누구와 짝을 할까?

公在朝諱系孫入山諱叔孫字子賢魯山朝官兵判景泰六年葩跡于金化草莫與曹公尚治唱酬子規詞極悽惋時旌招頻煩乃謨深入而晦迹陪其父兄登文川雲林山水寒洞自號逋臣 自製墓文以示余余讀未半有淚交頤噫謝簪發而衣薜蘿辭膏梁而茹薇蕨以不知者觀之則迂以知者視之則分以時人比之則僻以古人倣之則貞草勁疾風砥屹頹波懿歟公哉公無愧焉考諱渡司僕正妣坡平尹氏 生公于永樂十七年己亥生而傑屹然有氣節砥礪廉隅疾斥圜曲朝夜以正人訟之祖諱昌齡箕城尹曾祖諱瑊典客令致仕始祖諱堤上以節封伯寧海在羅則子孫食采邑迄麗則十三世事軺掌衡爲東方軒冕之大姓公之飄然若浼遯世無悶者何莫非祖宗傳家之忠節耶 辛于成化二十一年乙巳壽六十七以其年月日葬于文川草閑社酸梨洞戌坐原配漢陽趙氏浼左有子五人長薰次耦蘭芬苣 內外孫多不能記已焉哉余以山水浪葩世莫知我而公知之己焉哉吾將疇與　　　　　　　　　　　　　　梅月堂 金時習」[20]

그가 읽고 눈물을 줄줄 흘렸다는 포신의 비문은 「魯山朝兵曹判書 朴逋臣之墓其陰曰書 魯山不忘先朝書行職不沒實刪資級以示未濟之罪稱逋臣貶逃世亡命之人也(노산조 병조판서 박포신의 묘라 쓰고 그 뒷면에 기록하기를, "노산을 쓴 것은 선조先祖를 잊지 않는다는 것이요, 행직行職을 쓴 것은 사실을 숨기지 않는 것이요, 자급을 삭제한 것은 임금을 끝까지 돕지 못한 죄를 나타낸 것이고, '포신'이라 한 것은 세상을 등지고 망명한 사람임을 스스로 깎아내린 것이다.")」[21]이다.

---

20. 《영해 박씨 세감》 상 297~298쪽 참조
21. 정주동, 위 책 218쪽 참조

단종에 충성을 바친 사람들이 임금을 구하지 못한 죄인이란 뜻으로 '逋' 자나 '遜' 자를 넣어 스스로를 부르는 일이 많았는데, 조상치도 스스로를 '포인'이라 부르고 자신의 비문을 썼던 것이다.

박계손은 《징심록》을 운와 효손에게 전해 받아 간직하여 후손에게 전한 사람이니, 김시습과 빈번한 접촉이 있었을 것이라 생각된다.

3) 김시습과 금강산의 박효손

효손은 1428년에 태어나 1495년에 68세로 별세했다. 김시습보다는 7세 위이며 그보다 2년 뒤에 별세했다. 금화에 은거한 후 금강산으로 들어가 서너 곳으로 옮겨 살았다. 김시습은 두 번이나 금강산을 유람했고 서울에서 가까운 거리였으니 빈번한 접촉이 예상된다. 그가 금화를 지나면서 읊은 시가 아래의 '금화로방루상소게金化路傍樓上小憩'이다.

「山重水疊路縈廻 似入桃源洞裏來
小雨新晴搖麥浪 野花初折引蜂媒
仲宣樓上那無賦 潘閬驢中正可
從此遊觀好風景 看花登盡幾崔嵬」[22]

이 시는 《유관동록遊關東錄》에 들어 있다. 일차 관동 유람기는 1459～1460년이니, 이 때에 금화를 지나면서 쓴 시이다. 따라서 송도·관서 유람을 마치고 1459년에 다시 금화에 들렀음이 확인된다.

그가 효손이 금강산으로 떠날 때 읊었다는 '감회感懷'가 《영해 박씨 세감》에 실려 있다.

---

22. 《국역 매월당집 2》 136쪽 참조

「四十三年事已非　　사십삼 년 걸어온 일 이제는 다 틀렸으니
　此身全與壯心違　　젊었을 때 먹었던 맘 모두가 허사로세
　神魚九變勝千里　　아홉 번 변한 신어 천 리 높이 올라가고
　大鳥三年欲一蜚　　큰 새는 삼 년 만에 한 번 날아 보려 했네
　洗耳更尋東澗水　　동녘 시냇물 다시 찾아 더렵혀진 귀를 씻고
　療飢薄采北山薇　　북산에 고사리 조금 캐어 주린 배나 채우려네
　從今走覺歸歟處　　이제는 돌아가서 숨을 일만 남았으니
　雪竹霜筠老可依　　설죽상균 있는 곳이 늙어 쉴 곳 아니던가」[23]

효손은 '채미시采微詩'와 '송국부松菊賦'를 지어 늘 읊었다고 하니 시습이 효손에게 준 시로 보이나, '四十三年事已非'라는 구절로 보아 43세에 써진 시이니 1477년에 해당된다.

이 때는 그가 성동·수락산 등에 은거하면서 그 주변을 배회했던 시기이다. 이로 보아 그는 금강산에 있었던 효손을 이 시기에도 만났음이 확실하다. 1차 관동 유람기, 성동 은거기, 2차 관동 배회기는 효손과 은밀히 만나 회포를 풀 수 있는 기간이다.

그러면 〈징심록 추기〉는 어느 때에 씌어졌을까? 금화 초막동 은거기는 단종에 대한 절의로 비분강개에 싸여 있을 때인 데다 그의 나이 겨우 21세여서 《징심록》을 보고 차분하게 글을 쓸 여유가 없었을 것이며, 우리나라 역사에 대한 책을 섭렵할 기회가 적었을 것이다.

그렇다면 관동 유람길에 올랐다가 박도를 조문하러 문천 운림산을 방문했던 1459~1460년에 포신이 간직하고 있던 《징심록》을 보고 썼으리라고 추정된다. 이 책을 처음 대한 것은 1455년 금화에서라고 〈추기〉에 드러나 있으나, 당시는 다급하여 겨를이 없었고 바로 서울을 거쳐 동학

---

23. 《국역 매월당집 1》 68쪽 참조

사로 향했기 때문이다.

4) 초혼각 · 동계사와 김시습

금화 초막동에 은거했던 김시습이 1456년 서울에 나타나 사육신의 시신을 수습해 묻었다는 것은, 정승 허조許稠의 아들 허조許慥, 김시습과 유별난 교분을 나눈 홍유손의 기록에 있으므로 신빙성이 높다는 것이 정주동 교수의 주장이다. 그는 단종이 왕위에서 물러난 후 동학사에 들렀다가 서울로 올라가서 사육신의 시체를 간수한 후, 다시 동학사로 내려가 삼은각 옆에 여섯 신하들의 외로운 넋을 위해 단을 설치하고 제사를 올렸다고 한다.

정치적 상황이 급박하게 돌아갔던 당시에 왜 동학사로 내려갔을까? 전국의 많은 절을 두고 동학사로 발길을 돌린 것은 그럴 만한 이유가 있었으리라고 생각된다.

동학사는 백제 때 창건된 조그만 절이었으나, 937년 신라가 망하자 대승관 유차달이 이 절에 와서 신라의 시조와 충신 박제상의 초혼제를 지내고 동계사東鷄祠를 건축하니, 참선 승려들이 운집하여 사찰이 커졌고 후에 동학사로 고쳤다고 한다.

또한 조선 태조 때 길재가 이곳에서 고려 왕족과 포은 정몽주를 위해 기도했으며, 정종 6년에는 유방택柳方澤이 이 절에 와서 단을 설치하고 포은, 목은, 야은을 위해 제사를 올렸고, 정종 10년에는 이정간李貞幹이 단지壇地에 각을 지어 삼은각三隱閣이라고 했다.

위의 사실로 보아 동학사는, 신라와 고려가 망했을 때 망국에 대한 충절을 지킨 사람들이 모여든 절로 전국에 그 명성을 떨쳤음을 알 수 있다. 신라가 망하자 유차달이 동학사를 짓고 신라 시조와 충신 박제상을 모시니 참선 승려들이 운집했다고 했는데, 이는 신라의 충신들이 승려가 되어 이곳에서 충절을 지켰음을 뜻한다. 그래서 동쪽 계림이란 뜻으로 동계사라 지었으며, 뒤에 절의 이름까지 동학으로 바뀐 것도 이에 연유하는 것이다.

그 후 고려가 망하자 고려의 충신들이 이곳에 모여 충절을 지켰고, 고려의 대표적 충신 삼은三隱을 모시는 삼은각을 세웠던 것이다.

단종이 왕위에서 물러남으로써 망국의 한에 버금가는 비분강개를 느낀 김시습은 동학사의 이런 유서 깊음에 그곳으로 발길을 돌린 것이다. 특히 자신의 선조인 복호를 구출한 은인이요, 신라의 충신인 박제상을 모신 동학사가 그 곳에 있었기에 더욱 그러했을 것이다. 박제상의 후손들과 금화에서 같이 은거했고, 이웃에 살면서 가족같이 지내며 존경했으니 더욱 그러했을 것이다. 더구나 그의 스승이었던 이계전의 주부인 목은, 충절을 흠모했던 포은, 야은을 모시는 삼은각이 모셔져 있으니, 사육신의 시신을 수습하고 그 외로운 넋을 위해 제사를 지낼 곳은 동학사밖에 없다는 생각에서 그곳에 내려와 육신단을 세우고 제사를 지냈던 것이다.

그는 거기서 1457년 단종 승하의 부음을 듣고 조상치, 엄홍도 등 동지와 함께 육신단상에 하나의 단을 품자형品字形으로 하여 임금의 옷을 받들고 북쪽을 향하여 통곡하고 제를 지냈다. 이후 그는 어디에 있든지 단종의 기일에는 반드시 그곳에 들러 제사를 지냈다고 한다. 여행 일정도 이 날을 고려하여 잡은 점이 행적에서 드러난다. 따라서 단종이 모셔져 있는 동학사는 그의 모든 생애와 정신의 구심점이 된 곳이라는 점에서 그 중요성이 매우 크다.

동학사에 갈 때 그는 자기보다 40여 세 위이며 충절로 이름높은 조상치, 송황, 송경원, 정지산, 이축, 성희, 엄홍도 등과 만났는데, 박씨 칠의사들이 이들과 합류했다는 기록은 없다. 박씨가는 병조에 관계된 관직을 지낸 사람이 많은데, 병조판서를 했던 포신은 세조와의 심한 대립으로 숨었기에 그 곳을 드나들기가 어려웠을 것이나, 세조 승하 후에는 김시습과 동행했을 가능성이 있다. 박씨 칠의사들과의 관계를 생각할 때 박제상을 모신 동학사는 김시습의 동학사행과 상당한 관련이 있다고 본다.

3.〈징심록 추기〉의 내용

1) 천웅도天雄道의 전수자 박제상

〈징심록 추기〉는 14장으로 나누어져 있다. 그러나 1장을 서두로, 14장을 결로 보면 그 내용을, 첫째-2·3장, 둘째-4·5·6장, 셋째-7장 1절~14절, 넷째-8·9·10·11·12·13장의 넷으로 나눌 수 있다.

2장은《징심록》의 내용을 설명한 장이다. 동방창도東方創都의 역사와 하토변이夏土變異의 기록이 들어 있으며, 신시래왕神市來往의 설과 유호씨 전교傳敎의 일에서 천하의 모든 법이 나왔는데, 이는 선·불·유가 들어오기 이전부터 있었던 우리의 역사요 사상이라는 것이다. 따라서 유불의 세계에 용납되지 않았으며, 제왕을 중심으로 한 국가체제로부터 배척을 받았다고 한다.

3장에서는 여러 역사를 살펴 본 즉, 제상공의 집안은 연리지가硏理之家여서 가문의 전통에 특별한 이치가 있는데, 이것이 혹 '천웅도'의 전수자가 아닌가 하고 그는 추론했다. 본론에서 '천웅도'에 대한 확실한 설명이 없지만 금척 곧, 천부경의 도를 말하는 것으로 추정된다. 본문에 부도를 다시 건설하자는 논리가 일관되게 흐르고 있는 것으로 보아 이를 뜻한다고 생각한다.

2) 징심헌 시 풀이

4·5·6장에서는 박제상이 쓴 시 '징심헌'을 풀이했다. 시평이 놀라와 김시습의 진가를 엿볼 수 있는 글이다. 시 '징심헌'을 통해서 진리를 꿰뚫은 자요, 원만한 깨달음을 얻은 자로서의 박제상의 사상을 정교하고 치밀하게 분석했다. 《징심록》의 기술이 옛 역사에 뿌리를 둔, 도를 깨달은 징각자澄覺者에게서 나온 것이 분명하다고 했다.

5장에서는 천동설과 지동설을 엿볼 수 있는 세계 인식이 서술되어 있어 관심을 끈다.

「지금 한 사람이 밤중에 눈을 감고 해의 뒤를 따른다면, 반드시 이 해가 서쪽을 따라서 동쪽으로 향하는 것을 볼 것이니, 이에 곧 편견을 버리고 또 대지와 산천이 (공중에) 떠서 함께 도는 것을 볼 것이다. 이렇게 되면 동쪽이 바로 서쪽이요, 서쪽이 바로 동쪽이 되어 마침내 동서의 구별이 없는 것이다. 이 때에 곧 원만한 깨달음을 얻을 것이다.

今有一人이 在於夜半하야 閉目而循日之踵則必見此日이 從西而向東하리니 於是에 乃廢偏見하고 又見大地山川이 浮在於 幹旋之中而同軌하리니 然則東卽是西요 西卽是東하야 終無東西之別이라 此時에 乃得圓覺也리라.」

위의 서술은 지동설을 정확하게 기술한 것이다. 이러한 세계 인식 태도를 '원각圓覺' 사상으로 정리하고 있는 것이다.

6장에서는 천지만물의 생멸원리를 '허실견백虛實堅白' 사상으로 설명했다. 진실로 사물을 성찰하여 증리하는 진법과 신라가 금척·옥적을 쓴 것이 상고시대에 연유하고 있음이 분명하다는 것이다. 이와 같은 것이 모두 태고불역太古不易의 진법이라고 했다.

〈부도지〉 1·2장에서는 음양론과는 다른 허실론을 전개하여 우리의 고대사상을 파악하는 데 중요한 단서를 제공해 주고 있어 주목된다. 허실론은 홍대용의《의산문답毉山問答》에도 나타난다고 한다.

3) 징심록의 유래와 관계 설화

7장은《징심록》의 유래를 설명한 글이다. 〈금척지〉를 백결 선생이 썼다고 추정하고 금척과 관련된 제상공 집안의 전설과 오대산 노석老釋에게서 들은 내용이《사승야전》과 비슷하여 이를 자세히 소개하고 있다. 7장은 영해 박씨의 가문사家門史의 성격을 지니고 있다. 금척을 보유하고 있는 연리지가, 천웅도를 전수하고 있는 집안이기 때문에 신라에서 고려를 거쳐 조선조 세종 때에 이르기까지 나라의 특별한 대접을 받으며 번영을 누려 온 영해 박씨의 역사가 자세하게 기술되어 있다.

그러나 이러한 내용은 한 가문의 역사를 넘어서 그와 관련된 국가사의 단면이므로 귀중한 자료라고 생각된다. 또한 이 장에는 지금까지 알려지지 않은 설화가 많이 담겨 있어 주목된다.

이러한 내용이 역사적 사실의 정확한 실증적 기록이라고 보기는 어렵다. 역사적 사실에 바탕을 둔 그들의 인식 태도를 서술하고 있다는 점에 주목해야 할 것이다. 여기에는 그 시대를 살았던 사람들의 사상과 종교가 깃들여 있기 때문이다.

7장의 설화 가운데 알려지지 않았던 내용을 간단히 소개한다.

2절에는 실성왕이 왕위에서 물러나는 내용이 들어 있다. 박제상이 선대의 전통으로 실성왕의 부당함을 들어 여론을 조성하니, 신자천, 배중량 등 여섯 명의 신하가 작별하고 떠나가므로 실성이 왕위에서 물러났다는 것인데,《삼국유사》실성왕조에는 실성이 눌지를 죽이고자 고구려 군사를 청했는데 눌지의 덕망을 알고 오히려 실성왕을 죽이고 눌지왕을 세웠다고 했으니 차이가 난다.

5절은 제상과 그의 부인 김씨의 탄생과 결혼 설화이다.

6절은 백결 선생에 대한 내용이다. 백결 선생이 진식재陳息災, 치원治源, 여인與人, 지인知人, 양인설養人說 등을 펼쳤다는 내용이 특이하다. 음악가로만 알려진 백결 선생의 다른 모습이 소개되어 있어 주목된다.《화해사전華海師全[24]》의 운월재 신현이 성공필에게 말한 글에는, 백결이 임금에게 깨우쳐 주었던 모훈謨訓[25]을 보면 이훈伊訓이나 설명편 뒤에 붙일 만한 글이라고 했다. 여기에는 벼슬을 버리고 귀향할 때 지어 작곡한 노래로, 아래와 같은 시가가 기록되어 있다.

「하늘은 사람을 풀어놓았네 하늘은 모든 걸 드러내었네
하늘은 임금을 얻었네 하늘은 임금을 잃었네
얻은 것이 장사치의 잇속이 아니니 잃은 것을 슬퍼할 까닭 없네
관직에 나아감이 행운이었듯이 물러감도 행운이었다네
즐거움에 특별한 것이 없듯이 하늘이 주신 것을 얻었을 뿐이네

天兮縱人兮 天兮窮顯
天兮得君 天兮失君
得非市利 失非在傷
就豈幸幸 去豈幸幸
樂無別樂 得天生兮」[26]

24.《화해사전》 고려 후기의 학자 신현의 전기, 고려말에서 조선 후기에 이르기까지의 유학에 대한 깊이와 수준을 이해하는 데 중요한 자료다.
25. 모훈 국가의 대계 및 후왕의 모범이 될 교훈.
26.《화해사전華海師全》 제2권 〈제자문답〉 20~21쪽 참조

백결을 도인으로 여기는 설화는 《각간선생실기角干先生實記[27]》에도 나와 있다. 김춘추가 서악 선도산 밑에 사는 백결 선생을 찾아 삼국통일의 방책을 물으니 김유신을 천거했다는 내용이다. 7절에는 김유신이 백결의 증손 마령간을 찾아가니 백결 선생의 도로 가르치고 부도통일설을 말했다는 내용이다. 박경한, 박용문이 삼국통일에 참여한 사실은 《삼국사기》에도 나와 있다.

8절은 제상공의 후손 문현의 부도복건론이다. 신라 말 박씨 계통인 신덕왕으로 왕위가 계승되는 과정을 설명한 내용이다. 그가 편 부도복건론은 주목된다. 신라입국의 근본은 부도복건에 있으므로 천 년이 지났어도 어제와 같으니 그 본 뜻을 잊을 수 없다는 내용이다. 특히 「조선은 사해의 공도公都요 한 지역의 봉국封國이 아니며, 단씨의 후예는 모든 종족들의 심부름꾼이요 한 임금의 사사로운 백성이 아니다.」라는 주장은 주목된다.

10절은 고려 현종 당시 거란이 침략했을 때, 왕이 강감찬을 보내어 방책을 묻고 혁거세왕릉을 개축하고 탑을 세웠다는 내용이다. 강감찬 장군이 딸을 제상공 집안에 시집보내어 종사를 받게 하였다고 했다.

12절은 이태조의 '몽득금척夢得金尺' 설화이다. 위화도회군 때 김생이 은밀히 회군을 논의했는데, 전날 밤에 태조가 꿈에서 금척을 얻었다는 내용이다.

4) 금척은 곧 천부경

8장에서 13장까지는 〈금척지〉에 대한 설명인데, 장별로 내용을 정리하면 아래와 같다.

---

27. 《각간선생실기》, 을유문고, 1986, 28~32쪽 참조

8장 : 금척의 내용(금척 수리數理는 천부의 법)

9장 : 신비한 물건인 금척의 형태

10장 : 혁거세와 금척의 유래

11장 : 금척의 소재와 금척원

12장 : 당의 침략 실패와 금척

13장 : 금척지법이 기록·보존되어 다행임(《징심록》에서 훈민정음 28자 취본)

  금척은 자전이나 사전에도 나오지 않는 말이다. 《동경잡기東京雜記》는 금척에 대한 설화가 기록되어 있는 유일한 문헌이다. 이에 의하면 경주 근처에 금척원과 금척릉이 있었고 지금도 금척리가 있다고 한다.

  《경주의 고분과 전설》에서 최상수 씨가 소개한 금척 전설을 옮긴다.

  「신라 시조 박혁거세 왕의 어느 날 밤 꿈에 한 신인이 나타나 손에 있던 금척을 왕에게 주면서, "이것을 왕위의 표로 드리니 자손 대대로 길이 전하소서. 그리고 만일 백성들 중에 병들어 앓는 사람이 있거든 이것으로 몸을 재면 즉시 나을 것이옵니다."라고 하매, 왕이 기이하게 생각하고 놀라 눈을 떠보니 그 신인은 간 데 없고 머리맡에는 과연 금척 하나가 번쩍이고 있었다.

  왕은 이것을 나라의 보물로 삼고 귀중히 보관하여 전하게 되었는데, 어느새 그런 보물이 있음을 당나라 황제가 알게 되었다. 그리하여 당나라 황제는 일부러 사신을 보내어 그 금척을 보게 하여 달라고 청하였다. 그러나 신라왕은 왕위의 표로써 계승하는 나라의 보물을 내어 줄 수는 없으므로, 생각 끝에 크고 작은 삼십여 기의 무덤을 만들어 아무도 모르게 그 어느 한 곳에다 파묻어버렸다.

  그리하여 당나라의 사신에게는 "파묻히었다"는 답변으로 이 요구는 면하였으나, 그 후로는 어느 무덤에다 묻었는지 모르게 되고 말았다고 한다. 일설에는 그 때문에 결국 나라도 망하게 되었다고 전해 내려오고

있다.」²⁸

위의 전설에서 금척은 왕위의 징표이며, 이것으로 병자의 몸을 재면 병이 낫는다는 점에 주목할 필요가 있다. 때문에 당나라 황제까지 욕심을 냈다는 것이다.

그러면 금척이란 무엇인가? 지금까지 막연히 금으로 만든 자(尺)라는 것밖에는 아무것도 몰랐다. 그리고 역사의 관심 밖으로 밀려났던 것이다. 이러한 금척에 대해서 김시습은 알고 있었을까? 그가 금오산에서 은거할 때 경주의 역사 유적을 두루 살핀 점으로 보아 금척에 대한 전설을 알았을 가능성은 있다.

그가 〈금척지〉를 읽었거나 전설을 알고 있었다면 그의 글에 나올 것이라고 생각하고 문집을 조사했더니, '금계어약金溪魚躍'이라는 시에 아래와 같은 문구가 나온다.

「有時聚藻飜金尺　　가끔 뭉친 마름 속에서 황금 자 번득이고
忽沫淸瀾抛玉梭　　문득 맑은 물결 튀기며 옥 같은 북 뛰논다」²⁹

위의 시에 '금척옥적金尺玉笛'에 해당하는 '금척옥사金尺玉梭'가 대구對句로 나오는 것으로 보아 분명 금척에 대해 알고 있었음을 알 수 있다. 그가 〈금척지〉를 읽었으리라는 간접적인 증거가 될 수 있다고 본다.

〈금척지〉에 대한 김시습의 글이 매우 중요한 것은, 지금까지 그 정체를 알 수 없었던 금척의 내용, 형태, 소재 등을 자세히 설명하고 있기 때문이다.

특히 금척은 천부경의 이치를 본떠 만들었으며, 천부경을 영원히 보

---

28. 박용숙,《한국 고대미술 문화사론》, 일지사, 1981, 2쪽 5에서 재인용.
29.《국역 매월당집 1》 52쪽 참조

존하기 위하여 금으로 만들어 보존한 신기神器라는 점을 뚜렷이 밝혀 준 점이 중시된다.

「소위 입언30이나 구언31이란 것은 반드시 금척의 수리數理에 있으나, 지금 공의 집 종가의 후손이 이미 세상을 달리하였고 집안사람들 모두가 뿔뿔이 흩어져 풀어볼 수 없게 된 지가 오래 되었다. 그러므로 지금 아는 사람이 없으니 애석할 따름이다.

내가 일찍이 〈금척지〉를 읽으니 그 수사數辭가 매우 어려워서 알 수가 없었다. 대저 그 근본은 곧 천부의 법이다. 그것을 금으로 만든 것은 변하지 않게 하기 위한 것이요, 자로 제작한 것은 다 같이 오류가 없게 하기 위함이었다.

其所謂立言求言者는 必在於金尺之數理而今則公家宗嗣已逝하고 諸家離散하여 不講이 久矣라. 故로 今無知者하니 惜哉라. 余嘗讀金尺誌하니 其數辭甚難하여 不可了解라. 大抵其本은 卽天符之法而製之以金者는 爲其不變也오 作之以尺者는 爲其無誤也라.」

위 글에서 '금척지수리金尺之數理 기수사심난其數辭甚難'이란 표현으로 보아 금척은 수리數理를 새겨 놓은 것임을 알 수 있다. '기본은 천부지법 이제지天符之法而製之'라는 표현으로 보아 천부경의 법을 본떠 만든 것이며, 수리는 곧 천부경의 수리數理임을 알 수 있다.

9장에서는 금척의 생김새를「그 형상은 삼태성이 늘어선 것 같으니 머리에는 불구슬을 물고 네 마디로 된 다섯 치이다(其形象則如三台之列하

---

30. 입언 후세에 모범이 될 만한 의견을 세움
31. 구언 임금이 신하의 조언을 구함

니 頭含火珠하고 四節而五寸).」라고 설명하고, 「그 허실의 수가 9가 되어 10을 이루니, 이는 천부의 수다(其虛實之數이 九而成十하니 此則天符之數也).」라고 그 수리의 내용을 풀이했다.

　이로써 금척이 81자로 되어 있는 천부경에 대한 설명임이 확연하게 드러난 것이다.

　10·11·12장의 내용은 최상수 씨가 소개한 내용과 비슷하나 그 내용이 훨씬 자세하고 정확하다. 신라를 세운 근본이 부도 즉 금척의 법에 있으며, 이것이 단군 시대에서 내려왔다고 한다.

　박혁거세 신화를 보면, 그가 알에서 태어났으며 여섯 촌장이 길러 13세에 왕위에 올랐다는 내용이 있는데, 어떻게 13세의 어린아이가 실질적 권력을 가지고 있는 여섯 촌장에 의해서 한 나라의 지배권을 행사했는지 납득이 되지 않는다.

　〈금척지〉의 내용은 이에 대한 실마리를 제공하고 있다. 박혁거세는 연리지가研理之家이며 왕위의 징표가 되는 금척 곧 천부경을 보유하고 있는 집안의 아들이기 때문에 그리 되었다는 것이다. 즉 천지만물의 이치에 통달한 제천군主祭天君主였음을 알 수 있는 것이다.

　13장에서 김시습은, 〈금척지〉라도 남았으니 그 도를 연구하여 복제할 길이 있을 것이며, 그러지 못할지라도 그 법리를 아는 것만으로도 족하다고 했다. 14장에서는 진리불역지전眞理不易之詮[32]이 묻혀버리고 생민시원고사生民始原古史 적연무문寂然無聞[33]함을 한탄했다. 단종이 죽어 크게 부끄러운 때여서 이를 더욱 절감한다고 했다.

　끝으로 제13장의 끝에 '항차 훈민정음 28자를 《징심록》에서 취본하였음에야' 라는 기록이 나오는데 훈민정음 창제를 새로운 각도에서 연구할

---

32. **진리불역지전** 바꿀 수 없는 진리의 법
33. **생민시원고사 적연무문** 백성이 태어난 시원의 역사를 쓸쓸하게도 들을 수 없음

수 있는 중요한 단서라고 생각된다.
 우리 상고사를 바르게 아는 데 〈금척지〉야말로 귀중한 문헌일진대 그 원문을 잃었음이 실로 크게 애석할 뿐이다.

4. 맺는 말

 김시습이 쓴 〈징심록 추기〉를 고찰해 보았다. 《징심록》의 문헌적 가치를 고증해 주는 유일한 글이어서 그 중요성을 인식하고 박제상의 후예 박씨 칠의사와 그와의 관계를 중점적으로 추적해 보았다.
 자료가 부족하고 부정확하여 엉성한 점이 많으리라고 생각된다. 그러나 새로 알려진 귀중한 자료이기에 이를 널리 소개하자는 뜻에서 써 보았다.
 지금까지 〈징심록 추기〉의 내용을 간략하게 정리·분석했다. 앞으로 《한단고기》, 《화해사전》을 비롯한 여러 문헌을 조사하여 정교하고 치밀한 연구가 이루어져야 하겠다.
 이 자료가, 관심 있는 여러 학자들의 손에 들어가 본격적인 연구가 시작되기를 바랄 뿐이다.

대한국 상대사와 그 문화

1. 서론
2. 한국사의 오해
   1) 중국과 중국인
   2) 서양문화의 특성
3. 대한국사
   1) 파미르고원의 마고성 시대
   2) 황궁씨와 유인씨의 천산주 시대
   3) 한인씨의 적석산 시대
   4) 한웅씨의 태백산 시대
   5) 단군시대
      전기 단군조선 시대
      후기 단군조선 시대
4. 대한국의 사상과 문화
   1) 삼신사상
   2) 대한국 문화의 본체성
   3) 단군조선의 문화와 정치
5. 대한국 문화의 영향
   1) 중국 문화에 끼친 영향
   2) 서양문화에 끼친 영향
   3) 〈부도지〉와 《구약성서》〈창세기〉
6. 결론

김은수

1937년 전남 장성에서 태어나 서라벌예대 문예창작과를 졸업했다. 중학교 국어교사로 학생들을 가르치면서 한국 상고사에 큰 관심을 가지고 열정적으로 연구했다. 1986년 〈부도지〉의 번역과 주해를 마치고 다음 해에 안타깝게도 교통사고로 세상을 달리했다. 한국 상고사 연구의 공로를 인정받아 1986년 금호학술상을 수상했다.

1. 서론

이 글은 한민족의 시원을 밝히고 대한국 상대사를 복원하는 것을 그 일차적 목적으로 했다. 말살당한 한국사는 마땅히 복원되어야만 한다. 일제가 일만 원이란 금액으로 친일 사학자를 매수하여 단군사를 신화로 만들어버렸다는, 책임 있는 위치에 있는 사학자의 글이 발표된 바 있다.[1] 친일 사학자들은 우리 역사를 절단하여 팽개쳐버렸다. 그리고 그들은 우리의 영토를 조각 내서 조상의 집터와 무덤을 팔아 넘겼다. 그 결과 우리는 좁은 반도국의 왜소한 소인으로 전락하지 않을 수 없었던 것이다.

여기서는 대한국 상대사의 하한선을 서기 전 238년까지로 했음을 밝혀둔다. 그 해에 단군조선은 멸망했다. 소위 고조선의 준왕은 번조선番朝鮮의 마지막 왕이었을 뿐이며, 위만은 그 소속 종족이야 어찌 되었든 번조선을 멸망시킨 침략자에 불과하다.

후에 건국되는 네 나라 즉, 고구려, 백제, 신라와 가락은 망국 유민들이 조국 광복운동 결과 재건한 한국桓國 또는 단군조선의 후국들이었다. 위만과 한나라 군사들의 침략을 받은 우리 민족은 이 시기에 재편성을 시작했다.

〈부도지〉에 의하면, 대한국大韓國 상대사上代史는 적어도 지금으로부터 만여 년 전 파미르고원의 마고성에서 시작한다. 마고의 자손 열두 개 파는 지유地乳가 솟아나는 낙원 마고성을 잃고 네 파로 나뉘어 운해주·월식주·성생주·천산주의 동·서·남·북으로 분거를 시작했다.

이때 장손 황궁씨는 천산주에 정착하여 복본했으며, 유인씨의 시대를

---

1. 박성수,《민족사의 맥을 찾아서》, 집현전, 1985, 131쪽 참조

거쳐 한인씨가 남하하여 적석산에서 등극했다.[2] 한웅씨는 동쪽으로 나아가 섬서성의 태백산에서 개천하고 배달국을 세웠으며, 단군은 아사달로 도읍을 옮기고 국호를 조선이라고 했다.

《천부경》은 인류 문화의 근원과 한민족의 정체를 밝혀주는 으뜸가는 경전이다. 《천부경》은 한국 때부터 구전되던 책으로, 한웅씨가 개천한 후 신지 혁덕에 의하여 녹도문으로 기록되어 전해졌다. 《천부경》은 고대사회에서 천문, 역법, 통치사상의 근간이 되었으며, 도상圖像문화에도 그 흔적을 남기고 있을 뿐 아니라 후대 음악 및 수학 이론의 기초가 되기도 했다.

구석기 시대의 합리合理사상과 신석기 시대의 애니미즘사상이 완전히 융합된 《천부경》의 사상은 당시 사회의 유일한 정치적·종교적·학술적 지도이념이었으며, 갖가지 천지창조 신화의 원천이 되기도 했다. 천부경의 허·실·기·화·수·토 이론은 음양설을 낳고, 황도 12궁 등의 역법 이론 체계를 확립했으며, 거석 건축문화의 설계서 역할을 담당하기도 했다.

폴란드 출신의 수학자 J. 브로노브스키[3]는 그의 저서 《인간의 역사 The Ascent of Man》에서 고대 그리스 문명을 동양 문화권에 묶어두고 있으며, 동방의 문화가 터키 반도 서쪽에 위치한 사모스 섬을 통하여 그리스로 이입된 것으로 보고 있다. 멜시아 엘리아데는 그의 저서 《종교형태론과 우주의 역사》〈토오치북 출판에 부치는 서문〉에서 역사의 반복론을 말하고 있다.

그런가 하면 하프쿠트 교수는 그의 저서 《고대 해양왕의 지도》에서 약 만 년쯤 전의 아주 태고시대에 고도로 발달된 문명이 있었는데, 그 문명

---

2. 김은수, 《주해 한단고기》, 가나출판사, 136쪽 참조
3. 제이콥·브로노브스키(1908~   ), 영국 왕립협회 및 미국 과학원 회원 역임.

은 중국 대륙에서 아메리카까지 지구 전역에 퍼져 있다가 갑자기 또는 서서히 사라졌으며, 너무나 오래 전의 일이어서 잊혀지게 되었다는 탁견을 내세우고 있다.[4] 또한 《뿔피리의 문》의 저자 카롤 드 레뷔는 (세력이) 큰 종교가 빙원의 후퇴와 함께 시작되었다고 주장하고 있는데,[5] 그것은 바로 한국 문화였다. 이와 같은 사실을 증명해 주는 국내 서적이 〈부도지〉요, 《한단고기》요, 《단기고사》요, 《규원사화》이며 《한단유기》이다.

역사는 정확한 기록과 정당한 평가로 이루어져야 하건만, 지금의 한국사는 물론 세계사도 정확한 기록이거나 정당한 평가라고 인정할 수 없다. 사마천은 그의 《사기》가 엉터리임을 스스로 밝힌 바 있다. 공자의 《춘추》나 헤로도토스의 《역사》도 일단은 거부하고 재검토해야 한다.

역사를 쓰기에 앞서 우리는 먼저 역사가 무엇인지를 알아야 한다. 역사는 그 시대를 살고 간 사람들의 사건과 사고思考의 총체이다. 그 시대란 자연적인 시공과 인위적인 사건을 공유한다. 사건은 행위와 작용 또는 그 결과를 지칭하며, 사고란 문제 해결의 과정이다. 사건과 사고는 서로 영향을 미치며 잇달아 발생한다. 문제로서의 사건은 해결이란 사고를 거쳐 새로운 사건을 유발시키며 발전하거나 퇴보하는 과정을 밟는다. 문제해결 방법의 여하에 따라 역사도 사람과 마찬가지로 발전하거나 퇴보할 수 있다. 평가는 역사를 발전시키는 입장에서 이루어져야 한다.

사고는 역사 발전의 원동력으로서의 인간의 행위에 대하여 투쟁이냐 협동이냐의 양자 택일을 요구한다. 오늘날 인류학은 투쟁보다는 협동이 문화 발전에 더 크게 기여했으며, 야만이란 존재하지 않는다는 사실을

---

4. 콜린·윌슨, 《우주의 역사》, 범우사, 1986, 36쪽 참조
5. 콜린·윌슨, 《우주의 역사》, 범우사, 1986, 54쪽 참조

밝혀주고 있다. 전쟁이나 투쟁은 두 문화를 충돌시켜 새로운 문화를 만들어 내지만, 기존의 문화나 민족을 말살시키는 결과도 가져온다. 개방적인 사회에서는 충돌을 배제하고도 문화 창달이 가능하다.

약육강식의 투쟁이론은 인류 사회를 야수가 서식하는 밀림지대로 만들어버렸다. 어느 시인이 도시에 솟아 있는 무수한 고층 건물을 밀림이라고 표현했다고 해서 그를 나무랄 만한 정당성을 우리는 갖지 못했다. 투쟁의 이론은 또 다른 전쟁과 학살을 가져와 지구를 살육의 장소로 바꾸어버릴 것이다. 이것은 분명한 퇴보의 역사다.

그러므로 역사의 목표는 낙원의 건설에 두어야 한다. 사실 국가란 적의 침입을 막기 위한 성이라기보다는 꽃이 피고 음악이 흐르며 젖이 샘솟는 낙원을 의미했다.

〈부도지〉나 《한단고기》 등에 나타난 한민족의 건국이념은 낙원의 건설이었다. 다물이나 복본의 사상은 홍익인간이나 이화세계로의 복귀를 말한 것이며, 홍익인간의 세계와 이화의 세계는 음악이 흐르고 젖이 샘솟는 행복이 넘치는 낙원이었던 것이다. 우리 조상들은 한단지치桓檀至治의 세상을 누린 바 있었다. 마고성(삼신성, 소도성)은 인간이 만든 최초의 낙원 국가였다.

이 글은 《한단고기》와 〈부도지〉를 주로 하고 《단기고사》 등을 부로 하여 쓸 것이다. 《한단고기》 등은 종래의 역사 기술과 역사관 및 역사이론을 완전히 부정하고 있다. 고대사를 보는 현대인의 시각부터 바로잡아 주는 이 책들은, 우리를 단대斷代사관과 지방사관, 투쟁적 발전사관에서 벗어나게 하며, 고전적이며 공식적인 고대 국가의 성립과 민족 형성 이론도 용납하지 않는다. 나아가 이 책들은 우리에게 백인 중심의 엘리트 정신에서 탈피하여 진정한 국가 이상과 자유와 평등이 무엇인지 가르쳐주며, 현대인에게 삶의 방향을 제시한다. 편견과 아집, 질시와 자존이 남긴 과거의 역사가 얼마나 허위와 모략으로 가득 찬 역사였는지를 우리는 깨닫게 될 것이다.

이 글은 사라져버린 고대사의 시원을 밝히기 위하여 중국과 서양문화의 특성을 한국의 삼신사상에 입각하여 개략적으로 검토·연구한 다음, 한민족의 대한국 상대사를 약술하고 그 문화와 영향을 고찰하기로 했다.

자료 부족으로 많은 어려움을 겪고 주변 학문에까지 도움을 요청하지 않을 수 없었다. 그러나 〈부도지〉와 《한단고기》가 인류의 시원사를 밝혀 주는 가장 오래되고, 가장 많은 분량의 사서답게 현생 인류의 기원과 이동 과정에서의 몇 가지 중요한 점과 그 문화, 그리고 종교의 전교 사실을 명확하고 예리하게 전해 주므로, 이 방면의 연구에 보탬이 되고자 복원을 시도하기로 했다.

2. 한국사의 오해

1) 중국과 중국인

중국의 진현창은 신라와 발해가 당나라의 지방국가였다고 하고, 일본의 하다다기요시와 이노우에 들은 "단군전설은 13세기 말 항몽 투쟁 과정에서 형성된 것"이라고 했으며, 영국의 토인비는 한국 문명을 중국 문명의 곁가지로 분류했는가 하면, 미국의 남가주 클레어몬드 대학원의 식물원에서는 「1천 년 동안 중국이 지배하던 한국을 일본이 서기 665년에 해방시켰다.」고 소개하고 있다.

그러나 일본 경도대학의 우에다는 "지금까지의 동양사를 새로 써야 한다."고 주장한 바 있으며, 가시마노보루는 "일본의 천황가가 백제에서 나왔다."고 논증하고 있다.

중국은 한국으로부터 독립한 후 한국을 침략하고 한국의 영토를 앗아

갔으며, 한국의 사료를 탈취하여 자기 것으로 위장하고 날조한 장본인이다. 일본은 한국으로부터 독립하여 한국을 침략하고 동양의 정통국가가 되겠다는 야심을 실현하려고 했다.

중국인은 자기들의 나라를 세계의 중심이라 하여 '중화中華'라고 부른다. 뿐만 아니라 주변에 있는 민족들은 모두가 야만이라 하여 '동이東夷, 서융西戎, 남만南蠻, 북적北狄'이라고 했다. 그러나 그들의 이러한 생각은 분명 잘못된 것이며, 사실과는 완전히 다른 왜곡된 주장이다.

중국에 중국인다운 중국인이 세운 나라는 한나라가 처음이었다. 중국 신화에 등장하는 반고盤固[6]는 우리 한족桓族의 일파였으며, 그들이 말하는 삼황 즉, 복희와 여와와 신농도 우리 한족이었다.[7]

중국인은 인류학적으로 볼 때 이질적인 민족이다. 그들은 체질상으로는 몽고인종에 속하나 말은 몽고인종과 달리 중국어를 사용한다. 중국인이 말하는 삼황오제의 나라들은 모두 우리 배달국의 군소국들이었다.[8]

한국에 배반하여 정치적 독립을 얻어내려고 끝까지 싸우다가 실패한 사람이 있었다. 그가 바로 중국인들이 그들의 시조로 받드는 황제이다. 황제는 우리 배달국의 14대 치우천왕에 대항하여 싸웠으나 마침내 실패했다. 황제는 고시씨의 후손, 소전의 다른 유파로 짐승을 잘 기르지 못하여 헌구軒丘에 유배된 공손의 후손이었으며, 황제 또한 한족이었다.

《사기》〈오제본기〉'고신'에 의하면,「요는 제곡 고신의 아들이다.」라고 했고,《한단고기》는「치우 천왕이 오장군을 보내 서쪽의 고신을 쳐서 공을 세우도록 하였다.」라고 했다.[9]

박제상의〈부도지〉에 의하면, 요堯는 처음으로 마고성을 나간 지소씨

---

6. **반고** 앞의《주해 한단고기》34쪽 및《중국 고대신화》, 이훈종 역, 범우사, 1982, 18~21쪽 참조
7. 앞의《주해 한단고기》147 · 197쪽 참조
8. 앞의《주해 한단고기》36쪽 참조
9. 앞의《주해 한단고기》36쪽 참조

의 후예로, 배달국의 제시祭市 모임에 왕래하고 서쪽 보保의 간干에게서 도를 배웠으며, 단군이 순행하는 틈을 이용해 부도를 습격하여 당도唐都를 세우고, 구주를 설치하여 부도에 대립하다가, 순의 아우 유상에게 패하여 갇혀 있던 중 살해당한 사람이었다.[10]

순은 단군의 신하인 유호씨[11]의 장남이었다. 부친의 명을 거역하고 단군을 배신한 후 요의 왕위를 이었으나, 동생인 상의 공격을 받고 창오의 들에서 우에게 죽임을 당했다.[12] 이보다 먼저 순은 우의 아버지인 곤을 죽인 일이 있었다.

순 당시의 중국은 지금의 하북성 천진 남쪽에 있는 조그마한 나라로 단군의 군소 제후국에 불과했으며, 순은 단군을 찾아뵙고 조공을 바쳤다. 그런데도 중국인은 자신들을 미화하여 자기네 나라를 '중회'라고 부르고 있다.

이와 같은 중국인의 화이華夷 사상보다 더욱 이기적이고 독단적이며 자기중심적인 사상이 서양인의 백인 중심주의 사상이다. 이스라엘의 선민사상과 전쟁 전 독일의 광적 민족주의 사상으로 대표되는 백인 중심주의 사상은 지금도 전세계를 무대로 활보하고 있다.

2) 서양문화의 특성

서양의 백인 중심주의 사상은 그 근원을 고대 그리스와 이스라엘에 두고 있다. 그리스 문화는 신과 신, 신과 인간, 인간과 인간, 아버지와 아들, 남편과 아내 사이의 대결이 그 특징이었으며, 이스라엘 문화는 자기들만이 신에게 선택된 인간이라는 생각에서 싹튼 것이었다. 이와 같

---

10. 〈부도지〉 17장 참조
11. **유호씨** 《단기고사》에는 고시씨의 친형인 고수씨로 나온다.
12. 〈부도지〉 18·19장 참조

은 대결과 배타적인 선민사상은 폭력과 독선을 가져왔으며, 수직적인 지배와 복종의 종속 문화를 발전시켰다. 결국 그들은 밀림의 법칙을 만들어낸 것이다.

런던의 북서쪽에 동인도회사의 대학이 있었다. 이 대학에서는 지구의 표면상에 대한 모든 정보를 수집했다. 이 대학의 교수인 로버트 T 맬더스는 인류의 대부분은 결핍과 곤궁한 생활에서 벗어날 수 없게 될 것이며, 기도밖에는 아무것도 할 수 없을 것이라고 외쳤다. 이로부터 35년 후에 다윈은 적자생존, 우승열패의 약육강식론을 내놓았으며, 그 후 모건이나 마르크스, 뿐만 아니라 대부분의 전통적·고전적인 사람들은 맬더스와 다윈의 충실한 제자가 되었다.

맬더스와 다윈의 이론은 지금까지 비교적 잔잔하던 지구상의 인류의 바다에 태풍을 몰고 왔으며, 식민주의와 제국주의, 공산주의와 자본주의, 그리고 광적 민족주의의 숨가쁜 물결과 소용돌이를 만들어냈다.

약육강식론과 백인 중심주의 사상은 동인이명同人異名이다. 그들은 다같이 대결과 차별, 선민이라는 뿌리깊은 서양문화의 한 산물에 불과하다. 아직도 서양문화는 무서울 만큼 큰 위력을 발휘하고 있지만 이미 지중해 문화는 대서양으로 옮겨지고, 그 대서양문화라는 것도 차츰 풀이 죽어가고 있다.

서양문화는 차별의 문화였다. 근원적으로 자유와 평등과 협동 정신이 부족한 제한된 지역의 한정된 사람들만의 극히 협량한 사상에서 우러나온 대단히 편협한 문화였다. 그리스 동북쪽 해발 2,918m의 올림푸스 산을 중심으로 지브랄터 해협을 벗어나면 낭떠러지가 되어버린다는 좁은 세계관 속에서 자라온 서양의 문화는, 처음부터 인류를 구원할 만한 큰 이상을 품을 환경이나 식견을 가질 수 없었다. 면적이 9만 3천km²나 되고 높이가 5천 미터나 되는 중앙아시아의 대고원인 파미르고원의 문화와는 그 발상부터 비교가 안 되는 커다란 차이가 있었다.

홍익인간의 사상은 제한과 차별이 없는 사상이다. 홍익인간의 사상 속에는 흑인이든 백인이든 차별이 없다. 전체 인류를 대상으로 우주의 섭리를 회통會通한 이 절대 평등의 화합회복사상은 전세계를 한눈에 내려다보는 파미르고원에서부터 자라온 한민족의 이상이었다.

그리스 신화는 처음부터 부부간, 또는 부자간의 불신과 살육으로 시작되고 있다. 대지의 신 가이아는 별이 총총한 천공의 신인 우라노스를 낳아 웅대하게 만든 다음, 그와 결혼하여 티탄 열두 명을 낳았다. 가이아는 다시 퀴클롭스 삼 형제를 낳았으며, 끝으로 또 괴물 세 명을 낳았다. 이 괴물 삼 형제는 몸집이 엄청나게 크고 기운이 비할 데 없이 세며, 저마다 팔이 100개, 머리가 50개나 달린 괴물이라 '백수거인'이라고 불렀다. 이들을 본 형님이자 아버지인 우라노스는 치가 떨려서 자식들을 모조리 묶어서 무한지옥 속에 가두어버렸다. 이에 화가 난 어머니이자 아내인 가이아는 아들 가운데 말을 잘 듣는 크로노스를 시켜 아버지인 우라노스의 생식기를 잘라버렸다.

아버지를 감옥에 가두고 그 자리를 빼앗은 크로노스는 더 잔인했다. 그는 아들을 낳을 때마다 옆에 지켜 서 있다가 낳는 족족 꿀꺽 삼켜버렸다. 그러나 크로노스도 결국 아버지 우라노스처럼 그의 아들 제우스에게 제거당하여 캄캄한 땅 속으로 쫓겨났다.

그리스 신화에는 또 제법 세력이 강한 디오니소스라는 신이 있다. 이 신은 어찌나 잔악한지 자기를 섬기지 않는 사람들은 모조리 죽여버렸다.

서기 전 880년경에 생존했던 앗시리아의 왕 님누드 · 앗수르 · 나시르팔 2세는 잔인하기로 이름난 임금이었다. 그는 그를 배반하는 사람들이나 전쟁 포로들의 살가죽을 벗겨 그가 지은 궁전의 기둥에 감아 놓거나 말뚝에 감아서 기둥 위에 세우기도 했다고, 궁전의 벽면에 자랑삼아 새겨놓았다.

《구약성서》〈창세기〉에는 생명나무에 접근하는 것을 막기 위해 불꽃을 내뿜는 칼을 돌려가며 인간에게 은혜 베풀기를 거부했다고 한다. 농사꾼인 카인의 제물은 거두어들이지 않고 양치기인 아벨의 것만을 받아들이는 차별을 보임으로써, 형이 동생을 죽이는 불륜의 죄악을 저지르도록 유도했다.

여호와는 하늘 높이 솟는 대를 쌓으려는 인간의 능력을 시기하여 그 의지를 뭉개버렸으며, 그것을 영원히 방해하기 위해 언어를 혼잡하게 하여 통하지 못하게 했다.

〈출애굽기〉는 아래와 같이 쓰고 있다.

「너는 나 외에는 다른 신들을 네게 있게 말지니라. 너를 위하여 새긴 우상을 만들지 말고, 또 위로 하늘에 있는 것이나 땅 아래 우물 속에 있는 것이나 아무 형상이든지 만들지 말며, 그것들에 절하지 말며, 그것들을 섬기지 말라. 나 여호와 너의 하나님은 질투하는 하나님인즉, 나를 미워하는 자의 죄를 갚되 아비로부터 아들에게로 삼사 대까지 이르게 하려니와, 나를 사랑하고 내 계명을 지키는 자에게는 천 대까지 은혜를 베푸느니라.」

여호와의 이 말은 여호와가 이스라엘 백성을 애굽 땅에서 인도해 낸 다음 노예 신분에서 해방시켜 주는 대가로 주문한, 협박으로 이루어진 요구사항이다. 다른 신의 존재는 인정하면서 신앙은 용납하지 못하는 편협과 차별 정신에서 우리는 독선에 가득 찬 이질감을 깊이 느끼지 않을 수 없다.

서양 사람들이 믿는 신들 가운데 대부분의 중요한 신들은 한국이나 중국, 마야나 잉카, 고시베리아족들의 신화에 등장하는 악신惡神들보다 훨씬 악독하다. 반면 아시아나 아메리칸·인디안 계통 신화의 주신들은 대부분 선하다.

오늘날 지구상의 어느 한 쪽 구석에도 백인들의 발길이 닿지 않은 곳은 없다. 그들은 이르는 곳마다 십자가와 과학을 내세워 그 민족 고유의 신앙과 민속을 몰아내며, 토착민들에게 탈민족, 탈전통의 노예가 될 것을 강요하고 그것을 복음이라고 전하고 있다.

서양 사람들의 머리 속에서 자기 중심적 배타주의와 선민주의는 결코 사라질 수 없는지도 모른다. 그들은 지금도 아메리카 대륙은 콜롬부스가 발견했다는 불합리하고 불평등한 주장을 하고 있다.

마더스 교수는 미국의 브론쿤 산에 있는 산타마리아 계곡에서 지금부터 백만 년 전에 살았던 혈거인의 유적을 발견했다. 혈거인들은 돌막대기라든가 살촉이 달린 화살을 사용했으며, 동물을 사육하고 밭을 갈아 농사를 지었으며, 시체는 미이라로 만들어 천으로 감싸서 돌로 된 관 속에 넣어 안치했다.[13] 니이벤 씨는 멕시코시에서 약 7㎞ 떨어진 알레퓨토라 근방의 샌미겔 아만톨라에서 지금으로부터 2만~5만 년 전의 몽고인 유적을 발견했다.[14]

볼리비아의 잉카 문명은 그 기원을 1만 6천 년 전으로 추정하고 있으며, 그 당시 티아와나코인들은 이미 청동을 사용하고 있었다. 그들은 놀라운 솜씨로 청동을 가공했는데, 그곳에서 출토된 유물은 그 당시 금속의 융해, 주조, 단조, 금속조각, 도금, 상감 그리고 용접 등의 기술이 상당히 발달되어 있었음을 보여준다. 이러한 기술의 일부는 오늘날에도 터득하지 못할 정도이다.[15]

마야에도 세 종류의 문자가 있었으며, 천문학이나 수학에 대한 지식은 당시의 유럽을 능가할 정도였다. 유럽보다 뒤떨어진다고 지적되는 것은 건축술에서 돔형 양식을 개발하지 못한 것뿐이었다.

콜롬부스가 아메리카를 처음으로 발견했다는 서양 사람들의 주장은,

---

[13] 피터 · 콜로시모,《시간이 없는 지구》, 임종한 역, 진현서관, 1979, 18쪽 참조
[14] 제임스 · 처치워드,《태평양에 침몰한 환상의 대제국과 아틀란티스》, 지방훈 역, 부름, 1983.
[15] 앞의 《시간이 없는 지구》 195쪽 참조

역사를 완전히 자기 중심으로 기술하는, 어느 민족이나 저지르기 쉬운 평범한 역사 기술상의 오류를 훨씬 뛰어넘는 것이다. 이런 경우를 통해 서양인들의 사고 속에 감추어진 지극히 위험한 불평등과 차별 의식이 은연중에 폭로된다. 그것은 바로 콜롬부스보다 먼저 아메리카로 건너간 사람들은 사람이 아니라는 논리를 성립시키기 때문이다.

서양 사람들의 이와 같은, 백인이 아니면 사람이 아니라는 사고 방식에 따르면, 그들이 내세우는 자유 · 평등 · 사랑은 모두 백인들만의 것이며, 여타 유색 인종은 사람이 아니기 때문에 평등을 누릴 권리도, 사랑을 하고 받을 자격도 없으며, 심지어는 생존권마저도 가질 수 없게 된다.

맬더스나 다윈이 말한 '적자'는 바로 백인들이며, 유색인종은 '약자'로서 먹이가 되지 않을 수 없다는 생각과 사상을 직접 현실 정치에 옮겨 실천한 사람이 바로 독일의 히틀러였다. 히틀러는 게르만 민족이 살기 위해서라면 다른 민족이 살해되는 것쯤은 당연하다고 생각했다.

한때 백인들은 아메리카 원주민이 사람인지 아닌지를 놓고 논쟁을 벌였다. 이 논란은 선교사들이 새로 발견한 지역의 사람들에게 전도를 해야 할 것인지의 여부를 결정하는 문제였다. 만약 그들이 사람이 아니라면 영혼이 없을 것이며, 따라서 전도할 필요도 없기 때문이었다. 이 논란은 결국 로마 교황이 아메리카 인디언은 사람이라고 말함으로써 일단 해결되었다. 그러나 이러한 결정은 교황의 권한 밖이었으며, 당시 서양 사람들의 정신 상태를 점검할 수 있는 중대한 사건이었다.

서양문화의 특질에서 그들의 과학문화는 중요한 비중을 차지한다. 서양의 과학문명은 서기 전 3~4천 년 전의 수메르에서 기원하여 이집트와 그리스를 거치는 발달과정을 보여 주고 있지만, 이집트나 그리스 시대의 과학적 전통이 오늘날의 서양과학 발전에 직접 영향을 준 것은 아니다.

현대과학이 싹트기 시작한 시기는 문예부흥 이후인데, 우리는 흔히 문예부흥의 고향을 이탈리아로 잘못 알고 있다. 문예부흥이라는 개념을 엄밀히 생각하면 그 고향은 12세기의 스페인이라고 해야 한다. 서양은 중세 암흑시대에 그리스의 고전을 잃어버렸다.

 스페인의 중부, 마드리드의 남쪽, 타호강 근처에 있는 역사의 도시 톨레도는 아랍인이 그리스와 중동, 그리고 아시아에서 가져오는 모든 지식을 유럽으로 나르는 지식의 항구였다. 톨레도의 번역사들은 아랍어나 히브리어로 번역되어 내려오던 그리스 고전을 다시 유럽으로 가져와서 라틴어로 옮겼다. 이때 아르키메데스, 히포크라테스, 유크리트 등이 저술한 그리스 과학서와 아랍 과학의 정수인《알자한》을 번역했다.

 로마의 지배에서 벗어나 자유주의에 휩싸였던 사람들은 호기심이 발동하는 대로 실험을 통하여 자연 속의 비밀을 탐구하기 시작했다. 그렇게 얻은 새로운 지식은 아무나 이용할 수 있도록 공개되었다.

 현대 생활은 과학을 제외하고는 생각할 수조차 없을 만큼 과학은 우리의 생활과 사고의 모든 영역을 지배하고 있다. 예술의 사조도 과학의 이론에 흔들리고 있는 실정이다. 그러나 그 과학의 생사권은 인간이 쥐고 있다. 과학을 어떻게 다루어 나갈 것인가 하는 이 심각한 문제는 오늘날 인류가 해결해야 할 가장 큰 과제로 등장하고 있다. 불행하게도 서양의 문명은 수메르가 마련한 인간이 지켜야 할 윤리, 도덕, 철학, 사회 구조, 종교 등 인간에게 꼭 필요한 것들을 과학을 빼놓고는 조금도 발전시키지 못하고 있다고 지적하는 학자들이 있다.

 서양문화는 새로운 관리자를 찾고 있다. 균형을 잃은 상태를 야만이라고 할 때, 서양의 현대문명은 지나치게 균형을 잃고 있으며, 그들은 그들의 말라버린 정신과 비만한 과학의 불균형 상태를 조화시켜 균형을 유지하는 능력을 상실한 지 매우 오래된 것 같다.

 현대는 좀더 나은 세계를 이룩할 진정한 정신을 필요로 한다. 과학은 수단일 뿐 결코 목적이 아니다. 현대는 먼 미래의 비전을 제시하는 자유의 구가자, 평화의 제창자, 분쟁의 조절자, 발전의 선구자를 기다리고 있다. 우리는 인류가 자동화된 기계적 낙원에 빠져들어 인간끼리의 마음의 통합을 잃고 정신적 지옥에 떨어지기를 바라지 않는다.

이러한 일은 집일執一과 귀일歸一의 진정한 해원解寃·화합 사상과 다물회복多勿恢復의 발전·창조 사상, 그리고 영원한 생명의 장생·장수 사상을 가지고 있는 우리 한국사람만이 담당할 능력이 있는 것이다.

한민족은 과거에 전세계의 인류를 통솔한 경험을 가지고 있는 민족이다. 우리는 과거에 인류문화 담당자로서의 기능과 역할을 훌륭하게 수행했으며, 미래 사회를 구원할 이상과 방법을 가지고 있다.《한단고기》와〈부도지〉가 그것을 증명하고 있다.

3. 대한국사

1) 파미르고원의 마고성 시대

〈부도지〉에서는 후천이 열리기 전에 짐세朕世가 있었으며, 짐세 이전에도 율려律呂가 몇 번 부활했다고 한다. 그리고 짐세가 몇 차례 끝날 무렵에야 마고가 궁희와 소희를 낳았다고 했다. 마고 전설은 우리나라와 중국에 널리 분포되어 있으며, 마고와 궁희, 소희는 모두가 여성으로서 창조적 생산의 기능을 가지고 있다. 한편 궁희는 하늘을, 소희는 땅을 나타내기도 하므로 천공신과 지모신에 비유할 수도 있다.

선천의 시대나 짐세, 그리고 후천개벽의 시대가 정확하게 지금으로부터 몇 년 전이라고 말 할 수는 없으나,《한단고기》의〈삼성기전〉하권에 의하면 우리 민족이 최초로 국가활동을 시작한 곳은 파미르고원이었으며, 그 시기는 1만 년에서 7만 년 전까지 거슬러 올라간다. 이러한 연대는 전前문화시대를 인정하지 않는 한 도저히 받아들일 수 없다.

많은 사람들이 인류의 전문화에 대해 흥미를 갖고 연구하고 있으며 많은 성과를 올리고 있다. 그들은 잃어버린 아틀란티스, 무우, 레무리아 대륙의 유적과 유물을 발굴하기도 하고, 옛 앙카라 대륙과 에리아 대륙, 곤드와나 대륙에서 유물을 찾아내기도 했다. 다윈주의의 정통적인 고전파 사가들은 한사코 이러한 사실을 언급하기를 꺼리지만 일련의 우주고고학자들과 과학자들은 쉬지 않고 활동을 계속하고 있다.

몇 십 년 전에 히말라야의 산기슭에 있는 보히스탄의 동굴에서 천공도天空圖 한 폭이 발견되었다. 이 천공도에는 1만 3천 년 전의 천체의 위치가 그려져 있었는데, 이 천공도가 그려진 곳은 몽고 고비사막의 한복판이라는 사실이 연구를 통해 밝혀졌으며, 1925년에 미국 잡지 《내셔널 지오그래픽》에 소개되었다.[16]

1929년 터키 이스탄불의 토프카피 궁전에서는 양피지 지도 한 장이 발견되었는데, 그 지도에는 터키의 해군제독 피리 이븐 하지맴드의 서명이 있었다. 이 지도는 포르톨라노 해도로 알려진 중세의 항해지도와 비슷하며, 1137년이라는 연대가 적힌 중국제 지도와 같은 기법으로 작성된 것이었다. 그 지도에는 신기하게도 아메리카와 아프리카 대륙이 정확한 경도로 그려져 있었으며, 1818년 이전에는 발견되지 않았던 남극대륙도 있었다. 남극대륙은 남극 해안선의 일부인 크인모드랜드가 얼음으로 덮이기 이전의 모습이었다. 방사선 연대 측정 결과 그곳이 해저로 침몰한 것은 6천 년 전이었다.[17]

수메르의 왕조표는 비록 서기 전 2천 년경의 것이라고는 하지만, 홍수 전의 도합 다섯 개 도시의 여덟 명의 지배자들의 치세 연대를 24만 1천2

---

16. 앞의 《시간이 없는 지구》 참조
17. 앞의 《우주의 역사》 34쪽 참조

백 년으로 기록하고 있다.[18] 학자들은 수메르의 치세 연대를 부정하지만, 전혀 근거가 없다고 단정하기는 어렵다고 본다. 미국의 생화학자 W. M 브라운 교수는 18만 년 내지 36만 년 전에 아시아의 대협인大俠人이 황색, 백색, 흑색 인종의 조상이 되었을 거라는 가설을 내놓았다.[19]

마고성은 구 대륙의 심장부인 파미르고원에 있었다. 파미르고원은 동북으로 천산산맥을 통하여 알타이산맥에 이어지고, 동남으로는 곤륜산맥과 히말라야산맥을 통하여 중국·인도대륙과 접하며, 서남으로는 슬라이만 산맥과 이란 고원을 통하여 메소포타미아에 연결되고, 북쪽으로는 아랄해, 발라시호, 카스피해와 키르키즈 초원에 닿아 있다.

마고성은 지상에서 가장 높은 성이었으며, 천부를 받들어 선천을 계승했다. 과연 마고성은 전문화를 계승하여 동서 후천 4대 고대문명을 열어 준 정치의 중심지요 종교의 메카였는가?

마고성의 시원성始原性을 〈부도지〉는 아래와 같이 전하고 있다.

「후천의 운이 열렸다. 율려律呂가 다시 부활하여 곧 향상響象을 이루니, 성聲과 음音이 섞인 것이었다. 마고麻姑가 실달대성을 끌어당겨 천수의 지역에 떨어뜨리니 실달대성의 기운이 상승하여 수운의 위를 덮고, 실달의 몸체가 평평하게 열려 물 가운데 땅이 생겼다. 땅과 바다가 나란히 늘어서고 산천이 넓게 뻗었다. 이에 천수의 지역이 변하여 육지가 되고, 또 여러 차례 변하여 수역水域과 지계地界가 다 함께 상하를 바꾸며 돌므로 비로소 역수曆數가 시작되었다.」[20]

이와같이 열린 마고성의 후천 세계는 세월이 흘러 열두 개 파를 형성했으며, 인구가 증가하여 각 파마다 3천 명이 되었다고 했다. 인구의 증가는 이동을 불가피하게 했다. 식량 부족으로 오미의 변을 일으킨 열두

---

18. 《대세계의 역사》, 삼성출판사, 1982, 210~211쪽 참조
19. 김상일, 《한철학》, 전망사, 1983, 102쪽 참조
20. 〈부도지〉 3장 참조

개 파는 네 파로 나뉘어 이동을 시작했다. 청궁씨는 동쪽 운해주로, 백소씨는 서쪽 성생주로, 흑소씨는 남쪽 월식주로 떠났으며, 황궁씨는 스스로 고난의 길을 택하여 북쪽의 천산주로 옮겼다.

마고성에서의 출성出城은 낙원의 상실이었다. 마고는 궁희·소희와 함께 지소씨족이 파괴한 성을 보수하여 성내를 청소하고, 성을 허달성 위로 옮겼다고 했다. 이때 청소한 물이 홍수가 되어 동쪽의 운해주를 크게 부수고 남쪽의 월식주 사람들을 많이 죽였다고 했다. 에덴동산의 실락원 기사와 전세계에 분포되어 있는 홍수전설은 마고성에서 유래한 것일까?

영어로 낙원을 뜻하는 '파라다이스paradise'는 '네모난 모양의 성'이라는 뜻이 있다. 이집트어에서 '궁성'이나 '대저택'의 뜻을 가진 '페로per-o'는 '파라오pharaoh'와 '피라미드pyramid'라는 말을 낳았으며, 고대 페르시아어에 가장 가까운 아베스타어에서는 담으로 둘러싸인 성을 '파이리다에자pairidaeza'라고 했다. 이 파이리다에자는 메소포타미아의 해 뜨는 동쪽 이란에 페르시아라는 국명을 남겼으며, 한국에서는 평나平那, 백악白岳, 평양平壤, 불내不耐, 부악負嶽, 북악北岳이라는 'ㅍ' 음을 가진 말이 되었다.[21] [p]음은 파미르에서 유래된 것이 아닐까?

서기 전 3~4천 년경에 거의 동시에 나타난 메소포타미아, 이집트, 인도, 중국 문명과 그 후에 나타난 마야·잉카 문명은 많은 공통점이 있다. 그들은 거의 같은 주제와 소재의 신화와 전설을 남겼으며, 많은 학자들이 그들의 신앙과 민속이 서로 통함을 시인한다. 특히 메소포타미아와 고대 이집트, 인도 문화가 서로 연계되어 있다는 사실을 부인하는 사람은 거의 없다.

황하의 채문 토기와 검은 토기는 터키 아나우의 채문 토기와 타이 반치엔의 검은 토기와 관계가 있으며, 영국의 스톤헨지와 프랑스 카르나

---

21. 송호수, 《민족 정통 사상의 탐구》, 주간시민사, 1978.

크의 열석이 한국의 지석묘와 참성단, 열석, 방형 계단식 고구려 고분이나 인도네시아의 지석묘, 이스터섬의 거석, 메소포타미아의 지구라트와 멕시코와 이집트의 피라미드와 하나의 사상으로 서로 연결되어 있음을 발견하게 될 것이다. 구대륙과 신대륙의 피라미드는 기능과 양식에서 동일하며, 빗살무늬토기와 세소석기는 동과 서를 하나로 묶고 있다.

2) 황궁씨와 유인씨의 천산주 시대

황궁씨는 마고성 복본의 책임을 지고 천산주에 정착했다. 복본은 고구려어로 '다물' 이며, '다물' 은 '회복' 의 뜻이 있다. 황궁씨는 천산주에 도착하자 오미의 화를 없애고 복본할 것을 다시 한 번 서약했으며, 종족들에게도 수증修證[22]에 전념하도록 일렀다. 황궁씨는 큰아들 유인씨에게 명하여 내부의 일을 맡아보게 하고, 둘째와 셋째 아들에게 운해주와 월식주 및 성생주를 순행하게 했다. 황궁씨는 마고성의 낙원을 되찾기 위해 천산에 들어가서 돌이 되었으며, 그 돌은 길게 소리를 내어 기후를 회복하고 사람들에게 밝은 마음을 갖게 했다.

황궁씨가 천산에 들어가 돌이 되자 유인씨가 천부삼인을 이어받았다. 천부삼인은 천지 본음의 상징이었으며 근본이 하나임을 알게 하는 것이었다. 유인씨는 천부를 한인씨에게 전하고 산에 들어가 계불禊祓을 닦으며 나오지 않았다.

3) 한인씨의 적석산 시대

유인씨가 산에 들어가 나오지 아니하고 계불을 전수하므로, 한인씨가

---

22. **수증** 이치를 바르게 밝힘

천부삼인을 이어받아 인세를 증리했다. 한인씨는 청해성에 있는 적석산에서 등극했다. 이 때의 일을《한단고기》는 아래와 같이 전하고 있다.

「이 때에 만방의 백성이 기약도 없이 모여든 사람이 수만이었다. 무리가 스스로 춤추며 돌고, 인하여 한인을 추대하여 한화桓花의 아래 적석積石의 위에 앉게 하고 늘어서서 절하였다. 경축하며 부르는 만세 소리가 넘쳐흘렀다. 돌아가는 자가 시장市場과 같았다. 이가 인간 최초의 두조頭祖이다.」[23]

마고성의 종주족인 황궁씨족이 천산주 시대를 지내는 동안, 그들은 청궁씨족과 합류하여 적석산 시대를 열었을 것으로 추정된다. 황궁씨는 둘째와 셋째 아들을 시켜 모든 주를 순행하게 하여 항상 근본이 하나임을 깨닫게 했다고 하며, 이러한 순행 제도는 한웅과 단군 시대를 거쳐 신라에까지 전해졌다고〈부도지〉는 밝히고 있다.

한인씨가 청궁씨족과 합류하여 적석산에서 등극한 시기는 대략 서기전 7199년이 될 것이다.《한단고기》가 말하는 한국의 역년 3,301년 혹은 63,182년 중 3,301년은 한인씨 시대에, 63,182년은 천산주와 마고성 시대의 역년으로 보는 것이 더 논리적이라고 생각된다.《단서대강檀書大綱》은 한국의 역년을 7세卅 4,320년이라고 했다.

파미르고원의 마고성 시대와 천산주와 적석산의 한국 시대의 국가 제도는 영토와 분국分國과 직위에 따른 계급제도와 율령을 고루 갖추고 있었으며, 성내 거주자와 성외 거주자의 구별이 있었던 것 같다.

마고성에는 음상과 향상, 또는 율律과 여呂를 맡은 사람들이 따로 있었다고 했다. 이 말은 음악과 수학의 발달을 뜻한다. 음의 장단은 수치의 크기와 장단에 관계된다.《천부경》처럼 고도로 발달된 사상을 담고 있는 경전이 이미 한국 시대에 있었다는 점, 그리고 산동성의 무씨사당武氏

---

23. 앞의《주해 한단고기》136쪽 참조

祠堂에 새겨진 복희가 들고 있는 곡척曲尺이나 《삼일신고》에 나타나는 ○·□·△형의 도상과 《산해경》에 등장하는 신들이 가지고 있는 각종의 도량형들은 이와 같은 사실을 뒷받침하고도 남음이 있다.

피타고라스 이전에도 메소포타미아에는 삼각형에 대한 정의가 250개 가량이나 있었다고 하며, 피타고라스는 수학과 음악을 분리하지 않은, 신비에 싸인 학자였다고 한다.

수학과 음악의 발달은 곧 역의 발달을 의미하기도 한다. 고대에 역학은 모든 학문의 기초였으며, 통치상 불가결한 것이었다. 역에 따라 날짜를 정하여 일을 시키고 그 일에 대한 대가를 지불해야 했다. 역은 산업의 발달과 세금의 징수와도 깊은 관계를 가지고 있다. 지금까지 바빌로니아에서 시작되었던 것으로 알려졌던 칠회력七回曆이 신시 배달국에서 통용되고 있었다는 사실을 우리는 눈여겨보아야만 한다.

마고성에는 금찰禁察의 법이, 한국에는 오훈이 있었다고 했는데, 이와 같은 율령들은 후세 배달의 오사五事와 무여無餘의 법에, 그리고 단군 시대의 유중유일唯中唯一의 법과 금팔조禁八條 및 구서九誓 등으로 이어졌다.

문자가 없었거나 문자가 있어도 보급하기 어려웠던 시대에는 통신이나 통치의 수단으로 집회를 이용했다. 이 집회는 정보를 교환하고 명령을 전달할 수 있었을 뿐만 아니라, 물량을 교환하고 조상에 대한 제사를 행함으로써 구성원에게 공동체의식을 심어 주어 국론의 통일을 가져오는 효과도 있었다.

한인씨가 등극할 때도 많은 사람들이 마치 제시에 모인 군중들처럼 운집했다고 했는데, 단군도 신시와 조시와 해시를 열어서 무역을 증진하고 정보를 교환했으며 같은 뿌리임을 깨우쳐 주었다고 했다.

후대에 박혁거세는 이러한 제도를 본받아 지금의 남태백산에 소부도를 건설하고 대구에서는 조시를, 울산의 율포에서는 해시를 열었다고 했다. 신시·조시·해시를 열겠다는 소식을 알리는 통신수단으로 단군은 뗏목에 글자를 새겨 멀리 있는 여러 종족들에게 띄워 보냈다고 했다. 나무에 글자를 새겨서 소식을 알리는 방법은 신라 때까지도 전해졌다.

고대국가의 성립요건은 합법적인 무력 사용과 중앙집권화한 관료체제에 바탕을 두고 있으며, 그 외에 율령, 장거리 무역, 계급의 분화, 전문화한 기술과 직업, 세금의 징수, 병역의 의무, 야금술[24] 등도 국가의 성립을 정의하는 데 없어서는 안 될 요소라고 한다. 덧붙여 성채와 도시의 발달도 들고 있으나, 위에 든 조건들이 한꺼번에 모두 갖춰져야 된다는 것은 아니다.

아메리카 인디언이 이룩한 안데스 고원의 문명은 도시가 없는 문명이었다. 높은 산 위에 건설된 성과, 성에서 멀리 떨어진 농촌으로 이어진 국가였으며, 문자를 사용하지도 않았고, 설령 문자를 사용했다 하더라도 숫자를 표시하는 몇 가지 기호만 있었을 뿐이다.

청동기 시대에 이르러서야 고대국가가 나타난다는 이론도 지금은 생명력이 없어졌다. 남미의 티아와나코에서는 지금부터 1만 6천 년 전에 이미 청동기 시대를 맞고 있었음을 우리는 알고 있다.

《한단고기》는 한국에 열두 개의 분국이 있었다고 했는데, 그 국명은 아래와 같다.

비리국卑離國, 양운국養雲國, 구막한국寇莫汗國, 구다천국句茶川國, 일군국一群國, 우루虞婁 또는 필나국畢那國, 객현한국客賢汗國, 구모액국句牟額國, 매구여賣句餘 또는 직구다국稷臼多國, 사납아국斯納阿國, 선비국鮮卑國 또는 시위국豕韋國 또는 통고사국通古斯國, 수밀이국須密爾國.

한국의 상대사를 이해하는 가장 가까운 지름길은 고대 한국인의 정신을 이해하는 데 있다. 역사는 인간 활동의 기록이요, 인간의 활동은 정신에서 나오기 때문이다.

---

24. 야금술 광석에서 쇠붙이를 골라내거나 합금을 만드는 일

파미르고원의 마고성을 떠난 한국인들은 그들의 지상 목표를 마고성을 회복하는 일에 두고 있었다. 땅에서 솟아나는 젖을 마시며 사는, 미움과 고통이 없는 세계, 모든 사람의 품성이 순수하고 곧아서 능히 조화를 알며, 혈기는 맑고 귀에는 오금烏金이 있어 천부의 음을 들을 수 있는 사람들이 사는 세계, 마음대로 걷고 뛰고 오갈 수 있는 사람들, 성체性體를 보전하여 영혼의 의식(魂識)이 일어남에 따라 소리를 내지 않고도 말하고, 때로 백체魄體가 움직여 형상이 없으나 행동하여 몸을 지기地氣의 가운데에 띄우고 영생을 누리는 사람들.

그들은 지소씨가 포도를 따먹고 지소씨의 족속들이 성곽 밑을 파헤치며 성을 파괴함으로써 이 모든 것을 잃었기에, 잃어버린 낙원을 회복하는 일에 온갖 정성을 쏟았다. 이 잃어버린 성과 잃어버린 본성을 찾는 일을 고대 한국인은 '다물' 곧, '복본'이라고 표현했으며, 그것은 바로 복낙원을 의미했다.

이와같이 낙원을 회복하기 위하여 황궁씨는 스스로 돌로 변하여 음音을 내어 수증했으며, 유인씨와 한인씨도 황궁씨를 이어받아 복본에 전념했다. 홍익인간이나 재세이화, 개천 등의 의미도 이러한 사상적 바탕 위에서만 그 뜻이 명확하게 드러난다.

단군은 마고성을 본따서 부도를 건설했으며, 고주몽은 다물을 연호로 하여 국력의 회복에 혼신의 노력을 기울였는가 하면, 박혁거세는 부도를 본받아 소부도를 건설했다. 신라 효공왕 때 박문현은, "옛날의 조선은 곧 온 천하의 공도公都요 한 지역의 봉국이 아니며, 단씨의 후손들은 즉 모든 종족들의 심부름꾼이요 한 임금의 사사로운 백성이 아니다."[25]라고 외친 바 있다. 이 얼마나 당당한 주장인가!

---

25. 〈징심록 추기〉 7장 8절 참조

4) 한웅씨의 태백산 시대

이 시기는 서기 전 3898년 10월 3일 한웅 천왕이 태백산에서 개천한 이후 서기 전 2333년 단군왕검이 조선국을 개국할 때까지의 18대 1565년 간을 말한다. 이 시기는 전기와 후기로 나눌 수 있다. 전기는 13대 사와라 한웅까지의 1191년 간이며, 후기는 치우 천왕이 등극한 서기 전 2707년부터 서기 전 2333년까지의 374년 간이다.

한웅 천왕은 개천하여 배달국을 세웠다. 우리가 기념하는 개천절은 단군왕검이 조선국을 개국한 날일 뿐 한웅 천왕이 개천한 날은 아니다. 한웅 천왕은 이보다 1565년이나 앞서 태백산에서 개천했다. 또 《단서대강》에서는 한인씨가 개천하였다고 했다.

'개천'은 개토開土와 개인開人이라는 말과 함께 생각해야 한다. 《한단고기》는 '개천지생開天知生, 개토이생開土理生, 개인숭생開人崇生'이라 하여 개천과 개토와 개인을 함께 다루고 있다. 개천이라는 말은 '처음으로 하늘을 연다'는 뜻이 아니다. 한웅 천왕 이전에 하늘은 이미 열려 있었다. 한웅 천왕에 있어서의 개천은 천리에 따라 생명을 확인하는 것이었다. 지생知生으로 확인된 생명은 합당 여부를 증리해야 했으며, 증리된 생명은 하늘과 사람이 동체가 되므로 숭상하지 않을 수 없게 된다.

생명을 알고 생명을 증리하고 생명을 숭상하는 것, 그것은 모두 넓은 의미의 개천이었다. 개천은 신천지의 도래요, 다물이며 복본이었다. 개천 사상은 바로 '집일함삼執一含三'이나 '회삼귀일會三歸一' 등 화합과 발전, 개벽과 창조, 자유와 평등을 의미한다. 지금까지 우리 민족을 지켜온 불굴의 투혼은 이러한 한국민의 창조적 개천인 다물정신에서 유래했다고 할 수 있을 것이다.

배달국 시대에는 문화가 급진적으로 발전했다. 기록에 의하면, 문자 창제, 목축 및 농업 생산의 증가, 혼취법 제정, 군사제도 확립과 야금술의 발달로 인한 병기 제작, 역법 제정 등 실로 눈부신 발전을 이룩했다. 또 여러 명의 학자들의 이름도 전하고 있는데, 복희와 자부 선생은 그 중 대표적인 인물이다. 이들은 천문, 역학, 논리, 종교 이론을 전개하여 사회 발전에 공헌했다.

한웅 천왕은 중원 대륙의 태백산에서 개천했다. 이 일대는 흑산黑山과 백수白水 지역이라 하여 한인씨가 동남과 동녀 8백 명을 이끌고 하강했던 곳이기도 하며, 한인씨가 등극했던 적석산과도 멀지 않다. 한민족은 이곳에 한수, 천수, 강수, 흑수 등의 강 이름과 적석산과 태백산이라는 산 이름을 남겨놓았다. 강수는 태백산 아래의 기수岐水를 말하며, 흑수는 양자강의 상류다.

치우씨는 강수에 살면서 아들을 두어 모두 강씨가 되었다고 하고,[26] 안부련 한웅安夫連桓雄(서기 전 3240~3168)의 말에, 소전이 명을 받들어 강수에서 군사를 감독했는데, 그 아들 신농이 일찍이 백초로 약을 만들었다고 했으며, 웅씨의 땅을 나누어 소전이라 하였다고 했다.[27] 〈부도지〉에 따르면 단군도 처음에 이곳 태백산에 도읍을 정하고 신시와 조시와 해시를 베풀었으나 후에 도읍지를 옮긴 것으로 되어 있다.

우리 민족이 최초로 국가 활동을 시작한 곳이 파미르고원이었으며, 파미르고원을 떠나 천산으로, 다시 천산에서 적석산으로 이동한 것이 밝혀진 이상 한웅이 개천한 곳을 지금의 백두산으로 보기는 어려울 것으로 생각된다. 백두산은 후대에 와서 숭앙하던 우리 민족의 영산으로 보아야 할 것이다.

한웅 천왕은 등극하자 신료제도臣僚制度를 정비하여 국민들의 생활안정에 주력했다. 고시씨는 농공을 관장하여 농업과 주야鑄冶[28] · 조선造

---

26. 앞의 《주해 한단고기》 157쪽 참조
27. 앞의 《주해 한단고기》 167~168쪽 참조
28. **주야** 주조술과 야금술

船·조차造車의 임무를 맡았으며, 풍백 석제라釋提羅는 벌레 및 짐승이나 자연의 재해로부터 백성을 보호했고, 양사兩師 왕금王錦은 주택과 목축의 일을 맡았다. 운사 육약비陸若飛는 혼취법婚聚法과 무여無餘의 법 등을 실시하여 사회기강을 확립했으며, 신지 혁덕은 문자를 정비하여 경전을 편찬하고, 치우[29]는 군대를 편성하여 치안과 국방을 담당했다.

한편 의약술도 발달하여 백성을 질병에서 구했으며, 소도를 중심으로 제천행사를 하여 근본에 보답하는 아름다운 정신을 기르고, 교육을 실시하여 온 천하의 모든 주州를 순방할 인재를 양성하여 분거한 백성들에게 같은 뿌리임을 일깨워 주었다. 또 역을 정하여 천문·지리를 술회하고, 경을 강하여 학문과 종교를 진흥했으므로 백성들은 지치지악至治至樂의 시대를 맞이하게 되었다.[30]

5대 태우의 한웅(서기 전 3512~3418)의 12번째 아들 태호 복희는 당시의 석학이었다. 그는 천부의 유의遺意인 한역桓曆을 정리하여 희역羲曆을 만들었다. 어느 날 몸에 삼신이 강령하여 온갖 이치를 꿰뚫어 알고, 삼신산에서 하늘에 제사드린 후 천하天河에서 괘도를 얻었는데, 환위추리換位推理하면 변화가 무궁했다고 한다. 복희의 역은 허실 또는 허조동체虛粗同體의 삼신 또는 〈부도지〉의 허실 기화수토설에서 유래된 것이다.

기氣는 삼신일체의 일신一神이며, 기氣 즉 허虛는 조粗와 동체이고 태극이다. 태극은 양의兩儀를 낳고, 양의는 사상四像을 낳고, 사상은 팔괘八卦 육십사효六十四爻를 낳았다고 했다.

복희는 6대 다의발 한웅(서기 전 3419~3322)의 명을 받아 수인燧人을 정벌하고 서비西鄙 남족藍族 땅의 군주가 되어 백성들을 복되게 했다. 그

---

29. **치우** 14대 자오지 한웅은 그 후손이다.
30. 앞의 《주해 한단고기》, 〈신시 본기〉 및 〈부도지〉 제11장 참조

뒤 복희가 쇠하자 공공工共이 난을 일으키므로 여와가 그를 멸했다.

10대 갈고 한웅(서기 전 3071~2972)은 신농의 나라와 경계를 정하였다고 했다. 신농은 유웅국의 군주인 소전의 아들로 여와가 쇠하는 것을 보고 중토中土에 들어가 여와를 대신하여 군주가 되었다. 그러므로 신농은 그 성을 강씨라고 했다.

이보다 먼저 한웅 천왕은 개천 초에 웅족을 접했는데, 8대 안부련 한웅(서기 전 3240~3168)이 소전을 강수로 보내 군사를 감독하게 했다. 소전은 신시의 소국 군주로 그 호를 세습했으며, 여와의 딸 안등과 결혼하여 아들 둘을 낳았는데 그 장남인 신농이 여와의 뒤를 잇게 되었다. 소전의 차남 역시 호를 소전이라 하고 유웅국의 대를 이어 후에 성을 공손이라고 했다. 중국 교과서에서 그들의 시조로 받들고 있는 황제 헌원은 바로 이 공손의 후손으로, 뒤에 성을 희로 고치고 한족의 시조가 되었다.[31]

치우 천왕도 한인씨나 한웅씨처럼 삼신복본사상에 입각하여 흩어진 민족의 재결합에 전력을 다했다. 치우 천왕은 백성과 더불어 호족의 지역을 나누어 다스리고, 황하 이북의 하삭에 의거했다. 치우 천왕은 지금의 산서 대동부 지역을 공략하고, 연이어 출전하여 한꺼번에 아홉 명의 제후를 굴복시킨 다음 섬서성에 있는 양수로 출진하여 복희 이후 700여 년 간 후국으로 있던 유강의 유웅국을 병합했다. 치우 천왕은 이 해에 모두 12제후국을 정벌하여 중원을 재통합하는 데 성공했다. 이 때 창힐, 대요, 복희의 대를 이은 유강, 소전, 소호, 반고의 잔당 공공, 중토웅국의 헌원이 모두 평정되었다.

치우 천왕은 기주와 연주, 회대가 모두 점거되자 탁록에는 성을, 회대

---

31. 안호상,《한웅과 단군과 화랑》, 사림원, 1985, 21~40쪽 및 앞의《주해 한단고기》,《단서대강》,《한단유기》참조

에는 집을 지어 살게 했다. 치우 천왕의 능은 산동 동평군 수장현의 궐향성에 있는데, 그는 배달국 18명의 한웅 중 제14대 자오지 한웅이다. 서기전 2707년에 등극하여 2599년까지 109년 간 한웅의 자리에 있었다.

치우 천왕은 중국의《사기》에서 머리는 구리에 몸은 쇠요, 쇠와 모래를 먹고, 산과 강의 형태를 마음대로 바꾸며, 안개를 일으킬 수 있는 능력을 가진 괴물이라고 표현할 만큼 무예와 용맹이 뛰어난 장군이었다. 산동성에 있는 한漢 시대의 무씨사당 화상석에는 괴물로 표현되어 있는데, 이것은 치우 천왕이 처음으로 갑옷과 투구를 만들어 썼으며, 호시[32]와 대궁大弓, 비석박격기飛石迫擊機[33] 등을 개발하여 사용했으므로 중국인들이 그것을 알지 못하고 괴물로 표현한 것뿐이다.

《산해경》에서는 초점을 바꿔 달리 표현하고 있다.

「대황의 동북쪽 모퉁이에 흉려토구라는 산이 있다. 응룡이 남쪽 끝에 사는데 치우와 과보를 죽이고 다시 하늘로 올라가지 못했다. 그리하여 하계에 자주 가뭄이 들었는데, 가뭄이 들 경우 응룡의 모습을 만들면 큰 비가 내렸다.」[34]

「대황의 한가운데에 성도재천이라는 산이 있다. 두 마리의 누런 뱀을 귀에 걸고 두 마리의 누런 뱀을 손에 쥔 사람이 있는데 이름을 과보라고 한다. 후토后土가 신을 낳고 신이 과보를 낳았다. 과보가 자신의 힘을 헤아리지 아니하고 해(日)를 쫓아가려고 하다가 우곡에 이르렀다. 황하를 마시려 했으나 양에 차지 않아 대택大澤으로 가려 했는데, 도착하기도 전에 이곳에서 죽었다. 응룡이 치우를 죽이고 난 후에 또 과보를 죽이고 남방으로 가서 살았기 때문에 남방에는 비가 많다.」[35]

---

32. **호시** 나무화살
33. **비석박격기** 돌을 탄환으로 쏜 박격포
34. 정재서,《산해경》, 민음사, 1985, 285쪽 참조
35. 앞의《산해경》313~314쪽 참조

이에 대하여 중국의 신화학자 원가는, 치우와 과보는 둘 다 염제의 후예이고, 황제와 염제가 싸울 때 치우가 염제의 원수를 갚기 위하여 군사를 일으키고, 또한 과보가 이어 가담했다가 패전하여 피살되었다고 한다. 또《사기》에는 황제가 응룡을 시켜 흉려곡에서 치우를 죽이게 하였다고 했으나, 이것은 모두 중국인들의 위국휘치爲國諱恥[36]의 사관에서 나온 것으로, 치우천왕을 군사적·도덕적으로 매도하여 자기들의 정당성과 정통성을 과시하려는 역사 조작 행위에 불과하다. 응룡이 치우를 죽일 수 있었다면 그가 남쪽으로 가버릴 아무런 이유가 없다. 기록과는 반대로 응룡은 치우와 과보에게 패하여 남쪽으로 도망가서 돌아오지 못했다.

《사기》에 헌원의 처지를,「산을 헤쳐 길을 내어도 편안하게 살지 못하고, 탁록涿鹿河에 읍邑을 정하고 이리저리 쫓겨다니느라 정한 곳이 없었으며, 군사를 시켜 영營을 지키게 하였다.」고 했는데, 이것만 보아도 헌원의 처지가 어떠했는지 알 수 있다. 과보는 바로 이족夷族 즉, 한족桓族을 가리킨다.

5) 단군시대

가. 전기 단군조선 시대

마고가 파미르고원에서, 황궁씨가 천산에서, 한인씨가 적석산에서, 한웅씨가 태백산에서 각각 국가 활동을 했으니, 천해와 금악과 삼위와 태백은 본래 구한의 것이요, 중원 대륙이 우리 민족의 옛 땅이었음은 다시 말할 필요가 없겠거니와, 치우 천왕이 헌원의 뿌리를 완전히 제거하지 못하고 도중에 서거하여, 후에 요가 일어날 소지를 남겨놓은 것은 애

---

36. 위국휘치 나라를 생각하여 역사의 수치스러운 부분을 숨겨 역사를 왜곡함.

석한 일이었다.

단군은 참으로 위대한 능력을 가진 정치가였다. 단군은 신념에 찬 활동가였으며, 긍지와 덕을 겸비하고, 대회복大恢復을 몸소 실천하여 아시아 동부 대륙 전체를 통일했으며, 일본과 동남 아시아 지역을 포함하는 세계 역사상 전무후무한 대국을 건설했다. 단군은 소아시아와 인도에 분거한 백소씨와 흑소씨의 족속과도 연락하여 같은 뿌리임을 일깨웠으며, 이집트에까지도 문화적 영향력을 행사했다. 단군은 마고성에서 분산한 네 부족 열두 개 파의 모든 종족들과 연락하여 태백산에 세계의 공도 즉, 부도를 건설했다.[37]

단군의 아버지는 18대 거불단 한웅居弗檀桓雄 즉 단웅이었으며, 어머니는 웅씨 왕녀였다. 서기 전 2370년 5월 2일에 단수 아래에서 태어났다고 했다. 단군은 14세 갑진년(서기 전 2357년)에 웅씨국의 비왕裨王[38]이 되었으며, 서기전 2333년 태백산에 부도를 세우고 조선국을 건국했다. 비왕에 24년, 단군으로 93년 간 재위했다.[39]

단군의 건국 당시 상황을 〈부도지〉는 아래와 같이 쓰고 있다.

「한웅씨가 임검씨를 낳으니 때에 사해의 여러 종족들이 천부의 이치를 익히지 아니하고 스스로 미혹에 빠져 세상이 고통스러웠다. 임검씨가 천하에 깊은 우려를 품고 천웅의 도를 닦아 계불의식을 행하여 천부삼인을 이어받았다. 갈고, 심고, 누에를 치고, 칡을 먹고, 그릇을 굽는 방법을 가르치고, 교역하고 결혼하고 족보를 만드는 제도를 공포했다.

임검씨가 뿌리를 먹고 이슬을 마시므로 몸에는 털이 길게 자랐는데, 사해를 널리 돌아다니며 여러 종족들을 차례로 방문하니 백 년 사이에 가지 않은 곳이 없었다. 천부를 비추어서(照證) 수신修信하고 미혹함을

---

37. 〈부도지〉 12~16장 참조
38. **비왕** 왕을 도와 정사를 보는 직함
39. 앞의 《주해 한단고기》 152 쪽 및 〈부도지〉 15장 참조

풀고 근본으로 되돌아 갈 것(解惑復本)을 맹세하며 부도를 건설할 것을 약속하니, 이는 지역이 멀고 소식은 끊어져서 종족들의 언어 풍속이 점차 변하여 서로 달라졌기 때문에, 함께 모여 서로 돕고 화합하는 자리에서 천부의 이치를 익혀 분명하게 알게 하기 위함이었다.

이것은 후일 한 달에 한 번씩 모여 배우고 익히는(會講) 실마리가 되니, 사람들의 일이 번거롭고 바빠 익히지 않으면 (천부의 이치를) 잊어버리기 때문이었다.」[40]

단군이 사해를 방문하여 여러 종족들에게 부도 건설을 약속했다는 점에 주의해야 한다. 이것은 홍익인간 정신의 한 면을 나타내기 때문이다. 약속대로 단군은 동북 자삭磁朔의 방향에 부도를 건설했다. 그곳은 2·6이 교감하는 핵核을 품은 지역이요, 4·8이 상생하는 결과의 길지였다.

단군은 곧 태백산 정상에 천부단을 짓고 사방에 보단을 설치했다. 보단 사이에는 세 겹의 물길을 내어 통하게 했으며, 좌우에는 각각 관문을 설치했다. 이것은 마고의 본성을 본뜬 것으로, 부도의 아래쪽에는 마을을 만들었다. 웅려하고 광명한 부도는 사해를 두루 어우르기에 충분했으며 여러 종족들의 생맥生脈이라고 했다.[41]

이와같이 웅장한 규모로 건설된 부도는 황궁씨의 후예 6만이 이주하여 지키고, 곧 나무를 베어 뗏목 8만을 만들어서 신부信符를 새겨 천지天池의 물에 띄워 여러 종족들을 초청했다. 이렇게 하여 운집한 종족들은 신시를 열어 계사禊事를 지내고 제천한 후에, 계보를 밝히고 말과 글을 정리했다.[42]

단군은 또 태백산 아래 예禮와 양陽이 교차하는 중심지에 조시를 설치하고, 양자강 주변의 팔택 지역에 해시를 열어 매년 10월에 조제朝祭를

---

40. 〈부도지〉 12장 참조
41. 〈부도지〉 13장 참조
42. 〈부도지〉 14장 참조

행하여 산악 종족들과 해양 종족들의 화합을 도모했으며 같은 뿌리임을 강조했다.⁴³

단군이 도읍한 태백산은 지금의 백두산이 아니라 섬서성에 있는 태백산이다. 단군이 이곳에 도읍을 정한 데는 많은 이유가 있었겠지만 태백산이 옛 한웅 천왕의 도읍지였다는 것이 가장 큰 이유였을 것이다. 단군은 뒤에 도읍지를 동쪽으로 옮겼는데, 〈부도지〉에 따르면 요의 습격 때문이었다.

요는 천산의 남쪽에서 일어났다. 1차로 마고성을 나간 지소씨의 후예로 우리의 제시에 왕래하며 서보西堡의 간干에게 도를 배웠다고 했다. 요는 오행의 법을 만들고 스스로 제왕의 도를 주장했다. 이와같은 요의 배신을 당시의 지사志士 소부와 허유는 심히 꾸짖고 비난했다. 요는 묘족을 축출하고 단군이 순행하는 기회를 이용하여 부도를 습격한 후 당도를 세워 부도와 대립했다.

《세가보世家譜》는 단군의 도읍지를 태백산 즉 지금의 백두산 아래라 하고, 23년 경인년에 평양 즉 지금의 만주 요양 또는 봉황성 개평현으로 옮겼다고 했다. 태백산을 백두산으로 본 것은 옳지 않은 듯하나, 도읍을 옮겼다는 기록은 〈부도지〉와 일치한다.⁴⁴

1952년에 《홍익대전弘益大典》,《천정연감天正年鑑》,《한단세감桓檀世鑑》, 《단서대강檀書大綱》,《개천연감開天年鑑》등을 저술한 심당心堂 이고선李固善은 그의 저서《단서대강》에서 1세 단군을 세 사람으로 나누어 기술했다.

「1세 단제는 천일天一 태제泰帝로 성姓은 한씨桓氏요 휘諱는 인仁이다. 2세 단제는 지일地一 홍제洪帝로 휘는 웅雄이다. 3세 단제는 태일太一 성제聖帝로 휘諱는 검儉이라 한다. 1세 단제가 천평 백악에서 등극하였으며, 3

---

43. 〈부도지〉 15장 참조.
44. 서계수,《세가보》한국 단군편, 1939

세 단제는 태백산 아래 천평에 도읍을 정한 후 경인(서기 전 2311년)년 단군 23년에 도읍을 길림성의 서부로 옮기고 평양이라고 하였다.

(경인 23년 제가 길림성에 서부로 서울을 옮겼다. 이를 평양이라 하고 국호를 조선으로 고쳤다. 평양 즉 부여는 태백산의 서남쪽 땅에 있다. 이것이 평양성 즉 옛날의 속말수이며 지금은 발해의 현덕부이다. 庚寅 23 年 帝 移都 于吉林省之西部, 稱曰平壤, 改國號曰朝鮮, 平壤卽扶餘 在太白山之西南地, 是 爲平壤城卽古之粟末水 今渤海之顯德府也)」고 했다.[45]

초당樵堂 강국선姜國善(1848~1894)이 추려 옮긴 《한단유기桓檀留紀》에 도 역시 「경인년에 도읍을 길림의 서쪽 평양으로 옮겼다(庚寅之年 移都于平壤(吉林之西))」[46]고 하여, 위에 든 세 가지 책이 다 같이 단군 23년(경인년)에 도읍을 옮겼음을 밝히고 있다. 또 《단서대강》은, 요가 서기 전 2357년에 내침하고 2353년에 다시 침략하므로, 단군이 신단현으로 피했다고 했으며, 2334년에도 군사적 충돌이 있었다고 썼다.

단군의 첫 도읍지는 섬서성 태백산이었음이 분명하다. 단군은 호남성을 흘러 동정호에 들어가는 예강과, 섬서성 영강현에서 발원하여 호북성을 관류하는 양자강의 지류인 한수의 북쪽 한중 즉, 양이 교차하는 중간 지점인 무산 근처에 조시를 설치하고 양자강 좌우에 있는 팔택 지역에는 해시를 열어 조제를 행했다.

순행 중 도읍을 요에게 빼앗긴 단군은 동쪽으로 도읍을 옮긴 후 실토 회복에 나서, 서쪽으로 돈예豚芮를 정벌하고 남으로 회대를 평정했으며, 유호씨를 보내 요를 깨우치게 했다. 유호씨는 《단기고사》에서 말하는 단군의 중신重臣인 고시의 친형이며 순의 아버지이다. 중국측 사서에서는 '고수' 즉, 고집이 세고 사리를 판단할 줄 모르는 봉사로 표현되어

---

45. 이고선, 《단서대강》, 〈조선기 상〉 제3세 단제, 1952
46. 《한단유기》, 강국선 엮음, 〈고조선제국세기〉 참조.

있다.

유호씨 부자는 단군의 명을 받들어 요를 찾았다. 요는 그들을 맞아 명령에 복종하고 겉으로는 공손하고 온순했다. 그러나 본래 다른 마음을 품고 있던 요는 유호씨의 아들 유순을 두 딸로 유혹했다. 순이 곧 미혹해져서 요의 딸, 아황과 여영을 몰래 취하고 요에게 붙어 협력했다. 유호씨가 경계하여도 순은 고치지 않았다. 유호씨는 마침내 참지 못하여 순을 꾸짖고 토벌했다. 그러자 순은 하늘을 우러러 통곡했으며, 요는 순에게 자리를 물려주고 나오지 않았다.

유호씨의 토벌전은 수 년 동안 계속되었다. 그러나 마침내 유호씨가 당의 수도를 격파하므로 요는 갇혀 있던 중에 죽고, 순은 창오의 들로 도망쳤다. 이때 우는 아버지를 죽인 원수를 갚기 위하여 순을 추격하여 죽여버렸다.

순의 두 아내는 소상강에서 익사하고, 순의 아들 상균은 다시 고국에 돌아와 단조檀朝에 벼슬하여 관직이 사도司徒에 이르렀다.[47]

《사기》에 의하면, 중국의 왕통은 황제, 전욱, 고신, 요, 순으로 이어지고 있다. 황제는 소전의 아들, 전욱은 황제의 손자, 고신은 황제의 증손으로 되어 있다. 요는 고신의 아들이다. 《18사략》에는 요가 처음에 도陶에 봉해졌다가 당에 옮겨졌으므로 도당씨라고 하며, 성은 이기伊祁이고 고신의 아들이라고 했다.

순의 조상은 미천하다고 했다. 아버지는 고수瞽叟, 할아버지는 교우僑牛, 증조는 구망句望, 고조는 경강敬康, 5대조는 궁선窮蟬, 6대조는 전욱이라고 하였다. 그러나 틀린 말이다. 고신이 황제의 증손이라면, 고신의 동생이거나 아들로 되어 있는 요는 황제의 증손이거나 고손이 되어야

---

[47]. 〈부도지〉 19장 및 《단기고사》 전단조前檀朝 제3세 단제 및 《중국 고대신화》, 이훈종 역, 범우사, 1982, 120~125쪽 참조

하고, 요의 뒤를 이은 순은 황제의 고손이거나 5대손쯤 되어야 한다. 순의 계보는 조작된 것이 분명하다.

원가의《중국 고대신화》에 의하면, 요는 검소하고 덕망이 높은 제왕이었다고 한다. 그러나 요 당대에 "도대체 요가 무슨 은덕을 베풀었느냐?"고 항의하는 노인이 있었는가 하면, 양성의 허유는 요에게 왕위를 물려받기가 싫어서 기산 기슭의 영수穎水로 옮겨가 살았는데, 그러면 9주의 장이라도 되어 달라는 요의 청탁을 받고 영수로 가서 물을 움켜 더러운 말을 들은 귀를 씻었다고 한다.

이를 본 허유의 친구 소부는 더러운 말을 씻어낸 더러운 물을 자기가 끌고 온 송아지에게마저 먹일 수 없다 하여 상류에 가서 물을 먹였으며, 허유를 꾸짖고 가버렸다.

이것은 요의 행동이 바르지 못했기 때문에 당시의 뜻있는 인사들에게 배척당한 확실한 증거가 된다. 요는 참람하게도 우리에 대한 신하로서의 도리를 지키지 아니하고, 당도를 세워 부도를 배반함으로써 패가망신하고 목숨까지 잃었다.

순의 아버지는 중국의 사서나 신화에 한결같이 장님으로 표현되어 있다. 그리고 고수는 철저하게 고집이 세고 미련하여 여자의 말이나 듣는 소인小人으로 되어 있다.

그러나 이것은 완전한 거짓이요, 역사 은폐 행위다. 순을 자기네의 정통으로 받아들이지 않을 수 없었던 그들의 자존심이 순의 가통을 전욱으로 연결하여 인심을 쓴 다음, 그의 조상들은 철저하게 매도하여 한국에 대한 중국인의 심리적 보복을 노골적으로 나타냈던 것이다. 순은 요의 무리인 우에 의해 살해되었으며, 그의 처 아황과 여영은 한을 품고 소상강에 투신하여 원귀가 되었다.

순의 아내의 형제들이 소식을 듣고 호수까지 왔을 때, 불행하게도 바람이 일어 배가 뒤집혔다고 했으나, 강물에 투신자살한 그들의 영혼은 결국 괴신怪神으로 변하여, 구렁이를 타고 두 손에는 뱀을 쥐고, 무서운 폭풍우를 몰고 다니며 성난 물결 위를 난무했다고 한다.

우는 순을 죽인 후 교활하게도 유호씨를 배반하고 남쪽으로 달아나 도산에 독단獨檀을 설설하고[48] 스스로 제왕이라고 했다. 그러나 우의 하夏나라도 단군의 신하로 복종하고 조공을 바치지 않을 수 없었다.

단군조선은 동아시아를 통일했으며, 멀리 인도와 중동 및 이집트에까지 문화적 영향력을 행사했다. 단군조선은 47대 2096년 간 계속되었다 (47대는 천일태제, 지일홍제를 뺀 대수代數임). 단군은 처음에 동아시아를 완전하게 통일했으며, 한때 요의 반란을 겪었으나 유호씨에 의해 평정되었으며, 우가 다시 배반했으나 우의 집단도 결국은 조공을 바치고 신하로 예속되었다.

일본인 가시마노보루는 단군이 일본과 오끼나와, 보르네오, 필리핀까지 통치했다고 주장하고 있다. 신시시대에 제정된 무여법無餘法에는 죄인을 광야와 섬도暹島에 귀양보내라고 했는데, 섬도는 지금의 태국이다. 가락국 수로왕의 부인 허황옥은 아유타阿踰佗 즉 태국에서 왔다고 했다.

인도에서 동남아를 거쳐 제주도와 한반도의 남부까지에는 '라羅' 자를 갖는 지명이나 국가가 많다. 보다라국補多羅國, 구절라국瞿折羅國, 안달라국安達羅國, 가비라성迦比羅城, 파라사婆羅娑, 타화라墮和羅, 섬라暹羅, 사라단詞羅旦, 탐라속저耽羅粟底, 나월羅越, 말라유末羅瑜, 이파라泥婆羅, 가습미라迦濕彌羅, 호라산呼羅珊, 토염라吐炎羅, 공건나보라恭建那補羅, 달라비다達羅毗荼, 부라리副羅里, 파라니波羅尼 등 20여 개나 된다. 여기에 신라新羅, 가라駕羅들을 합치고, 일본에 있었던 고대 국명을 찾아 보태면 줄잡아 30여 개가 될 것이다.

---

48. **독단을 설하고** '나라를 세우고' 라는 뜻.

여기서 전 단군시대의 주요 사건을 정리한다.

서기 전 2181년   삼랑 을보륵에게 명하여 정음 38자를 편찬했다.

서기 전 2177년   열양·욕살·색정을 고비사막에 있는 약수에 옮겨 종신형에 처한 후 사면하여 그 땅에 봉했다. 흉노의 시조가 되었다.

서기 전 2175년   강거[49]가 반란을 일으키므로 제帝가 그를 티베트에서 토벌했다.

서기 전 2173년   두지주豆只州의 예읍이 반란을 일으키므로 여수기에게 명하여 그 추장 소시모리를 참했다. 소시모리는 일본 신화에 등장하는 스사노의 조국이다. 소시모리의 후손에 협야노라는 자가 있어 해상으로 도망하여 삼도三島에 의거하여 천왕이라 했다. 삼도는 지금의 필리핀이라는 설이 있다.

서기 전 2137년   제의 동생 오사달을 봉하여 몽고리한이라 했다. 몽고족은 그 후손이다.

서기 전 2133년   패전貝錢을 주조했다. 하나라가 고장의 산물을 바쳤다.

서기 전 2119년   하나라 임금 상을 정벌하여 복종시켰다.

서기 전 1767년   이 해 겨울에 은나라가 하를 공격했다. 하의 걸이 구원을 청했다. 뒤에 걸이 약속을 어기므로 빈기에 쳐들어가 관제를 실시했다.

서기 전 1660년   양운국養雲國과 수밀이須密爾가 고장의 산물을 바쳤다.

서기 전 1652년   우루인虞婁人 20가구가 투항했다.

서기 전 1622년   제의 동생 대심을 남선비南鮮卑의 대인大人으로 봉했다.

서기 전 1465년   티베트가 고장의 산물을 바쳤다.

서기 전 1337년   은왕殷王 소을이 조공을 바쳤다.

서기 전 1291년   은왕 무정이 침입했으나 격퇴했다.

서기 전 1289년   개사원·욕살·고등이 귀방을 몰래 습격하여 멸했다. 이때에 고등이 군사권을 손에 넣고 서북의 땅을 다스려 심히 강성했다. 사람을 보내어 우현왕이 될 것을 청하여 왔다. 호를 두막루라 했다.

---

49. 강거 진초晉初까지 아랄해의 남쪽 지방에 있었던 나라.

서기 전 1286년 　고등이 죽고 그의 손자 색불루가 우현왕이 되었다. 제가 서우여에게 왕위를 물려주고자 했다. 색불루가 반대하고 즉위했다. 서우여를 폐하여 서인庶人으로 했다. 단군 소태는 아사달에 숨어서 끝을 맞았다.

나. 후기 단군조선 시대

　단군조선은 전기와 후기로 나눌 수 있다. 전기는 단군왕검의 건국부터 21세 단군 소태 을미 52년(서기 전 1286년)까지 1,048년 간이며, 후기는 22세 단군 색불루에서 47세 단군 고열가 58년(서기 전 238년)까지의 1,048년 간이다. 단군 색불루에 와서 혈통이 고씨로 바뀌고 삼한을 삼조선이라고 했다.

　후기 단군조선은 쇠퇴기라고 할 수 있다. 전기에 비하여 씩씩하고 진취적인 기상이 현저히 줄어들었다. 요와 순, 하와 은을 사면으로 포위하여 강력한 정치적·군사적 영향력을 행사하며 조공을 받아오던 전기 단군조선 시대와는 달리, 후기 단군조선은 내란과 화재, 외침 등에 시달리면서 정치적·재정적 어려움을 겪었다.

　서기 전 2385년, 색불루가 녹산의 백악산 아사달에서 즉위했다. 삼한을 삼조선으로 고쳤다. 구한九桓의 군사를 이끌고 들어가 은의 서울을 격파했다. 이듬해 2월에 황하의 상류까지 추격하여 회대 지방에 변한의 백성을 이주시켜 목축과 농업을 하게 했다.

　서기 전 1266년, 단군조선의 군소국인 남국이 고죽국孤竹國과 더불어 남쪽으로 엄독홀奄瀆忽에 이르러 은나라의 국경 지대와 가까운 곳에 살면서 빈기邠岐를 점령하고 새로이 여국黎國을 세우게 했다. 중국의 전래 문헌이나 새로이 해독된 갑골문의 기록에 의하면, 은은 여러 차례 도읍을 옮겼는데 이로 미루어 단군조선의 위세는 대단했던 것 같다.

　여기서 후 단군시대의 주요 사건을 정리한다.

서기 전 1237년	은나라의 국경 내에 6읍을 설치했다. 이듬해 포고씨를 엄에, 영고씨를 서에, 방고씨를 회에 나누어 봉했다.
서기 전 813년	주나라가 범과 코끼리의 가죽을 바쳤다.
서기 전 723년	장수 언마불합을 보내 해상의 웅습을 평정했다. 웅습은 일본 구주에 있는 웅본성이다.
서기 전 707년	산동성 임치의 남쪽 교외에서 싸워 이겼다.
서기 전 667년	배폐명을 보내 3도를 평정했다.
서기 전 426년	융안, 엽호, 우화충이 서북 36군을 침략했다.
서기 전 396년	난하 동쪽 요서의 장령과 낭산에 성을 쌓았다.
서기 전 365년	연이 요서를 함락시키고 운장을 핍박했다.
서기 전 343년	읍차 기후가 번조선의 왕이 되었다.
서기 전 304년	도성이 불에 탔다. 해성의 이궁으로 피했다.
서기 전 296년	한개가 수유의 군사를 이끌고 대궐을 범하여 자립하므로 고열가가 의병을 일으켜 격파했다.
서기 전 239년	해모수가 웅심산에서 내려와 병란을 일으켰다.
서기 전 238년	고열가가 퇴위했다.

한때 양자강 이북 지역과 산서성 및 섬서성에까지 진출하여 여국과 엄국, 서국과 회국의 분국을 세우고, 일본과 필리핀을 평정하던 위세는 점차 사라졌다. 마고성 이래 천부경의 문화를 아시아와 유럽, 아메리카 대륙까지 확산시키며 영향력을 행사하던 한민족은 서서히 영광스런 역사의 막을 내렸다. 그리고 이 역사는 중국과 일본에 가리어 세상사람들의 눈에 보이지 않게 되어버렸다.

그러나 한민족은 굴하지 않았다. 우리는 조상의 땅에서 재기를 위해 몸부림치며 새출발을 시도했던 것이다. 이 새출발을 후대의 사람들은 시작으로 알았다. 여진족과 몽고족, 일본족과 돌궐족이 잿더미 속에서 잃어버린 자신을 찾아내는 동안, 후대의 우리는 자신의 모습을 한사코 자기가 아니라고 부정하며 물결 위에 흘려보내고만 있었다.

객관성도 타당성도 정도의 문제다. 역사학에서 실증이란 먼 미래의 보랏빛 이상에 불과한지도 모른다. 이 지구상의 땅 속을 모두 뒤져서 고고학적 자료를 다 찾아낸다고 한들 그것을 섣부른 지식으로 짜맞출 수 있을 것인가? 지나친 실증적 태도는 형평을 잃을 우려가 있다. 남의 것은 믿고 내 것은 못 믿겠다는 태도는 분명히 독립성과 주체성이 없는 사대 식민근성에서 나온 것이다.

역사는 써야 역사가 된다. 《구약성서》의 중요한 대부분은 노예시대에 쓴 것이며, 공자는 춘추시대라는 난세에서 국민을 구원하고 후세를 교육하기 위해 책을 쓰고 교육활동을 했다. 석가는 계급 사회의 모순에서 벗어나기 위해 고행·입교했으며, 일본《서기》는 백제가 망한 후 그 유민들의 손으로 씌어졌다. 주자는 한족이 북방족에게 밀려났을 때 국고를 정리했다. 우리 민족의 역사서다운 역사서가 민족의식이 고조된 고려말과 조선말에 쓰여졌다고 해서 그것을 배격하는 것은 타당한 논리가 아니다.

현대 고고학은 신화에서 출발했다. 하인리히 슐리만은 1822년 독일 메크린부르크에서 출생하여 현대 고고학의 아버지가 되었다. 그는 호머의 《일리아드·오딧세이》의 무대 트로이Troy의 유적을 발굴하여 호머가 말한 신화를 역사로 입증했다.

우리의 사서는 위서가 아니다. 물론 사서의 내용 전부가 액면 그대로 진실이라는 말은 아니다. 그러나 적어도 그 속의 큰 줄거리만은 사실이라는 점을 우리는 여러 가지 입증 자료를 들어 증명해낼 수 있다.

회복을 위한 몸부림은 줄기찼다. 북에서는 고구려가, 남에서는 백제·신라·가락이 각각 만주 지역과 우리나라를 중심으로 중국의 동부 해안지대와 동남아 및 일본 등 도서지역의 유민을 규합하면서 우리의 역사는 제2기의 새로운 창조 시대를 맞이하게 되었다.

한국사는 발전의 역사가 아니었다. 반면에 중국의 역사는 우리를 동쪽으로 몰아부치면서 지속적으로 발전했다고 할 수 있다. 그러나 다른 각도에서 관찰하면 중국의 역사는 대부분 치욕의 역사요, 그 치욕이란 외족外族의 침입에 의한 것이었으며 외족은 바로 우리 한족桓族이었다.

한국의 역사는 퇴보의 역사였지만, 인도나 이집트처럼 그 문화의 근원이 사라져버리고 완전히 단절된 것은 아니었다. 파미르고원에서 천산주, 천산주에서 적석산, 적석산에서 태백산, 태백산에서 백두산으로 유전을 거듭했지만, 고구려는 수와 당을 무찌르고 당의 수도 장안에 당당하게 입성하여 항복을 받아 국토를 회복했으며, 백제는 여전히 일본과 양자강 유역 등 중원 대륙의 일부를 영토로 가지고 있었다.

4.대한국의 사상과 문화

1) 삼신사상

고대에서의 학문은 역학이 그 시초였음을 언급한 바 있다. 천체의 운행에 따른 계절과 일기의 변화는 고대인의 생업인 수렵이나 목축업, 농업, 항해에 직접적으로 영향을 주었다. 결국 그들은 자연현상의 변화가 인간의 생활을 좌우한다는 생각을 갖게 되었다. 그래서 고대인들은 천체의 운행을 면밀하게 관찰하기 시작했고 그 결과를 생활에 응용하려고 했다. 그것은 차츰 사상으로 정립되었으며, 한국에서 삼신오제三神五帝의 사상을 낳게 했다. 삼신오제 사상은 역학의 발달을 가져왔고 역학은 후에 역사가 되었다.

현재까지도 유행하고 있는 중국의 음양오행 사상은 한국의 삼신오제 사상에서 가지치기한 것이다. 중국식 음양오행 사상은 값싼 현실주의적 응용철학에 불과하다. 삼신사상을 본체라고 하면 중국식 음양오행 사상은 용用이요, 아류亞流다. 후대 우리나라의 기복 사상은 변질된 중국의 음양 사상을 역수입한 것이다. 역易이나 역曆에 대해서는 뒤의 대한국 문화의 본체성에서 다루기로 한다.

삼신사상의 골격은 이미 한국 시대에 이루어진 천부경에 요약·정리되어 있다. 천부경은 신시 시대에 한웅 천왕이 산에 갈 때 풍백이 거울에 새겨서 들고 갔다고 했다. 천부경은 고구려와 신라에 전해져서 고구려에서는 돌에 새겨 보관했으며, 신라에서는 천부경의 원리를 이용해 금척을 만들었다.

삼신사상은 동서양 세계의 문화의 골격이 되었다. 철학과 역학은 물론 음악과 수학의 기본 이론도 여기에서 나왔다. 통치에 관계된 기초 이론도 처음에는 천부경에서 비롯했을 것이다. 고대인은 우주의 원리를 하나의 덩어리로 파악하려 했는데, 이러한 사상과 이념이 가장 잘 나타난 것이 삼신사상이며, 그 경전이 바로 《천부경》과 《삼일신고》와 《참전계경》이다.

《천부경》은 지금까지 많은 이들이 여러 가지로 연구·노력하여 그 대강의 뜻을 밝히는 데는 성공했으나, 아직도 완벽하게 해석하지는 못하고 있다. 그러나 위에서 밝힌 것처럼 천부경은 인류의 고대문화를 이해하는 관건이 되므로, 부족하나마 그 해석을 곁들이고자 한다.

천부경은 사방 아홉 자의 정방형으로 구성되었는데, 아래와 같이 번역할 수 있다.

一始無始一析三極無
盡本天一一地一二人

一三一積十鉅無匱化
三天二三地二三人二
三大三合六生七八九
運三四成環五七一妙
衍萬往萬來用變不動
本本心本太陽昂明人
中天地一一終無終一

1은 시작이나 1에서 시작하지 아니하고,
삼극을 쪼개어도 근본은 없어지지 아니한다.
하늘은 한 번 움직여서 수 1을 얻고
땅은 하늘 다음으로 한 번 움직여서 수 2를 얻고
사람은 땅 다음으로 한 번 움직여서 수 3을 얻는다.
1이 나뉘어(쌓이어) 10까지 커져도 없어지지 아니하고 3으로 변한다.
하늘이 두 번 움직여서 3과 합하고
땅이 두 번 움직여서 3과 합하고
사람이 두 번 움직여서 3과 합한다.
큰 3을 합하면 6이 된다. 6이 7·8·9를 낳는다.
3을 움직여서 4를 이루고 5·7로 돌아온다.
1이 묘하게 퍼져서 만왕 만래하니
써서 변하여도 근본은 움직이지 아니한다.
본심은 본래 태양이니
사람 가운데서 하늘과 땅이 하나가 되어 밝고도 밝다.
1은 끝이나 1에서 끝나지 아니한다.

《천부경》의 짜임은 양괄식으로 되어 있으므로, 결국 첫 문장과 끝 문장이 이 경전 해석의 열쇠라고 할 수 있을 것이다.

'1은 시작이나 1에서 시작하지 아니한다'는 말은, 허조론虛粗論에서 조(實)인 1이 기氣요, 기는 바로 허 즉 무극無極이므로, 모든 것이 유有가 아닌 무無에서 시작한다는 뜻이 된다. 끝 문장 '1은 끝이나 1에서 끝나지 아니한다'는 말은 운동의 반복성을 말하고 있다고 보아도 모순이 없을 것이다.

시작과 끝이 없는 선은 원圓이다. 또 삼극三極을 연결하면 삼각형이 된다. 《천부경》은 구성 형태에서 나타난 □과, 시작과 끝이 없는 선에서 나타난 ○과, 삼극을 연결하여 얻어진 △의 숨겨진 뜻을 담고 있다. ○은 하늘을, □은 땅을, △은 사람을 나타낸다.

《천부경》에서 가장 난해한 부분은 제6행이다. 이 6행은 역曆과 밀접한 관계를 가지고 있다. 《한단고기》는 칠회제신七回祭神의 역이 천부의 유의遺意였다고 했다. 우선 수의 분류법부터 알아보기로 하자.

선천수先天數 : 1, 2, 3, 4, 5, 6, 7, 8, 9
후천수後天數 : 2, 3, 4, 5, 6, 7, 8, 9, 10

선천수에서는 5·6·9를 세 홀수라고 하며, 후천수에서는 2·6·10을 세 짝수라고 한다. 또 선천수에서 1·2·3·4를 생수生數, 6·7·8·9를 성수成數라고 한다. 선천수에서는 중심수가 5이고, 후천수에서는 6이 중심수가 된다. 선천수의 중심수 5는 좌우에 짝수인 4·6을 동반하고, 후천수의 중심인 6은 좌우에 홀수인 5·7을 동반한다. 수를 다시 양수와 음수로 나누어 보자.

양수 : 1, 3, 5, 7, 9
음수 : 2, 4, 6, 8, 10

양수의 가장 작은 수는 1이고, 음수의 가장 큰 수는 10이다. 음수는 불어나는 수이고, 양수는 줄어드는 수다.

여기서 5·6·7행, 대삼합육大三合六, 생칠팔구生七八九, 운삼사성運三四成, 환오칠環五七, 일묘연一妙衍, 만왕만래萬往萬來를 환환 즉 ○의 원리에 따라 대삼합육大三合六, 육생칠팔구六生七八九, 구운삼사성九運三四成, 성환오칠일成環五七一, 일묘연만왕만래一妙衍萬往萬來로 읽어보면, 큰 3 즉 천1, 지2, 인3을 합하면 6이 된다는 숨은 뜻을 알게 된다. 6은 불어나는 수로 7·8·9를 낳고, 9는 선천수의 끝이므로 후천수로 이어져 3·4를 이루며, 3·4는 다시 중심수인 6의 동반수 5·7로 돌아오게 된다. 5·7은 홀수이므로 선천수 1로 줄어지고 반복운동을 되풀이하게 된다. 시간이 모여서 일日이 되고, 일이 월月, 월이 연年이 되며, 4년마다 한 주기로 윤년을 만드는, 쉬지 않는 시간의 창조·생성 운동과 그 이치를 같이한다.

《한단고기》〈삼신오제 본기〉는, 「때에 삼신三神이 오제五帝를 독려하여 각기 그 홍통弘通함을 나타내도록 명하고, 오령五靈은 화육化育을 이루게 하여 해가 뜨면 낮이 되고 달이 뜨면 밤이 되는 천문역법을 헤아리고 한서기년寒暑紀年을 하게 하였다.」고 했다.

이어서,「비유하면 일행日行이 암흑이 있으면 반드시 광명光明이 있고, 광명이 있으면 보는 것이 있고, 보는 것이 있으면 반드시 작용함이 있고, 작용함이 있으면 반드시 공이 있으므로, 무릇 천하의 모든 사물이 개척하는 것처럼 존재하고, 진화하는 것처럼 존재하며, 순환하는 것처럼 존재하는 것이다. 유원惟元의 기氣와 지묘至妙의 신이 스스로 집일함 삼집一숨三의 충실한 빛이 되었다. 머물면 존재하고, 느끼면 대답하고, 오는 것은 처음이 없고, 그 가는 것은 끝이 없다. 하나에 통하여 만萬을 만들지도 아니하고, 있지도 아니한다.」라고 했다.[50]

---

50. 앞의 《주해 한단고기》, 123쪽 참조

시작도 끝도 없이 언제나 창조·생성되는 생명은 개척하는 것처럼, 진화하는 것처럼 순환하며 존재한다는 것이다. 이러한 대 원리의 삼신은 무한한 능력을 가지고 있다. 삼신은 결코 막히지 않는 수와, 결코 피할 수 없는 이치와, 결코 저항할 수 없는 힘을 가지고 있으면서 선이나 악은 자연이나 자손에게 갚는다고 했다.

한국의 삼신사상은 고대 한국 사회뿐만 아니라 동서양 곳곳으로 퍼져나가 고대 문화 발생의 원동력이 되었다고 본다. 도상圖像문화에서 그 흔적을 쉽게 찾을 수 있으며, 거석문화와 세석기문화 및 신화와 종교 언어에도 그 숨결은 남아 있다.

파미르고원의 마고성 문화는 동쪽으로는 황하 문화와 마야·잉카 문화를 낳았으며, 서쪽으로 건너가 수메르 문화를, 그리고 수메르 문화가 인도와 이집트 및 그리스의 고대문화를 낳았다.

2) 대한국 문화의 본체성

사상의 변용은 정치적 변절을 가져온다. 황제는 자부 선생에게서 《삼황내문경三皇內文經》을 받아 그 사상을 변용시키고, 마침내 배반하여 반란을 일으켰다. 그 후 요堯는 음양오행설을 변용하여 중앙의 5가 주변 변방의 다른 모든 수를 제압한다는, 소위 이내제외以內制外의 중오설中五說을 제창하여 평등사상을 뒤엎고 지배사상을 확립하려고 했다.

이와같은 요의 지배사상은 후대에 전제군주 사상을 낳아 진시황과 같은 폭군을 등장하게 했지만, 요의 이내제외以內制外 사상은 수많은 생명을 자유와 평등이 없는 도탄의 구렁텅이로 몰아넣고야 말았다. 한국의 음양오행 사상은 본질적·본체적인 것으로 삼신사상에서 나왔으며, 중국 황제나 요의 그것과는 근본이 다르다. 한국의 것은 평등에서 출발했으며, 중국의 것은 차별에서 시작했다.

한국의 삼신사상三神思想은 삼신이 곧 일신一神이었으며, 이 일신이 작용할 때에만 스스로 객체 즉 용用이 되어 삼신이 되는 것이다. 한국 사상의 본체는 체體와 용用이 따로 없다. 지배하는 자도, 지배받는 자도 없다는 말이다. 그래서 한국의 고대 국가는 분권分權, 분조分朝의 연방제국가였으며, 화백和白 공화정치가 발달했다.

한국 사상에서의 음양오행 사상은, 지상에는 천하대장군이 있어 오제五帝를 주관하고, 지하에는 지하여장군이 있어 오령五靈을 주관한다는 극히 원칙적인 사상이었다. 오제는 흑제黑帝, 적제赤帝, 청제靑帝, 백제白帝, 황제黃帝요, 오령은 태수太水, 태화太火, 태목太木, 태금太金, 태토太土라고 했다. 흑제는 숙살肅殺[51]을, 적제는 광열光熱을, 청제는 생양生養을, 백제는 성숙成熟을, 황제는 화조和調를 주관했다. 태수는 영윤榮潤[52]을, 태화는 용전鎔煎[53]을, 태목은 영축營築[54]을, 태금은 재단裁斷을, 태토는 가종稼種[55]을 주관했다. 오제와 오령은 각각 맡은 바 임무가 따로 있었다. 여기서의 오제는 양이요 오령은 음이나, 한국의 음양설은 무無의 일기一氣에서 출발하고 있음을 위에서 살핀 바 있다.

〈부도지〉는 《한단고기》의 허조일기론虛粗一氣論과는 약간 다르지만 상통하는 점이 있는 허실설虛實說을 설파하고 있다.

「先天之時에 大城이 在於實達之上하여 與虛達之城으로 竝列하니 火日煖照하고 無有具象하여 唯有八呂之音이 自天聞來하니 實達與虛達이 皆出於此音之中하고 大城與麻姑이 亦生於斯하니 是爲朕世라. 朕世以前則律呂幾復하여 星辰已現이러라. 朕世

---

51. **숙살** 살생을 삼감.
52. **영윤** 번영하여 재물이 넉넉함.
53. **용전** 주조와 용접.
54. **영축** 경영과 건축.
55. **가종** 씨뿌리기.

幾終에 麻姑이 生二姬하여 使執五音七調之節하다. 城中에 地乳始出하니 二姬又生四 天人四天女하야 以資其養하고 四天女로 執呂하고 四天人으로 執律이러라.[56]

後天運開에 律呂再復하여 乃成響象하니 聲與音錯이라. 麻姑이 引實達大城하여 降 於天水地域하니 大城之氣이 上昇하여 布冪於水雲之上하고 實達之体이 平開하여 關 地於凝水之中하니 陸海竝列하고 山川이 廣坼이라. 於是에 水城이 變成地界하여 雙重하 여 替動上下而斡旋하니 曆數始焉이라. 以故로 氣火水土이 相得混和하여 光分晝夜四 時하고 潤生草木禽獸하니 全地多事라. 於時에 四天人이 分管萬物之本音하니 管土者 爲黃하고 管水者爲靑하여 各作穹而守職하고 管氣者爲白하고 管火者爲黑하여 各作巢 而守職하니 因稱其氏라. 自此로 氣火共推하여 天無暗冷하고 水土感應하여 地無凶 戾하니 此는 音象이 在上하여 常時反照하고 響象이 在下하여 均布聽聞故也라.」[57]

시간 순서에 따라 줄거리를 요약·정리하면 아래와 같다.

처음에 화일火日(火)만이 따뜻하게 비쳤다. 팔려八呂의 음이 하늘에서 들려왔다. 이 팔려의 음이 실달성과 허달성, 그리고 마고성과 마고를 만들어냈다. 이 때는 선천의 시대였다.

후천의 운이 열렸다. 마고가 실달대성을 천수(水)의 지역에 떨어뜨렸다. 실달대성의 기가 상승하고 물 가운데 땅(土)이 열렸다. 화火·수水·기氣·토土가 한 데 섞여 융화되어 주야晝夜 사시四時와 초목草木 금수禽獸가 생겼다. 황궁씨는 흙을, 청궁씨는 물을, 백소씨는 기를, 흑소씨는 불을 맡아보았다.

지금까지 우리가 보아온 천지창조설과는 달리, 우주적 시간을 선천과 짐세 그리고 후천으로 구분하여 아득히 멀고 오래 됨을 암시하면서 창조과정을 설명하는 〈부도지〉는, 누가 무엇으로 만물을 창조했다는 평면

---

56. 〈부도지〉2장 참조
57. 〈부도지〉3장 참조

적이고 단순한 해설이 아닌, 자연관적 철학론을 전개한다는 점에서 그 순수성과 시원성, 본체성을 인정하지 않을 수 없다.

단군의 신하로서 자신의 아들인 순을 토벌하여 요순 통치의 막을 내리게 한 유호씨는, 다시 우禹가 도산에 독단獨壇을 세우자 그를 깨우치기 위하여 권사權士를 보내 아래와 같이 타일러서 가르쳤다.

「요堯는 천수天數를 몰랐다. 땅을 쪼개서 천지를 제멋대로 하였다. 기회를 틈타 독단을 만들고, 사사로이 개나 양을 기르기 위하여 사람을 몰아낸 후에 자칭 제왕이 되어 혼자서 처리하였다. 세상은 흙과 돌, 풀이나 나무처럼 말이 없고, 천리는 거꾸로 흘러 허망에 빠져버렸다. 이것은 거짓으로 천권을 훔쳐 사욕의 횡포를 자행한 것이다.

제왕이 만약 천권을 대행하는 것이라면 능히 일월日月을 개폐하여 만물을 조작할 수 있을 것이 아닌가. 제왕이란 것은 수의 요체要諦요, 사람이 거짓으로 칭하는 것이 아니다. 거짓으로 칭하면 다만 사기와 허망의 나쁜 장난이 될 뿐이다. 사람의 일이란 증리證理요, 세상의 일이란 그 증리한 사람의 일을 밝히는 것이니, 이 외에 다시 무엇이 있을 수 있겠는가.

그러므로 부도의 법은 천수의 이치를 명확하게 증명하여 사람에게 본래의 임무를 수행하게 하고, 그 본래의 복을 받게 할 따름이다. 그러므로 말하는 자와 듣는 자는 비록 선후는 있으나 높고 낮음이 없으며, 주는 자와 받는 자는 비록 친숙하고 생소한 것은 있으나 끌어들이고 몰아내고 할 수는 없으므로 사해가 평등하며 모든 종족들이 스스로 행하는 것이다.……」[58]

이어서 유호씨는 요의 오행설을 아래와 같이 반박했다.

「또 소위 오행이라는 것은 천수의 이치에 이러한 법이 있는 것이 아니

---

[58]. 〈부도지〉 20장 참조

다. 방위의 중앙 5는 교차의 뜻이요, 변행變行을 말하는 것이 아니다. 변하는 것은 1에서 9까지이므로 5는 언제나 중앙에만 있는 것이 아니며, 9가 윤회하여 율과 려가 서로 조화를 이룬 후에 만물이 생겨나는 것이니, 이는 기수基數를 이르는 것이요, 2·5·7이 크게 번지는 고리(環)에 이르면, 그 자리가 5에 한정되는 것이 아니고, 또한 4·7이 있는 것이다.

또 그 순역順逆 생멸生滅의 윤멱輪冪은 4요 5가 아니니, 즉 원수原數의 9는 불변수이기 때문이다. 또 윤멱이 한 번 끝나는 구간은 2×4=8 사이의 7이요 5가 아니다. 또 그 배성지물配性之物은 금·목·수·화·토의 다섯 중에서 금과 토를 왜 따로 구별하는가. 그 약간의 차이 때문에 구별하고자 한다면 기·풍·초·석 따위는 어찌 같이 들지 않는가. 그러므로 다 들자면 수가 없는 것이요, 엄밀히 구별해서 들자면 금·목·수·화 혹은 토·목·수·화의 넷이요 다섯이 되는 것이 아니다. 더욱이 그 물성物性을 어떤 이유로 수성數性에 짝지우는가. 수성지물은 그 원수原數가 9요, 5가 아니다. 그러므로 오행설은 참으로 황당무계한 말인 것이다.」[59]

《삼일신고》도 「중심의 불(火)이 흔들려서 바다(水)가 변하여 육지(土)가 되고, 기를 불어 밑을 싸고 햇빛과 열로 따뜻하게 하시어 만물을 번식하게 하였다.」고 하여 기화수토설을 전개하고 있지만, 유호씨의 가르침을 부연설명하는 대신에 지루함을 무릅쓰고 다시 한번 조선 영조 때의 북학파 홍대용의 지론을 소개한다.

「대저 땅의 경계는 태허太虛에 비하면 미세한 티끌에 지나지 않으며, 중국은 지계의 10수분數分의 1일 따름인데, 지구 전체를 28숙宿에 배당하였다면 오히려 혹 그럴 수도 있음직하지만, 구주九州의 좁은 땅으로써 중계衆界에다 억지로 짝지어 무리하게 쪼개 붙여서 재앙과 상서의 징후를 점치려 하는 것은 더욱 허망한 것이라, 말할 나위도 없소.……

---

59. 〈부도지〉 21장 참조

옛 사람이 때를 따라 의견을 세워 만물의 이름을 지었다고 하여, 거기에는 하나라도 가감할 수가 없거나 천지 만물은 꼭 이 수만으로 되어 있다고 하는 것은 아니라오. 그 때문에 오행의 다섯이라는 수는 원래 정해져 있는 설이 아닌데, 술가들이 이를 조술祖述하고, 하도河圖·낙서洛書의 이치를 억지로 끌어다 붙이고, 주역의 상사象辭로써 이를 천착하여 상생상극이니 비잠주복飛潛走伏이니 하여 지리멸렬되고 장황한 이 뭇 기교는 결국 아무런 이치도 없는 것이오. 대저 화火는 해이고 수水·토土는 지구이니, 목木·금金과 같은 것은 해와 지구가 생성하는 것이요, 마땅히 화火·수水·토土 3자와 더불어 병립하여 오행이라 함은 부당하오.」⁶⁰

홍대용이 박제상에게 영향을 받았을 가능성은 현재로써는 전혀 발견할 수 없다. 그럼에도 그 논지가 거의 완전하게 일치한다는 사실은 허실虛實 기화수토설氣火水土說이 한민족의 사상 속에 면면히 전해져 내려온 것이 아니었을까. 지계가 미세한 티끌에 불과하다고 한 점으로 보아 홍대용이《삼일신고》를 읽었을 가능성은 있다고 하겠다. 아무튼 철학의 아버지라고 일컫는 그리스의 철학자 탈레스(서기 전 625년쯤~546년쯤)의 학설도 그 근원을 한국에서 찾아야만 할 것 같다. 서양 철학사에서는 탈레스의 설에서 더 이상 거슬러 올라갈 수가 없기 때문이다.

한동석 씨는, 서양 철학의 창시자라고도 볼 수 있는 탈레스가 본체로서 제창한 수는, 상수학象數學이 주장하는 운동의 본체와 동일하다는 데서만이 아니라, 비록 간단하기는 하지만 수가 운동의 본체가 될 수 있는 기본적인 논지가 잠재되어 있다고 했다.⁶¹

피라미드나 스톤헨지 등 고대 거석문화의 유물이 역曆과 관계가 있음이 밝혀졌다. 경주의 석굴암은 동남방 15°, 동짓날 해뜨는 방향을 정면

---

60. 홍대용,《잠헌서》, 천관우 역, 대양서적, 1975, 40~46쪽 참조
61. 한동석,《우주변화의 원리》, 행림출판사, 1982, 7쪽 참조

으로 하고 있다. 역법의 발달은 문화 측정의 기준이 된다. 수메르에서는 서기 전 30세기 후반에 역법이 확립되었다. 이 역법은 태음·태양력이었고 연초는 춘분이었는데, 윤월은 불규칙하게 두었다.[62] 중국에서는 역이 서기 전 2500년경의 황제 시절에 발생했다고 한다.

〈부도지〉 4장에는 「역수가 시득조절時得調節」이라는 말이 있다. 《한단고기》에는 「신시의 시대에 칠회제신七回祭神의 역이 있어 1회날은 천신天神에게, 2회날은 월신月神에게, 3회날은 수신水神에게, 4회날은 화신火神에게, 5회날은 목신木神에게, 6회날은 금신金神에게, 7회날은 토신土神에게 제사를 지냈다.」고 했다.

《마한세가馬韓世家》는 「1년을 365일 5시간 48분 46초로 정하고 그에 따른 360여 가지 일을 다섯 사람에게 분장하게 하였다.」고 했으나 그 산법算法은 밝혀져 있지 않다.

〈부도지〉 23장은 유호씨가 우에게 보낸 가르침 중의 일부인데, 이 가르침에는 처음으로 한국의 역산법이 정확하게 기록되어 있어 한국 문화사 연구에 획기적인 자료로 평가받을 수 있을 것이다. 아래에 번역한 전문을 인용한다.

「천도天道가 돌고 돌아 종시終始가 있고, 종시가 또 돌아 4단씩 겹쳐 나가 다시 종시가 있다. 1종시의 사이를 소력小曆이라 하고, 종시의 종시를 중력中曆이라 하고, 네 번 겹친 종시를 대력大曆이라 한다. 소력의 1회를 사祀라 하니 사에는 13기期가 있고, 1기에는 28일이 있으며 다시 4요曜로 나뉜다. 1요에는 7일이 있고, 요가 끝나는 것을 복服이라 한다. 그러므로 1사에 52요복이 있으니 즉 364일이다.

이는 1·4·7의 성수性數요, 매 사의 시작에 대사大祀의 단旦이 있으니,

---

62. 이은성, 《역법의 원리 분석》, 정음사, 1985, 29쪽 참조

단과 1은 같기 때문에 합하여 365일이 되고 3사의 반에 대삭大朔의 판昄이 있으니, 판은 사의 2분절이다. 이는 2·5·8의 법수法數요, 달이 긴 것이 1일과 같기 때문에 제 4의 사는 366일이 된다. 10사의 반에 대회大晦의 구晷가 있으니, 구는 시時의 근원이다. 300구가 1묘眇가 되니, 묘는 구가 눈에 느껴지는 것이다.

이와 같이 9,633묘를 지나서 각刻, 분分, 시時가 1일이 되니 이는 3·6·9의 체수體數다. 이와 같이 끝나고 또 시작하여 차차 중력과 대력에 미쳐서 이수理數가 곧 이루어지는 것이다. 대저 요堯의 이 세 가지 잘못은 허위虛僞의 욕망에서 나온 것이니 어찌 가히 부도 실위實爲의 도에 비할 수가 있겠는가. 허위는 안에서 이理가 부실하여 마침내 멸망에 이르고, 실위는 이里가 나를 언제나 만족하게 하여 스스로 함께 존립한다.」

이 무렵에 중국에는 전욱력顓頊曆이라는 것이 있었다. 전욱은《사기》26권에 전하는 것으로, 겨우 태양년太陽年과 태음월太陰月의 길이와 매 년의 세수일진歲首日辰, 동지冬至의 일진日辰과 시각을 계산할 수 있을 정도로 간단히 기재되어 있다. 또 갑골문의 해독으로 밝혀진 은殷의 역曆이 있으나 위에 든 〈부도지〉의 역처럼 정교하고 치밀한 계산법을 가진 역은 없다. 이 점에서는 이 시대의 서양력들도 마찬가지다.[63]

〈부도지〉에 의하면, 한국에는 마고성시대에 불금자금지자재율不禁自禁之自在律과 금찰지법禁察之法이 있었다고 했으며,《한단고기》는 한국시대의 오훈五訓 및 신시神市의 오사五事, 그리고 번한番韓의 금팔조禁八條(서기전 1282년)가 있었다고 했다.《한단고기》에 수록된 금팔조의 전문은 아래와 같다.

1. 서로 죽이면 당시에 죽여서 갚는다.

---

63. 〈부도지〉 23장 및 역주 참조

2. 서로 상상(傷)하면 곡식으로 갚는다.
3. 서로 도둑질하면 재물을 빼앗고, 남자는 그 집의 노예가 되며 여자는 노비가 된다.
4. 소도를 헐게 한 자는 금고禁錮한다.
5. 예의를 잃은 자는 군에서 복역한다.
6. 일하지 않는 자는 부역에 징발한다.
7. 사음邪淫을 한 자는 태형笞刑한다.
8. 사기詐欺를 한 자는 훈방하나 스스로 속죄하고자 하면 공표하는 것은 면하여 준다.[64]

그러나 〈부도지〉 11장은 한웅시대의 무여율법 사조四條를 전하고 있다

제1조. 사람의 행적은 언제나 깨끗하게 하여 모르는 사이에 생귀生鬼가 되지 않게 하고, 번거롭게 막혀 마귀가 되지 않도록 하여, 사람들로 하여금 툭 트이게 하여 장애가 하나도 없게 하라.
제2조. 사람이 살아오면서 모으고 쌓은 것(聚積)은 죽은 뒤에 공을 제시하여 생귀의 더러움을 말하지 않게 하고, 함부로 허비하여 마귀가 되지 않도록 하여, 사람들로 하여금 두루 화합하여 유감이 하나도 없게 하라.(普洽無餘一憾)
제3조. 고집이 세고 간사하고 미혹한 자는 광야에 귀양보내 때때로 그 사혹함을 씻게 하여, 사악한 기가 세상에 남지 않게 하라.
제4조. 죄를 크게 범한 자는 섬도暹島에 유배시켜 죽은 뒤에 그 시체를 태워서, 죄업罪業이 지상에 남지 않게 하라.

---

64. 앞의 《주해 한단고기》 191쪽 참조

번한의 금팔조에 대하여 구병삭丘秉朔 씨는, "상고上古 조선민의 관습법으로 또 그것이 동이족 내지 상고 시대 인류 사회에 공통된 만민법적 성질을 가지고 있으며, 현대 형법은 대개 상고 시대의 복수사상에서 발달된 것이므로 원시 형법에는 보복 관념이 강하였다."라고 말하면서, "유명한 바빌로니아의 《함무라비 법전》과 《구약》의 〈성약법전聖約法典 Corenant Code〉 중에는 「눈에는 눈, 이에는 이」라는 구절이 있는데, 이 금팔조 중에는 '상해죄를 곡물로 배상한다'고 되어 있어 《함무라비 법전》이나 〈성약법전〉과 비교하면 훨씬 진보적이라고 할 수 있다."고 했다.[65] 무여無餘의 율법은 금팔조에 비해 보복관념이 전혀 없는 종교적 성질을 띠고 있다고 하겠다.

지금까지 한국 상대上代의 사상과 역법, 그리고 율령律令에서 한국 문화의 본체성을 고찰해 보았다.

3) 단군조선의 문화와 정치

우리는 흔히 우리 민족이 문자를 사용하기 시작한 시기를 한문화漢文化의 접수 이후로 보고, 막연히 고조선 때라고만 한다. 그러나 우리는 한국桓國 시대의 천부경을 신시 시대에 와서 녹도문자로 옮길 만큼의 능력이 있었다. 전혀 다른 계통으로 전해진 우리 민족의 역사서인 《한단고기》와 〈부도지〉는 두 책 모두 이와 같은 사실을 증명할 만한 기록을 담고 있으며, 《단기고사》나 《규원사화》에도 같은 의미의 기록이 있다.

《한단고기》는 우리나라의 문자에 대하여 신시 시대에 신지 혁덕의 녹도문, 왕문의 법류부의전, 자부 선생의 내문, 치우의 투전목이 있었다고 하고, 단군조선 시대에는 태자 부루의 오행과 을보륵의 정음正音이 있었

---

65. 구병삭, 《한국 고대법사》, 고려대출판부, 1984, 6~8쪽 참조

다고 했으며, 또 부여에도 서산書算이 있었다고 했다. 그리고 한자는 왕문의 유범遺範이라고 했다.

3세 단군 가륵은 서기 전 2181년에 삼랑 을보륵에게 명하여 정음 38자를 만들게 했는데 이를 '가림다加臨多'라고 했다. 《단기고사》는 가륵 2년 봄에 박사 을보륵에게 명하여 국문 정음을 정선했다고 하고, 이어 3년 가을에 고설에게 명하여 국사國史를 편찬했다고 했다.

또 《단기고사》는 12세 단군 아한이 천하에 조서詔書를 내려 국경에 돌비를 세우고, 그 비석에 역대 임금들의 이름을 새기되 우리나라의 문자를 써서 영원히 국문을 보전하라고 했으며, 19세 단군 후모소는 3년에 국문 서당을 설치하여 백성을 교육시켰다고 했다.

김시습 선생은 〈부도지〉의 〈징심록 추기〉에서, 「영묘 즉 세종대왕이 박제상가의 후예들을 돌본 것은 당연한 바가 있으며, 훈민정음 28자의 근본이 이《징심록》에서 취해졌음에야 다시 말해 무엇하겠는가」라고 반문하고 있다. 《단기고사》의 기록에 따르면 3세 단군 가륵 때의 을보륵도 정음을 가려 뽑은 것에 불과했다니, 이로 미루어 본다면 원시 한글이 신시 시대부터 있었다는 이론이 성립된다고 하겠다. 한자漢字도 우족牛足점을 치는 풍습이 있던 우리 민족의 우골문牛骨文에서 기원한다는 사실을 중국의 학자들도 인정하고 있다.

그런데 일본에는 우리의 원시 한글과 그 자형이 거의 같은 신대문자神代文字(이세신궁伊勢神宮 소장)와, 대마도의 복부아비류가卜部阿比留家가 천아옥근명天兒屋根命이 직접 전한 것이라고 하여 비밀스럽게 보전하여온 아비류문자阿比留文字라는 것이 있으며, 인도 서북의 고대 인더스강 문명권에 속한 옛 구절라국瞿折羅國이었던 지금의 구자라트주에서도 한글의 자형과 거의 같은 문자를 사용하고 있다. 일본의 신대문자 및 아비류문자, 구자라트문자와 우리의 원시 한글에는 다 같이 'ㅂ'자가 없고 대신 'u'자가 들어 있다.

일본의 몇몇 학자들은 이들 문자와 또 다른 일련의 문자들을 실크·로드계의 문자로 보고 있으며, 페니키아 문자와 관련이 있다고 주장한다.[66] 그러나 그들이 한글의 기원을 서양문자에 둔 것은 대단히 큰 잘못이라고 지적하지 않을 수 없다.

사실 지금까지 한글의 기원에 대한 설은 대단히 많고, 그 중에는 범자기원설梵字起源說, 파사파문자기원설八思巴文字起源說, 서장문자기원설西藏文字起源說, 페니키아문자기원설 등이 있다.[67]

《한단고기》는 제자制字의 원리에 대해 아래와 같이 쓰고 있다.

「무릇 살아 있는 자의 몸은 이것이 일기一氣다. 일기의 안에 삼신三神이 있다. 지智의 근원도 역시 삼신에 있다. 삼신을 일기가 밖에서 싸고 있다. 그 외재外在가 일一이다. 그 내용도 일이다. 그 통제統制도 일이다. 역시 다 함회含會하여 갈라지지 않는다. 그것이 글자의 근원이 되었다. 함회집귀含會執歸의 뜻은 존재하고 있는 것이다.」[68]

여기서 함회집귀란 천·지·인이 한 곳에 돌아옴을 뜻한다. 천·지·인을 ○과 □과 △으로 나타내고 있음을 우리는 알고 있다. 이 ○과 □과 △이 줄어든 것이 ·과 ㅡ와 ㅣ이다. 원시 한글은 모음뿐만 아니라 자음까지도 이 삼재三材에서 기원했다고 보아도 무방할 것이다. 이 삼재 여섯 자 속에는 정음 38자의 모든 자형字形이 들어 있으며, 자모子母가 합하여 한 음절을 이루는 것은 함회집귀의 사상에서 나온 것이라고 할 수 있다.

조선 숙종·영조 때의 실학자 함제 이사질은 그의 저서《훈음종편訓音宗編》에서 훈민정음의 모든 글자의 기원을 천원지방天圓地方에 두고 있다.[69]

66. 가시마노보루,《일본 유다야 왕조의 수수께끼》, 신국민사, 소화59년, 238쪽 이후부터 참조
67. 서병국,《신강 훈민정음》, 학문사, 1984, 20쪽 참조
68. 앞의《주해 한단고기》207쪽 참조
69. 이성구,《훈민정음 연구》, 동문사, 1985, 26쪽 참조

가림다문加臨多文은 가로 병서가 아닌 세로 병서 체계를 위주로 만들어졌다. ㅋ=ㄱ, ㅈ=ㅅ, ㅊ=ㅅ, ㅎ=ㅇ, ㄹ=ㄹ등이 그렇다.

한국어와 한글은 종성이 발달했다. 종성이 발달했다는 사실은 역사가 오래 되었다는 말로 해석할 수 있다. C. J. Ball과 M. A. , D. Litt는《중국어와 수메르어Chinese and Sumerian》라는 중국어와 수메르어의 비교 연구서를 낸 적이 있는데, 수메르어와 중국어가 서로 다른 점이 많아 이 방면의 연구가 매우 어려웠다고 한다. 한자漢字가 한국의 우골문에 기원을 두고 있고, 왕문王文이 제작한 법류부의전의 유범遺範이라면, 앞으로 한국의 학자들은 망설임없이 한국어와 수메르어의 비교연구에 적극적으로 참여해야 할 필요가 있다고 생각한다.

한국어는 가장 오래된 언어이며, 한국인은 가장 오래된 문자를 가지고 있는 민족이다. 마고성에서 서남으로 분파한 한민족도 서기 전 2000년경부터 바빌로니아와 인도를 떠나 고향으로 돌아왔다고 보는 것이 설득력 있는 논리라고 할 것이다. 한글과 페니키아 문자의 연관성도 한글의 기원으로 보아 설명이 가능하며, 그렇기 때문에 페니키아 문자가 한글에 기원을 둔 것이라고 하지 않을 수 없을 것이다.

분류하기에 따라 다르겠지만, 단군조선 시대의 문학 작품으로는《단기고사》와《규원사화》의 것을 제외하고《한단고기》에 24편, 〈부도지〉에 2편이 전한다.《한단고기》의 24편은 시가詩歌가 1편, 조서詔書[70]가 3편, 고신가古神歌[71]가 4편, 진언進言 및 헌책獻策[72]이 3편, 서고문誓告文[73] · 염표念表[74]가 7편, 헌가獻歌가 2편, 포고문布告文이 1편, 구문構文이 1편, 송頌이 1편이며, 〈부도지〉의 2편은 모두 시가詩歌다.

---

70. **조서** 왕의 명을 일반에게 알리고자 적은 문서.
71. **고신가** 옛 신들을 노래한 시가.
72. **헌책** 일에 대한 방책.
73. **서고문** 맹세하고 알리는 글.
74. **염표** 생각을 나타냄.

우리나라 문학 작품 중 기록상으로 가장 오래된 것은 〈부도지〉에 수록된 '포도가葡萄歌'다. 한시漢詩로 번역되었지만 뜻만은 명확하게 전해주고 있다. 배경 설화에 의하면 마고성에서 지유를 먹고 살던 지소씨가 처음으로 포도의 맛을 보고 취하여 부른 노래로, 비슷한 설화가 《구약성서》에도 전해지고 있다.

이들 문학작품들은 대부분이 삼신사상과 관계되는 것들로 우주의 원리와 인간의 도리에 바탕을 두고 있으며, 시가류詩歌類는 주로 조상 숭배를, 포고문布告文과 염표문念表文 등은 교화와 치화治化의 방법을 말하고 있다. 그러나 '포도가'는 인류에게 낙원을 잃게 만든, 소위 오미의 변을 가져온 시인 만큼 그 주제가 완전히 다르다.

단군조선 시대의 교육은 삼신사상의 수련장소인 소도에서 맡고 있었다. 홍익인간이란 통치이념과 재세이화와 접화군생接化群生이라는 시정 방침의 실현을 목표로 하는 단군조선이 교육 장소를 소도로 택한 것은 당연하다. 광활한 영토를 지배하고 있던 단군조선으로서는 아시아의 남방에 있는 도서지방에까지 관리를 파견해야 했으며, 이러한 인재들은 국가적인 교육을 통해 배출되었다.

소도는 그 자체가 이상국가의 상징이요 국민 정신의 고향이었으며, 이러한 국민 정신의 발원지인 교육 장소에서 양성된 인재들은 강인한 정신력을 가지고 있었다. 널리 알려진 바와 같이, 신라시대 화랑들의 국토순례는 마고성 이래 국자랑들의 유습이었다. 1세 단군은 그의 통치기간 동안에 거의 방문하지 않은 곳이 없을 정도로 자신이 직접 동서남북의 여러 종족들을 순방하여 화합을 도모하고 부도를 건설했다. 소도라는 낙원에서 교육받은 국자랑들은 지구상 방방곡곡으로 흩어져 낙원에 대한 꿈을 심어주고 화합과 복낙원을 설파했으리라고 본다.

《한단고기》에서는 소도의 옆에 반드시 경당局堂이라는 집을 세워 아직 결혼하지 않은 젊은이들을 교육했다고 하는데, 그들을 가리켜 국자랑이라고 했으며, 이들이 밖에 나갈 때는 머리에 천지화天指花를 꽂았으므로 사람들이 천지화랑이라 불렀다고 한다.

　소도 경당에서의 교육 내용은 다양했으며 계율도 엄격했다. 정신교육은 따로 실시하여《천부경》과《삼일신고》및《참전계경》을 강독했으며, 독서, 궁술, 마술, 예절, 음악, 봉술, 검술 과목이 있었고, 천문, 지리, 역수曆數, 박물博物 교육도 실시했다. 소도 경당에서의 교육은 현대 교육과 비교해도 손색이 없었다. 정신교육은 오히려 지금보다도 더 발달했던 것 같다. 이렇게 철저하게 실시된 정신교육에서 2,000년 간을 지탱할 수 있었던 단군조선의 힘이 솟아났을 것이다.

　단군조선은 앞에서도 밝힌 것처럼 47대 2,096년 간 존속했다. 마한은 45대로 상국上國인 단군조선 본국과 함께 망했으며, 번한은 74대를 전하여 서기 전 194년에 최후의 왕 기준이 떠돌며 노략질하는 도적 위만에게 쫓겨 바다로 들어감으로써 끝을 맺었다. 번한의 대수가 마한보다 많은 것은, 번한이 한족과 인접한 서쪽에 있었기 때문에 그만큼 정사가 어지러웠기 때문이며, 마한보다 40년 이상을 존속한 것도 한 원인이다.

　지금 일부 사가들은 번한의 멸망을 고조선이 망한 것이라 하고 번한을 단군조선으로 보고 있는가 하면, 번한 최후의 왕이 기준이므로 은나라의 기자가 단군조선의 왕이 된 것으로 오해하고 있으나, 번조선 혹은 번한은 단군조선의 제일 마지막 집에 불과하며, 기준은 번조선 최후의 왕일 뿐 단군조선 최후의 왕검은 아닌 것이다.

　단군조선의 통치제도는 일국一國 삼한三韓 제도였다. 진한은 단군왕검이 직접 통치했으며, 마한과 번한에는 각각 비왕裨王을 두어 좌우에서 왕검을 보필하도록 했다. 비왕의 밑에는 다시 크고 작은 군소국들이 있어 그 통치자를 왕, 욕살, 읍차, 한이라고 했다. 중국사에 마치 단군조선이 없는 것처럼 비춰지기도 한 것은 이들 군소국들의 활발한 활동이 중국 사람들의 눈을 가렸기 때문이었다.

단군조선의 초기에는 우가牛加나 양가羊加 출신이 단군왕검이 된 사람이 많았다. 초기 왕검의 승계 방식은 합의제가 우세했으며, 후대로 갈수록 태자 상속권이 강화되었다. 마한이나 번한은 상국인 진한에 비해 형제상속의 경우가 많았다. 본국 진한 단군왕검들의 승계 방식을 살펴보면, 태자 승계가 28명으로 가장 많고, 우가가 7명으로 그 다음이며, 미상未詳이 4명, 양가가 2명, 우현왕이 1명, 욕살이 1명, 상장이 1명, 막연하게 아들로 되어 있는 것이 1명, 동생이 1명이다.

단군조선 당시의 통치 조직을 잘 나타내 주는 기록으로 서기 전 2049년에 구월산에서 제사를 지낸 다음 신지 발리가 지은 '서효사誓效詞'가 있다. 단군조선의 통치 조직은 지방 분권제였다. 이러한 제도는 중앙 집권적인 통치 능력의 결여 때문이 아니라 당시의 사회를 지배하고 있던 사상 즉 삼신사상의 원리에서 연유한 것으로, 어디까지나 우주와 자연의 법칙에 따른 인간의 존엄성에 바탕을 두고 있었다.

패도覇道나 왕도에 그치는 것이 아니라 천도天道정치의 깊은 철학을 실현하고자 했던 단군조선으로서는 지방분권적 제도가 가장 이상적인 통치 형태였으며, 그러한 통치 형태가 2000년 이상이나 존속했다는 것에서 그 당시 국민들의 신념과 애국심의 깊이를 알 수 있다.

4. 대한국 문화의 영향

1) 중국 문화에 끼친 영향

위에서 여러 차례 고찰한 바와 같이 중국은 한국에서 분가했으나 지금도 대다수의 사람들은 이와는 반대로 오히려 우리 한국이 중국을 모방했으며, 당대에서는 신라는 물론 발해까지도 중국의 외방 국가였거나 중국 문명의 위성衛星이었다고 생각하고 있다. 그러므로 그와 같은 잘못을 바로잡기 위해 여기서는 중국의 신화와 역사에 나타난 중국의 근원부터 고찰하여 연구해 보기로 한다.

중국의 사서, 예컨대《삼오역기三五曆紀》나《통감외기通鑑外紀》등에 의하면, 중국의 역사는 우리가 앞에서 이미 살펴본 바 있는 반고신화盤固神話에서부터 시작하고 있다.《18사략》은 반고의 뒤를 이은 왕으로, 천황씨와 지황씨와 인황씨를 들고 있으며, 인황씨와 그 형제들이 150대를 이어 4만 5천6백 년을 지냈다고 했다. 인황씨 다음으로는 유소씨와 수인씨가 승계했다. 복희씨는 수인씨 다음으로 등장하며, 여와씨와 신농씨가 대를 이었다.

《사기》의 일설은 인황씨로부터 오룡씨, 수인씨, 대정씨, 백황씨, 중앙씨, 권수씨, 율육씨, 여연씨, 혁서씨, 존노씨, 혼둔씨, 호영씨, 유소씨, 주양씨, 갈천씨, 음강씨, 무양씨가 대를 이었다고 했다. 다음으로 등장하는 인물들이 황제, 전욱, 고신, 요, 순의 소위 오제들이다. 삼황오제에 대해서는 여러 설이 있다. 사마천은 황제, 전욱, 고신, 요, 순을 오제라고 했다. 그러나 삼황에 대해서는 기재하지 않았다. 한漢의 공안국은《상서尙書》의 서문에서 복희, 신농, 황제를 삼황이라 하고, 소호, 전욱, 고신, 요, 순을 오제라고 했다. 후한의 정강성은 복희, 여와, 신농을 삼황이라 하고, 제홍, 금천, 고양, 고신, 당우를 오제라고 했다. 송의 오봉호와《주역 계사전》은 복희, 신농, 황제, 요, 순을 오제라고 했다.

중국의 삼황오제설은 한국의 삼신오제설을 모방·개조한, 그야말로 진짜 신화에 불과하다. 중국의 최고 창조신인 반고는 한국桓國의 말에 공공, 유소, 유묘, 유수를 거느리고 삼위산의 납목동굴에 이르러 임금이 된 신시의 분국 군주 제견 반고가한이다.[75]

---

75. 앞의《주해 한단고기》34쪽 참조

반고盤古는 반고盤固, 반호繫瓠라고도 쓴다. 반고신화는 중국 남방의 요족, 묘족, 여족들 사이에도 전해지고 있다. 요족들은 반호를 제사지낼 때 아주 경건하게 받들며, 반왕 즉 반고는 사람의 생과 사, 수壽와 요夭, 부와 빈을 모두 맡고 있다. 묘족에도《반왕서盤王書》라는 것이 있어서 묘족의 민중들 사이에 대대로 전하고 있으며, 이《반왕서》에 의하면 반고는 모든 문물과 기구의 창조자이다.

중국은 삼국시대에 이 반고전설을 받아들였다. 오나라의 서정은《삼오역기》에서 반고전설에 자신의 상상을 더하여 천지를 개벽한 신화를 창작했으며, 이에 따라 중국 민족은 반고를 공동의 조상으로 받아들였다.[76] 반고는 원래 한민족이었음을 우리는 알고 있다.

반고전설은 복희씨의 전설과도 깊은 연관이 있다. 반고는 원래 사람의 귀(耳)에서 나온 벌레로, 쟁반(盆)을 덮어 둔 뒤웅박 속에서 용견龍犬으로 변하고, 다시 이 용견이 금으로 된 종속에서 엿새 밤낮을 지낸 후 하루가 부족하여 개의 머리를 한 괴상한 사람이 되었다.

복희의 전설도 중국 서남 지구의 묘족, 요족, 동족, 이족 사이에 전해지고 있다. 복희에 대한 광서성 융현 라성의 요족 사람들 사이의 전설에 따르면, 복희 남매는 이름없는 용사의 자녀로, 꼭지를 따낸 박(瓠)을 타고 홍수를 피했기 때문에 복희伏羲라고 이름지었다고 하며, 복희는 곧 포희匏戱로 박이라는 뜻이라고 한다.

《한단고기》〈소도경전 본훈〉에 의하면, 복희는 신시에서 우사雨師[77]로 여섯 가지 가축을 길렀다고 했다. 복희는 신시에서 태어나서 우사의 직을 세습하고, 뒤에 청구靑邱와 낙랑을 경유하여 마침내 진陳으로 옮겨 수인, 유소와 함께 서토西土에서 입호立號했다고도 했다.[78]

---

76. 앞의《중국 고대신화》19~20쪽 참조
77. **우사** 비를 관장하는 관리
78. 앞의《주해 한단고기》146쪽 참조

미천한 벌레가 박 속에서 용견으로 변하고, 다시 사람으로 변하여 견두인신犬頭人身 개벽의 신이 된 반고전설과, 무명용사의 아들로 태어나 박을 타고 홍수를 모면한 후 우사가 되어 육축을 기르고 인두사신人頭蛇身의 인류 시조가 된 복희전설은 신화학상으로 서로 깊은 연관이 있다고 할 수 있다.
　개에 대한 신화는 중국, 일본, 베트남, 인도, 가나안, 이집트에까지 분포되어 있다. 개에 대한 전설은 한국에도 심심찮게 분포되어 있으며, 최상수 씨는 이를 취중산화형醉中山火型 의견전설義犬傳說, 복수형復讐型 의견전설義犬傳說, 의지형依支型 의견전설義犬傳說로 구분하고 있다.[79]
　개에 대한 전설은 자칫 남방 문화의 산물로 규정짓기 쉬우나, 곰 숭배와 여우 신화, 혈거와 뼈로 만든 화살촉을 사용하는 북방문화에서 시작했을 것이다. 묘족이나 요족 등은 처음부터 남방에서 거주한 민족이 아니다.
　베트남의《대월사기전서大越史記全書》에서는 그들을 신농씨의 후손이라고 하며,[80] 원가씨는《중국 고대신화》에서 묘족이 황제의 자손이었으나 치우와 합세하여 모반했으므로 남방으로 추방되었다고 했고,[81]〈부도지〉는 19장에서 순이 현자賢者를 찾아 죽이고 묘족을 정벌했다고 했다.
　중국 문화는 독자성과 근간이 없는 문화였다. 그들은 동서남북 사방의 문화를 수용하여 신화를 만들고, 편리할 대로 역사를 조작했음을 알 수 있다. 조셉 니담시는 아래와 같이 기술하고 있다.

「근대의 연구 조사(특히 Eberhard)를 통해 중국 사회의 형성기에 발전하고 있던 몇 개의 개별적인 문명의 요소가 있었음이 밝혀졌다. 당장 확

---

79. 최상수,《한국 민족 전설의 연구》성문각, 1985, 114쪽 참조
80. 류인선,《베트남사》민음사, 1984, 17쪽 참조
81. 앞의《중국 고대신화》78쪽 참조

인된 기본적인 문화에만 여섯 종류가 있다. 곧 (1)북방문화(앙소인과 용산인에게 유력한 영향을 미친)로 성격상으로는 원시 퉁구스족의 것, (2) 서북방 문화로써 유목민에게 영향을 미친 원시 터키족의 것, (3)서방의 원시 티베트족의 것, (4~6)세 개의 남방 또는 동남방문화로써 원래는 대양의 영향을 받아 발전하고 월越[82]이라는 이름으로 총칭된 듯한 원시 타이족의 것으로 불리는 문화다.」[83]

원시 터키족과 티베트족, 타이족들은 한족桓族의 일족이었다. 고대의 대한국인大韓國人은 중국도 독립된 국가로 인정하지 않았다. 아래를 보기로 한다.

「侯國

西土 盤古可汗, 時惟神市桓雄之歲有西土之地盤固者欲分道而往請乃許之三危拉木洞而立爲君謂之曰盤古可汗也. 傳工共有巢有苗有燧.

中土 震帝國, 自桓雄天王五傳太虞儀桓雄 季者太皥復號伏羲世襲雨師之職遂從于陳竝與燧人立號於西土也. 癸酉封西土君主後中土震帝傳妹女媧.

中土 有熊國, 熊國之西鄙分曰少典安夫連桓雄之末宗室少典封有熊國君主以命監兵于姜水以己未之年也.

中土 炎帝國, 炎帝神農氏有熊國君主少典子石年出長於姜水爲姓姜生因神龍爲氏神農伏義之沒神農氏作繼位以火德王故號炎帝初仍設都於陳徙都山東曲阜在位一百四十年傳子孫帝臨魁在位八十年帝承在位六十年帝明在位四十九年帝直在位四十五年帝氂在位四十八年帝哀在位四十三年帝楡岡在位五十五年傳檀熊國王.

---

82. 월 후에는 남동쪽에 있는 한 나라의 이름이 되었다.
83. 조셉 니담,《중국의 과학과 문명》을서문화사, 1985.

檀檀熊國, 慈烏支桓雄二甲年甲子以命炎帝榆罔子窮桑檀熊國君主都於空桑號曰帝魁在位九十一年傳子孫承繼帝罔在位七十一年帝成在位七十六年泰帝在位六十年洪帝在位四十二年聖帝在位二十四年國人戴承大統檀帝天子位.

中土 熊國, 檀國桓儉蚩尤天王起天兵直赴涿鹿之野擒軒轅而臣之後以命軒轅黃帝中土熊國君主在位一百年少昊金天氏八十四年顓頊高陽氏在位七十四年帝嚳高辛氏在位七十年帝摯在位八年唐堯陶唐氏在位一百年喪二年帝舜有虞氏在位四十八年喪二年夏禹以後商殷周漸次離脱別建國號曰中國也..」[84]

한국의 역사는 중국에 들어가 신화가 되고 또 역사가 되기도 했다. 《사기》와 함께 베트남의 《대월사기전서大越史記全書》에 수록된 신농씨의 4세손 제명[85]은 한국의 사서 《한단유기》의 기록, 한국의 후국인 염제국 4대 제명과 일치한다.

우리는 한웅 천왕이 죄인을 섬도에 유배하도록 했다는 무여의 법조문과 함께 김수로왕 부인 허황옥의 아유타도래阿踰佗渡來, 인도인의 신라에 대한 호칭인 구구타예설라矩矩吒瞖說羅, "신라는 보르네오어의 시라히스로 해가 뜨는 곳이므로 일본이라는 말도 실은 신라의 동의어로서 '신라 일본부'라고 하는 것이다."라고 한[86] 가시마노보루의 말 등을 깊이 음미해 보아야 할 것으로 생각한다.

2) 서양문화에 끼친 영향

우루 근처에 있는 지구라트 중 일부에는 제일 위층에까지 관개灌漑시설이 되어 있으며, 꼭대기에는 나무가 서 있다. 가까이 가 본 여행자에

---

84. 앞의 《한단고기》 참조
85. 앞의 《베트남사》 17쪽 참조
86. 가시마노보루, 《실크로드シルクロード의 천황가》, 신국민사, 소화59년, 119쪽 참조

게 그 푸른 나무의 모습은 마치 하늘에 떠 있는 것처럼 보인다. 특히 들판과 성벽과 건물들이 햇볕에 그을려 암갈색으로 보이는 건조기에는 그 모습이 더욱 선명하다. 우루인들이 왜 신전 꼭대기에, 그것도 관개시설까지 해가며 나무를 심었을까? 이러한 의문은 아직까지 풀리지 않고 있다. 피라미드나 지구라트의 유래는 세계 8대 불가사의라 할 만큼 미궁에 빠져 있다. 그러나 이러한 불가사의도 언젠가는 사람들의 노력에 의하여 풀리게 되어 있다.

《한단고기》에 의하면, 고대 한국에서는 소도나 무덤 주위에 잣나무나 버드나무 등을 많이 심고, 제일 큰 나무를 가려내어 그 나무에 한웅 천왕의 상을 봉하고 제사를 지냈다고 한다. 또 매년 10월 상순에는 하늘·땅·조상에게 제사를 지냈는데, 하늘에는 원단圓壇을, 땅에는 방구方丘를 쌓고 조상에는 각목角木을 세우고 제사를 지냈다. 고대 한국인에게 소도 주위의 나무나 제사지낼 때의 각목은 바로 조상이었다. 이 산꼭대기에 서 있는, 한웅의 상이 봉해진 나무를 우리 조상들은 '산상웅상山像雄常'이라 했으며, 엘리아데는 '우주목宇宙木'이라고 표현했다.

우루의 지구라트 위에 서 있는 나무가 한국의 산상웅상과 같은 의미를 지니고 있다고 하면 반대 의견을 내세울 사람이 있을까? 산꼭대기에 서 있는 신시의 나무와 삼각형 모양의 지구라트 위에 서 있는 우루의 나무 사이에는 어떤 차이가 있을까. 산이 없는 평지에 살고 있던 메소포타미아 평야의 우루인들은 산 모양의 지구라트를 쌓은 후 꼭대기에 나무를 심었던 것이 아닐까?

이보다 먼저 한국에서는 파미르고원의 마고성 시대에 궁穹과 소巢를 만들어 직무에 임하는 제도가 있었다. 이때 토土와 수水를 맡은 자를 궁穹이라고 했으며, 기氣와 화火를 맡은 자를 소巢라고 했다. 황궁씨와 청궁씨, 백소씨와 흑소씨의 호칭은 그 직책에 따라 생긴 성씨였다.

그런데 궁이나 소가 구체적으로 무슨 직책을 수호하는 곳이며 어떻게 생겼는지에 대해서는 상세한 기록이 없어 알 길이 없으나, 다만 위에서 말한 것처럼 두 궁씨는 토와 수를, 두 소씨는 기와 화를 맡았다고 한 점과, 작궁수직作穹守職이나 작소수직作巢守職이라는 용어, 그리고 〈부도지〉 5장에 보이는 등소登巢, 소란지만리도실巢欄之蔓籬萄實 강소란보이가降巢欄步而歌 등의 말을 연결·정리하면 소가 상당한 면적을 가진 공간이었음을 알 수 있다.

〈부도지〉 25장에서 박제상은, 마고성에서 서쪽으로 이주한 백소씨와 흑소씨의 후예가 이와같은 소를 만들던 풍습을 잊지 않고 높은 탑과 계단을 많이 만들었다고, 아래와 같이 증언하고 있다.

「有戶氏이 率其徒하고 入於月息星生之地하니 卽白巢氏黑巢氏之鄕也라. 兩巢氏之裔이 猶不失作巢之風하여 多作高塔層臺러라. 然이나 忘失天符之本音하고 未覺作塔之由來하여 訛轉道異하고 互相猜疑하여 爭伐爲事라. 麻姑之事는 始化奇怪하여 珉滅於虛妄하니 有戶氏周行諸域하여 說麻姑之道와 天符之理하니 衆皆訝而不受러라. 然이나 唯其典古者이 悚然起來而迎之하니 於是에 有戶氏이 述本理而傳之라.」

위 글을 알기 쉽게 풀이하면, 단군의 신하였던 유호씨가 그 무리를 이끌고 서방으로 갔는데, 그 곳은 마고성에서 분거했던 백소씨와 흑소씨의 땅이었으며, 그 후예들이 오히려 소를 만드는 풍습을 잊지 아니하여 높은 탑과 계단을 많이 만들었으나 천부의 본음을 잊어버리고 탑을 만드는 유래를 알지 못하여 서로 싸우므로, 유호씨가 천부의 이치 즉, 천부경의 원리를 전하였다는 내용이다.

서양에서의 높은 탑이나 계단은 바벨탑이나 지구라트이며 피라미드이다. 이것들은 마고성의 소를 만들던 풍속에서 연유했으며, 소를 만든 근본 목적은 하늘의 소리 곧, 천부의 본음을 듣기 위한 것이었다. 천부음은 하느님이 내려준 소리이며, 탑은 하느님의 목소리를 더욱 가까운 곳에서 듣기 위해 만든 계단이었다고 할 수 있다. 계단 위의 나무는 하느님에 대한 접근 의지를 나타낸 것이 아닐까. 걸어서 계단 위에 오른 사람들은 더 높은 곳에 오르고 싶은 충동이 있었을 것이다.

고대인은 하늘에는 하느님, 곧 천제가 살고 있다고 믿었던 것 같다. 그리고 하늘에 사는 천제들은 사다리를 타고 하늘과 땅을 오르내렸다는 신화가 아메리카 인디언에게도 전해진다. 탑이나 계단, 나무와 사다리는 천계와 지계를 연결하는 통로였으며, 하느님과 인간 사이의 대화의 장이기도 하다.

천부의 음, 하느님의 목소리는 종소리로 상징된다. 반고는 종 속에서 용견龍犬이 사람으로 변했다. 교회나 사찰이 다 같이 종소리를 매체로 신자信者와 연결되어 있음을 생각하면 이와같은 논리는 더욱 타당성을 얻는다. 또 이와같은 논리에서만 성경에 등장하는 태초의 말씀의 뜻을 올바르게 이해할 수 있을 것이다. 말은 소리로 구성되어 있다.

종은 귀고리에서 유래한 것이라고 본다. 오늘날에는 귀고리를 단순히 귀장식으로만 표현하고 있으나, 귀고리는 본래 장식품이 아니고 천부의 음을 듣기 위해서 사용한 것이었다. 〈부도지〉 4장은 「이유오금耳有烏金하여 구문천음具聞天音한다」고 했다. 신라 귀고리의 둥근 고리는 속이 비어 소리가 울릴 수 있게 되어 있으며, 고대의 중국에서는 귀고리를 잘 사용하지 않았다고 한다.

지구라트나 피라미드가 한국에서 유래한 것이라는 주장에 대해, 그러면 왜 한국에는 지구라트나 피라미르가 하나도 없느냐고 반론을 제기할 사람이 있을지도 모른다. 하지만 그렇지는 않다. 강화도의 참성단은 밑은 둥글고 위는 사각형인 지구라트이며, 고구려 시대의 고분도 대부분 소형 지구라트이다.

높은 탑이나 계단의 잔영은 지금도 우리 생활의 주변에 남아 있다. 신주神柱는 1년 4시절 12개월 12시간의 원리에 따라 만들어지고 있으며,

일본의 주柱, 하시라はしら도 산 위의 나무가 방 안으로 들어가 주신主神이 된 것이다. 지금 우리가 보는 한국 사찰의 탑도 처음에는 규모가 컸던 것임을 생각할 때 높은 탑이나 계단이 변형된 것임을 알 수 있다.

유호씨는 지금으로부터 약 4,300여 년 전에 메소포타미아 지역으로 건너가 전교했으며, 그때 그가 직접 눈으로 보고 남긴 증언이 바로 앞의 인용문이다. 메소포타미아나 이집트 및 아메리카 대륙에 있는 지구라트나 피라미드, 인도에 있는 탑들은 모두가 그 기원을 우리 한국의 소와 산상웅상에 두고 있으며, 그것을 쌓은 본래의 목적은 천부의 본음 즉, 훗날의 천부경을 바르게 듣고 이해하기 위한 것이었다. 그러기 위하여 귀에 오금으로 만든 귀고리를 달았다.

영국의 고고학자 하워드 카터는 1922년에 이집트의 테베에 있는 왕묘의 골짜기에서 투탄카멘 왕(서기 전 1358~1349년)의 분묘를 발굴하고 논문을 발표했다. 이 논문에서 그는 아래와 같이 쓰고 있다.

「투탄카멘 왕의 피라미드 내부 전실 외곽의 동쪽 구석에는 두 짝의 두꺼운 접는 문이 나 있었는데, 구리로 만든 꺾쇠에 물린 흑단黑檀의 빗장으로 잠겨 있었으며, 널빤지는 지하세계의 동굴을 수호하는 머리가 없는 이상한 모습을 한 신이 장식되어 있었다.

외곽 북쪽 벽 사이의 바닥에는 왕의 돛배가 지하세계의 물을 건널 수 있도록 주술의 노櫓가 놓여져 있었다. 투탄카멘은 이교도의 파라오인 아케나텐의 사위로 서기 전 1352년경에 왕위를 계승했다.」[87]

지하세계의 물은 이승과 저승을 나누는 강물로, 우리 민간 신앙에서는 저승에 갈 때 건너지 않으면 안 되는 강으로 본다.

영국의 고고학자 제임스 멜라르뜨 교수는 1950년대와 60년대에 걸쳐서 터키의 남쪽 코냐 고원에서 수메르 문명보다 3천 년이나 앞서는 카탈

---

87. 최몽룡,《인류문화의 발생과 전개》, 동성사, 1985, 86~74쪽 참조

후이욱Catal Huyuk이라는 문명을 발굴했다. 여기서 발견된 건조물은 흙으로 지어졌고 구조는 장방형이었으며 구석에 창고가 있는 단층집이었다. 그런데 이 집은 특이하게도 입구가 지붕 위에 있었다. 즉 지붕을 통해 나무로 된 계단을 지나 안으로 들어가도록 되어 있었다.[88]

《위서魏書》〈물길전勿吉傳〉에는 주거형태에 대한 아래와 같은 기록이 있다.

「땅은 낮고 습하고 성을 쌓아 혈거한다. 집의 모양은 무덤에 가깝고 입구는 위로 열며 사다리를 타고 출입한다.」

양쪽 집 모두 입구가 지붕 위에 있었으며, 나무로 된 계단을 타고 출입했다. 사다리는 나무로 된 계단이다. 아시아 대륙 동쪽 끝에서 살았던 물길족의 집과, 서기 전 5650년경에 정반대 되는 서쪽 끝에서 살았던 카탈 후이욱 사람들의 집 구조가 이렇게 서로 닮았다는 사실은 우리에게 문화의 동근설同根說을 뒷받침해주는 증빙 자료 이상의 것을 제공한다고 할 수 있다.

서기 전 550년경에 수학자 피타고라스는, 직각을 네 번 움직이면 다시 제자리로 돌아온다는 사실에 근거한, 건축기사의 삼각자를 지배하는 숫자적 원리는 어떤 것인가 하는 의문을 가지고 있었다. 그리고 그는 직각삼각형의 빗변이 만드는 정사각형의 넓이는 다른 두 변이 만드는 정사각형의 넓이의 합과 같다는 것을 증명해내고야 말았다.

피타고라스는 자신의 증명을 가리켜 '자연 그 자체의 구조의 한 부분'이라고 했다. 자연은 그것을 푸는 열쇠라는 뜻이었다. 피타고라스는 제자들에게 자연은 숫자에 의해 다스려진다고 가르쳤다. 그는 자연에는 하모니가 있다고 했으며, 자연의 다양성 속에 통일이 있고 그 나름대로의 언어가 있으며 그것이 곧 숫자라고 했다.

---

88. 앞의 《인류문화의 발생과 전개》 31~39쪽 참조

피타고라스는 음악적인 하모니와 수학 사이에 근본적인 관계가 있다고 믿었다. 그는 일현금一絃琴을 사용해서 음계의 이론을 세웠다. 그는 이내 만물의 근원을 수라고 주장했다. 천체의 운행은 음악의 음정과 관련시켜서 계산해 낼 수 있다고도 했다.

피타고라스에게는 그리스 문화 전반에 영향을 준 아시아 문화의 영향이 있었다. 그리스의 국경 지역인 사모스 섬은 아시아의 미노르 섬에서 불과 1.6km 떨어져 있다. 이곳을 통해서 고대 아시아의 문물이 그리스로 흘러 들어갔으며 다시 흘러나오기도 했다. 고대 그리스 문명은 아시아 문명의 일부였다.[89]

천부경에 나타난 ○과 □과 △은 단순한 도상만은 아니다. 이것은 하늘과 땅과 사람과의 관계 표시다. □을 겹치면 ✿이 되어 밫향을 나타내고, △을 겹치면 ✿이 되어 많은 사람들 또는 남자와 여자를 나타낸다. 하늘 아래에는 땅이 있고 땅 위에는 사람이 살고 있다. 땅과 사람이 합치면 '십+' 자가 된다. '십+' 자는 하늘과 땅과 사람이 한 데 합한다는 뜻이다. 하늘의 뜻은 사람에 의해서만 실현될 수 있기 때문이다. 이것이 회삼귀일會三歸一이요, 집일함삼執一含三이다.

〈부도지〉에 의하면 음이 천지만물을 창조했다. 피타고라스의 학문과 사상은 한국의 천부경 사상을 계승한 것이다. 서구문화의 기초가 된 그리스 문화도 한국 문화의 영향 아래 자랐다. 그런 다음 브로노브스키의 말처럼 그들의 문명이 우리에게로 옷을 바꿔 입고 되돌아왔다.

3) 〈부도지〉와 《구약성서》〈창세기〉

〈부도지〉는 신라 19대 눌지왕(재위 기간 417~458) 때의 충신 박제

---

[89] J.브로노브스키,《인간의 역사》, 삼성문화재단, 1976, 119~147쪽 참조

상 선생의 저서다. 박제상 선생은 보문전 이찬으로 재직하는 동안 여러 가지 책들을 열람하고 향리인 삽량주獻良州 간干이 되어 집안에서 전해지는 서적들을 중심으로《징심록》을 저술했다.〈부도지〉는《징심록》 15지 중의 제1지. 이 책의 저작 연대는 414년에서 418년 사이가 될 것이다.

《징심록》 중에서 지금은 〈부도지〉밖에 전하지 않는다. 박제상 선생은 이 책이 광명廣明의 시대부터 있었다고 했다. 〈징심록 추기〉를 쓴 김시습 선생은《징심록》 기술의 근본이 고사에 근거하여 증각자證覺者에게서 나온 것이 분명하며, 비단 제상 선생 집안에 전해지는 책만이 아니요, 보문전 이손伊飡 십 년 사이에 반드시 상세한 것을 얻었을 것이라고 말하고 있다.[90] 한국사에 있어서의 광명의 시대는 파미르고원의 마고성시대에까지 소급된다.

우리가 마고성을 떠나올 때 백소씨는 서쪽으로 갔다. 그 후 단군왕검 때 유호씨는 백소씨의 향리로 들어가 전교傳敎했다고 한다. 그 이전 백소씨의 후예들은 단군왕검의 제시祭市에 참회參會했으며, 황궁씨는 둘째와 셋째 아들에게 각주를 순행하게 했다.

《구약》을 구성하는 39권의 책 중 대부분은 노예시대에 편찬이 착수되어 서기 전 5세기에 완성되었다. 〈창세기〉, 〈출애굽기〉, 〈레위기〉, 〈민수기〉, 〈신명기〉 등의 예언서가 그것이다.

이스라엘 민족의 종교는 처음부터 일신교는 아니었다. 그들이 기도하는 신은 여호와만은 아니었으며, 페니키아의 신, 앗시리아의 신, 바빌로니아의 신 등에 대한 예배도 많이 유행했다. 이교적異敎的인 제의도 널리 행해지고 있었으며, 특히 가나안 민족과 이스라엘 민족의 의식상의 기본 용어들은 공통되는 것들이 많다. 노예시대의 문서 예언가들이 그들

---

90. 〈징심록 추기〉 4장 참조

의 종교를 일신교로 발전시켰다.

〈부도지〉 33장에 흐르고 있는 일관된 주제는 복본사상이다. 자기 희생적이며 순교적인 이 복본사상은, 황궁씨에게 천산에 들어가 돌로 변하여 자신을 버림으로써 대성 회복의 서약을 성취하게 했으며, 유인씨에게는 계불禊祓을 전수하게 했다.

기독교 사상은 약속과 희망의 사상이다. 예언자들은 지상의 종말과 하나님 및 그 백성들의 영광을 약속했다. 이 약속은 근동近東[91] 신화의 자료에 따른 것이었다. 이란이나 바빌로니아에서 유래한 근동 신화의 종말론은 계속 유대교의 희망, 한국의 선후천 개벽사상과 유사한 희망에 영향을 끼쳤다.

기독교인의 희망은 이상적인 현실이 아니었다. 그들의 희망은 모든 궁핍과 병고가 종말을 고하지만, 이 세상도 함께 끝나는 것이었다. 그러나 그러한 궁핍과 병고가 없는 세계가 현실의 세계냐, 아니면 새로이 창조되는 낙원의 세계냐 하는 것만 다를 뿐 회복을 갈구하는 복본의 사상임에는 다를 바가 없다.

메시아 운동이 정점에 달했을 무렵, 요단강 가에는 세례 요한이라는 한 예언자가 나타나 회개를 선포했다.

「독사의 자식들아, 누가 너희에게 가르쳐 임박한 진노를 피하라 하더냐. 그러므로 회개에 합당한 열매를 맺고 속으로 아브라함이 우리 조상이라고 생각지 말라. …… 이미 도끼가 나무뿌리에 놓였으니 좋은 열매를 맺지 아니하는 나무마다 찍어 불에 던지우리라.」[92]

제의적祭儀的인 정결을 부여하는 세례는 유대교와 근동의 다른 종교에서 옛부터 행해졌다. 세례는 회개하게 했다. 세례를 받은 자는 하나

---

91. **근동** 유럽에 가까운 동양의 여러 나라, 동양의 서쪽 지역, 터키, 시리아, 레바논, 요르단, 이스라엘에서 이집트까지를 포함한다.
92. 〈마태복음〉 3장 7절~10절 참조

님 나라를 위해 깨끗하게 된 자다. 예수는 요한에게 세례를 받았다.[93]

기독교의 세례는 한국의 계불과 같은 것이었다. 계불은 소도제천 행사(신시神市, 조시朝市, 해시海市)의 선행제先行祭로, 오늘날 목욕제계라는 유습으로 아직도 우리 민족의 예속禮俗으로 남아 있다. 문헌상의 잔편殘片으로는 《삼국유사》〈가락국기〉에「삼월 계욕일禊浴日에 그들이 살고 있는 구지봉龜旨峯에서 무엇을 부르고 있는 이상한 소리가 났다.」고 한 기록에 계불이라는 말과 비슷한 계욕이라는 말이 쓰이고 있으나, 〈부도지〉는 계불이 복본을 위한 수증修證 행위임을 보여주고 있다.

계불은 우리 민족의 제천의식 중에서 종교적·정치적 의미를 고찰할 수 있는 중요한 점을 시사한다. 계불은 수계제불修禊除祓, 계사禊事, 불제祓除, 제불除祓 등의 말과 함께 쓰인 흔적을 남기고 있으며, 박달나무숲에 신시神市를 열고 마음을 깨끗이 하여 하늘에 제사를 지내는 의식의 일부였다.

계불 의식은 처음에 종교적인 행사로 시작했다. 신시 시대에 산과 바다의 여러 종족들은 생선과 고기를 많이 먹었기 때문에 희생제犧牲祭를 행하여, 인간으로 하여금 반성하고, 조상에 대하여 기른 공에 보답하게 했다. 제사를 행할 때는 희생물의 피에 손가락을 꽂아 생명을 성찰하고, 땅에 피를 부어 기른 공에 보답하게 했는데, 여기에는 물체物體가 대신 오미五味의 과過에 보상하게 함으로써 재앙을 멎게 하려는 육신고충肉身苦衷의 고백이 있었다. 이 의식은 전세계적으로 전파되어 각종 신에 대한 제사가 행해지게 되었다.[94]

계불에는 계서禊誓의 뜻도 있다. 계서는 정복민족에 대하여 피정복민족이 항복하고 귀순하는 것을 의미한다.[95]

---

93. 볼트만, 《예수》, 삼성출판사, 1977, 201~206쪽 참조
94. 〈부도지〉 8·11·12·14·15·29장 및 《주해 한단고기》 41·167쪽 참조
95. 〈부도지〉 및 《왜인홍망사1》, 신국민사, 소화 54년, 471~180쪽 참조

한국의 광명 시대부터 전해 오는 〈부도지〉의 내용과 《구약성서》〈창세기〉의 몇 가지 내용은 원형이 거의 일치하고 있다. 〈부도지〉에는 마고성이 있는 대신 《구약성서》에는 에덴동산이 있다. 둘 다 낙원이었다. 이곳에 살던 사람들은 단성생식單性生殖을 했으며, 그들은 다같이 금단禁斷의 열매를 먹고 추방당했다. 그리고 나서 홍수를 만났다.

두 서적은 다같이 언어적 갈등, 이교도와의 대립·충돌, 속죄를 위한 희생제로서의 번제의식燔祭儀式을 기술하고 있으며, 낙원 이전 세계와 이후 세계를 구별짓고 있다. 그들은 복본을 서약하고 또 그것을 믿고 따르고 있다. 황궁씨는 마고성을 나오기 전, 마고에게 제사를 드리고 복본할 것을 맹세한 후, 그 약속을 실현하기 위하여 돌이 되어 대성회복의 서약을 성취했다.

〈부도지〉와 〈창세기〉가 다른 점이 있다면, 지엽적인 것들은 제외하고, 두 서적의 표현상의 강도가 다르다는 것뿐이다. 《구약》은 지나치게 독선적이며, 자기중심적이고 권위적이며, 이원 대립적·복수적인 데 비하여, 〈부도지〉는 설득적이며 봉사적이고, 헌신적·자기희생적이며, 평등의식이 투철하고 화합적이다.

대립의식이 전혀 없는 것은 아니지만 〈부도지〉는 그것을 복수에 의해서가 아니라 천리天理를 따르는 원칙과 화합에 의해 모든 갈등을 해결하려는 수용적인 태도를 가지고 있다. 이와 같은 두 서적의 차이는 오늘날의 동서양문화의 특징으로 남아 있다.

〈부도지〉에 나타난 순수성과 원형성은 〈부도지〉의 사상이 《구약》의 원류였으리라는 심증을 더욱 굳혀 준다. 〈부도지〉의 선·후천의 설정 및 천지창조, 마고성과 에덴동산, 홍수 이야기, 바벨탑의 와해가 아닌 높은 탑과 계단의 축조, 포도와 선악과 등에 얽힌 기록들은 《구약》보다 원초적이고 자연적이다.

포도에 대한 기록은, 《구약》이 에덴동산의 선악과 분리 기술하고 있는 데 비하여, 〈부도지〉는 한 줄거리의 동일한 기사로 엮어냄으로써 《구약》의 선악과가 바로 포도라는 사실을 완전하게 밝혀 주고 있다. 포도는 술의 원료가 되는 과실이며, 술은 인간에게 새로운 사고와 질서를 행하게 하는 용기와 안목을 준다. 술은 선과 악의 세계를 갈라내는 마법을 행하는 묘약과도 같은 것이었다.

백소씨의 족속 지소씨가 지유를 마시기 위하여 유천에 갔다. 사람들에 비해 샘이 작으므로 젖을 마실 수가 없어서 다섯 차례나 양보하고 소巢로 돌아왔다.

지소씨는 배고픔으로 일어나는 현기증을 이길 수가 없었다. 어찌할 수 없는 한계상황에서 지소씨는 소巢의 난간에 매달린 포도열매를 먹지 않을 수 없었다. 그는 열매를 따먹었다. 먹고 나서 독에 취하여 펄쩍 뛰었다.

그는 난간에서 내려와 걸으면서 새로이 발견한 세계와 자신의 역량과 자신에게 그러한 능력을 준 포도를 찬미하고, 구시대의 사회 질서를 대표하는 사상, 즉 도道를 부정하는 획기적인 새로운 사상을 담은 시를 읊었다. 이 사건은 결국 세계를 과거와 현재, 동·서·남·북을 산산조각으로 만들어버린 최초의 대사건이었다.

「넓고도 크구나 천지여,
내 기운이 능가한다.
이 어찌 도인가,
포도의 힘이로다.」

노아가 농업을 시작하여 포도나무를 심었다. 노아는 포도주를 마시고 취하여 장막 안에서 벌거벗었다. 이것은 일대 이변이었다. 가나안의 아비 함은 그 아비 노아의 하체를 보고 밖으로 나가 두 형제에게 알렸다.

이 일이 화근이 되었다. 셈과 야벳이 옷을 가지고 들어가서 아비의 하체를 덮어 주었다.

노아가 술이 깨어, 가나안은 저주를 받아 그 형제의 종들의 종이 되기를 원하노라고 악담을 퍼부었다. 「셈의 하나님 여호와를 찬송하리로다. 가나안은 셈의 종이 되고 하나님이 야벳을 창대케 하사 셈의 장막에 거하게 하시고, 가나안은 그의 종이 되게 하시기를 원하노라.」고 했다.

이것은 〈부도지〉와 같이 종족의 분열을 나타낸 것이지만, 자기의 잘못을 엉뚱한 함에게 전가시키고 저주를 내리게 한 것은 납득하기 어려운, 극히 이기적이고 자기중심적인 사고라고 지적하지 않을 수 없다.

이 장에서는 지금까지 한국문화가 마치 중국에서 나온 것처럼 잘못 알려진 사실을 바로잡기 위하여 한국문화의 근원과 본체성本體性을 고찰하고, 나아가 한국문화가 중국문화와 서양문화에 미친 영향에 대해서도 비교·검토했다. 상대上代의 한국문화가 현생 인류 최초의 문화였다는 사실을 밝히는 일에도 소홀하지 않았다.

5. 결론

한국은 애석하게도 이와같이 유서 깊은 삼신복본사상三神複本思想을 만족하게 발전시키지 못했다. 단군조선이 멸망한 후 급속도로 기울어진 국력은 변질된 외래사상의 역유입을 막을 만한 힘을 거의 잃고 말았다.

황제와 요의 변질된 음양사상이 우리나라에 알려진 시기는 이미 오래 전이지만, 《단기고사》에 의하면, 주인周人이 역서를 가지고 우리나라에 찾아온 것은 서기 전 1100년대인 것 같다. 그리고 불교는 공식적인 기록에 의하면 17대 소수림왕 2년 372년 6월에 고구려에 들어왔다. 이후 신라와 고려는 불교국가가 되고, 조선은 유교국가가 되었다.

삼신복본사상은 국가적 혹은 정치적인 지지 기반을 잃고 표류한 지 1천여 년 만에 미신으로 전락하여 온갖 천대와 멸시와 탄압을 받았으며, 근본이 없는 황탄괴기설荒誕怪奇說로 낙인찍히고, 오늘날에 와서는 겨우 민간신앙에서나 그 명맥을 찾아볼 수 있게 되고 말았다. 그러나 삼신복본사상이 영원히 죽은 것은 아니었다. 일제시대 한국 독립운동의 9할 이상이 삼신사상에 맥이 닿아 있음을 우리는 새롭게 인식해야 한다.

국혼의 상실은 국력의 쇠약을 가져온다. 현생 인류 종주족으로서의 긍지와 자부심을 심어주던 삼신사상을 지금도 어떤 사람들은 미신으로 천대하고 있다.

이와 같은 태도는 자기 자신을 버리는 행위라고 해도 지나친 말은 아닐 것이다. 이러한 생각 때문에 우리 민족은 민족 생성 이후 처음으로 일제에게 조국과 민족을 모두 빼앗기는 치욕을 불러들였으며, 그 여독으로 민족 분단의 고통 속에 빠져 있다.

우리의 이웃이 자신을 발견하고 맹렬한 활동을 전개하고 있을 때, 우리는 우리가 누구인지, 무엇을 해야 할 민족인지 알지 못하고 있었다. 다음은 몽고인민공화국 내의 오르곤강 유역에서 발견된, 8세기경의 돌궐족 비문의 일부다.

「타브가츠, 즉 한인漢人들은 수많은 금 · 은 · 비단을 우리에게 주었다. 한인들의 말은 달콤하였고, 그들의 물건은 부드러웠다. …… 무지한 인간들은 그 말을 듣고 그 쪽으로 가까이 가서 많은 사람들이 죽었다. 그곳으로 가면, 돌궐민족이여! 너희는 죽음을 당할 것이다. 외튀켄Otuken 산록에서 거주하며 대상隊商들만 보낸다면 어떤 걱정도 없을 것이다.」[96]

우리는 진정한 해원과 화해를 바탕으로 사해四海 공도公都의 백성으로

---

[96]. 송기중 역,《유목민족 제국사》, 민음사, 1984, 55쪽 참조

서, 전인류의 종주족으로서, 두려움 없는 자신과 희망과 용기를 가져야 한다. 우리는 과거의 영광을 되찾아 미래 사회의 주인공이 되어야 한다.

참고문헌 | 찾아보기

참고문헌

《20세기의 정부와 정치》, 카아터 · 헤르트, 문명사, 1972
《가락국 탐사》, 이종기, 일지사, 1977
《겨레 얼 삼대 원전》, 송호수, 겨레얼 연구회, 1983
《경도잡지》, 유득공, 대양서적, 1975
《규원사화》, 신학균, 명지대 출판부, 1984
《고구려 · 발해 문화》, 최무장, 집문당, 1982
《고대 한어 음운학 개요》, 버나드 칼그렌, 민음사, 1985
《고대 사회》, 모오건, 현암사, 1978
《고려도경》, 서긍, 아세아문화사, 1972
《고려사악지》, 황호근, 을유문화사, 1974
《고문헌에 보이는 왜와 조선 삼국의 교류사》, 병전경책浜田耕策
《공간의 역사》, 김용운 · 김용국, 전파과학사, 1985
《과학기술과 현대》, N. 콜더, 삼성사, 1983
《광개토왕 훈적비문론》, 문정창, 박문당, 1977
《교산 화해사전》, 이헌식, 소화 10년
《구석기 시대》, 보르드, 탐구만, 1983
《구세사》, 성베데딕도 수도원, 분도출판사, 1979
《구약성서 배경사》, 문희석, 대한기독출판사, 1985
《구조주의란 무엇인가》, 파쥬, 문예출판사, 1972

《국악 논고》, 장사훈, 서울대 출판부, 1980
《국악 입문》, 김기수, 세광출판사, 1982
《국역 매월당집》, 김시습, 세종대왕기념사업회, 1979
《군국 일본 조선 강점 삼십육년사》, 문정창, 박문당, 1966
《그리샤 · 로오마 신화》, 강봉식, 을유문화사, 1968
《그리스도인의 윤리》, 니이버, 삼성출판사, 1977
《근세 일본의 조선 침탈사》, 문정창, 박문당, 1967
《노자 도덕경》, 남만성, 을유문화사, 1970
《단군조선 사기 연구》, 문정창, 박문당, 1977
《단기고사》, 대야발, 개마서원, 1981
《단서대강》, 이고선, 1952
《대륙은 살아 있다》, 다께우찌 히도시, 전파과학사, 1985
《대세계의 역사》, C. 보렌, 삼성출판사, 1982
《대종교 요감》, 강수원, 대종교 총본사, 개천 4440년
《대종교 중광 육십년사》, 고유섭, 대종교 총본사, 1971
《대지와 의지의 몽상》, 바실라르, 삼성출판사, 1977
《도상과 사상》, 허버트 리드, 열화당, 1983
《도시의 기원》, 최몽룡, 백록출판사, 1984
《동경대전》, 최제우, 삼성출판사, 1977

《동경잡기》, 민주면, 대양서적, 1975
《동국세시기》, 홍석모, 대양서적, 1975
《동명왕편·제왕운기》, 박두포, 을유문화사, 1974
《동물의 미술》, 장태현, 열화당, 1979
《동물인가 천사인가》, 르네듀보, 서광출판사, 1982
《동사》, 허목, 박영사, 1979
《동언사략》, 정교, 개마서원, 1981
《동이 고사 연구의 초점》, 김규승, 범한서적, 1974
《동이전의 문헌적 연구》, 전해종, 일조각, 1982
《만보산 사건 연구》, 박영석, 아세아문화사, 1985
《매월당 김시습 연구》, 정주동, 민족문화사, 1983
《레비-스트로스》, 이광규, 대한 기독교 서회, 1973
《문학과 예술의 사회사》, A. 하우저, 창작과비평사, 1978
《문화의 개념》, A. 화이트, 일지사, 1982
《문화의 과학적 이론》, 말리노프스키, 삼성출판사, 1977
《문화인류학 입문》, 솔 탁스, 을유문화사, 1974
《물리학사》, 게디오, 전파과학사, 1983
《미개사회의 성과 억압》, 말리노프스키, 삼성출판사, 1977
《미래의 유산》, C. J. Ball 외, 진현서관, 1979
《미술의 역사》, 허버트 리드, 범조사, 1981
《민족사의 맥을 찾아서》, 박성수, 집현전, 1985
《민족주의》, C. J. H. 헤이스, 사상계사, 단기 4294
《밀교》, 석지현, 현암사, 1984
《방사선과 농업》, 김길환·차진환, 전파과학사, 1984
《백제 고분 연구》, 강인구, 일지사, 1984
《법구경》, 이기석, 홍신문화사, 1983
《베트남사》, 유인선, 민음사, 1984
《별의 물리》, 마사도시, 전파과학사, 1984
《불교와 미술》, 황수영, 열화당, 1982
《불교와 힌두교》, 영목일랑鈴木一郎, 동화문화사, 1980
《불의 정신분석》, 바실라르, 삼성출판사, 1977
《사기》, 요시다 겐코오(吉田賢抗), 명치서원, 소화59년
《사상의 자유의 역사》, J. B. 뷰어리, 신양사, 4392
《산해경》, 다카마 미요시(高馬三良), 동경 평범사, 1985
《산해경》, 정재서, 민음사, 1985
《삼국사기》, 이병도, 을유문화사, 1985
《삼국유사》, 이민수, 을유문화사, 1985
《상주사》, 윤내현, 민음사, 1985
《샘이 깊은 물은》, 박시인, 주류, 1982
《생명의 기원》, L. E. 오글, 전파과학사, 1984
《샤머니즘》, 엘리아데, 삼성출판사, 1977
《서양 건축사》, 윤장섭, 동명사, 1982
《서양 고대사》, C. 보렌, 탐구당, 1985
《서양 과학사》, 오진곤, 전파과학사, 1981
《서양 미술사》, E. H. 곰브리치, 열화당,

1983
《서양 음악사》, 이성삼, 정음사, 1979
《서양의 미래》, 드뷰스, 을유문화사, 1969
《성경전서》, 김주병, 대한성서공회, 1978
《성리대전》, 호광 외, 경문사, 1981
《세계 미술 전집》, 이항성, 문화교육출판사, 1962
《세계 수학 문화사》, 김용운·김용국, 전파과학사, 1981
《세계의 미래상》, OECD, 삼성사, 1983
《소크라테스, 불타, 공자, 예수》, 야스퍼스, 종로서적, 1980
《수학의 세계》, 박세희, 서울대 출판부, 1985
《수학의 영웅들》, 김용운, 전파과학사, 1984
《수학의 흐름》, 김용운·김용국, 전파과학사, 1985
《순자》, 안병주, 삼성출판사, 1977
《슬픈 열대》, 레비스트로스, 삼성출판사, 1977
《시일야방성대곡》, 장지연, 삼성출판사, 1977
《신강훈민정음》, 서병국, 학문사, 1984
《신라 수이전》, 이석호, 을유문화사, 1974
《신라가요 연구》, 최성호, 문현각, 1984
《신선전》, 갓 코오(葛洪), 동경 평범사, 1985
《신에의 도전》, 마이니찌 신문, 과학과 인간사, 1979
《신학과 한국 사상의 만남》, 김상일, 기독교사상, 1985 7·8월호
《실크로드シルクロ-ド의 천황가》, 가시마 노보루, 신국민사, 소화59년
《십팔사략》, 윤재영, 박영사, 1985
《알타이 문화사 연구》, 박시인, 탐구당, 1982
《알타이 인문 연구》, 박시인, 서울대 출판부, 1981
《에너지와 동력》, C. 스타 외, 전파과학사, 1983
《역법의 원리 분석》, 이은성, 정음사, 1985
《역사가와 세계혁명》, 한스·코온, 탐구당, 1983
《역사란 무엇인가》, E. H. 카, 탐구당, 1984
《역사와 지성》, 차하순, 탐구당, 1980
《역사의 연구》, 토인비, 삼성출판사, 1977
《역사의 이론과 역사》, 크로체, 삼영사, 1981
《역사의 이해》, 차하순, 탐구당, 1981
《역사의 인식》, R. G. 콜링우드, 경문사, 1982
《역사철학 강의》, 헤겔, 삼성출판사, 1977
《역사학 개론》, 박성수, 삼영사, 1984
《역사학 연구 방법론》, 두유운杜維運, 일조각, 1984
《역해종경사부합편》, 박영준, 대종교 총본사, 개천 4425년
《열선전》, 유향劉向, 동경 평범사, 1985
《열양세시기》, 김매순, 대양서적, 1975
《영해 박씨 세람》, 강수원, 영해 박씨 대종회, 1980
《예기》, 권오돈, 홍신문화사, 1982
《예수》, 볼트만, 삼성출판사, 1977
《왕오천축국전》, 이석호, 을유문화사, 1974
《왜인 흥망사》, 가시마 노보루, 신국민사, 소화54년

《용비어천가》, 허웅, 정음사, 1984
《우리 역사를 어떻게 볼 것인가》, 이기백 외, 삼성사, 1981
《우리가 처음은 아니다》, A. 토머스, 전파과학사, 1985
《우리말 연구사》, 김석득, 정음문화사, 1983
《우주변화의 원리》, 한동석, 행림출판사, 1982
《우주와 역사》, 엘리아데, 현대사상사, 1984
《우주의 역사》, 콜린 윌슨, 범우사, 1986
《우파니샤드》, 박석일, 정음사, 1978
《운석과 행성의 기원》, J. A. 우드, 전파과학사, 1980
《원시 불교》, 수야홍원水野弘元, 지학사, 1985
《유목민족 제국사》, 룩콴덴, 민음사, 1984
《육당 최남선 전집》, 최남선, 현암사, 1973
《율곡집》, 이이, 삼성출판사, 1977
《음악의 역사》, B. 샹피뉼, 삼성사, 1981
《음악의 역사와 사상》, 라이히텐트리트, 학문사, 1981
《인간의 과학》, J. B. S. 홀데인, 삼성사, 1983
《인간의 역사》, J. 브로노브스키, 삼성사, 1976
《인간의 역사》, 안전덕태랑安田德太郎, 교문사, 1962
《인구론》, R. 말사스, 을유문화사, 1969
《인류 시원사》, 김재환, 백수사, 1974
《인류문화의 발생과 전개》, 최몽룡, 동성사, 1985
《인류생태학》, G. 올리비에, 삼성사, 1978
《인류의 기원》, 휴즈, 탐구당, 1983

《인류학에의 초대》, L. 올리버, 탐구당, 1983
《일본 문화사》, 전택담田澤擔 외, 일본국 외무성
《일본 미술사》, 구노 다카시(久野健) 외, 열화당, 1985
《일본 상고사》, 문정창, 박문당, 1970
《일본 신화》, 박시인, 탐구당, 1980
《일본 유다야 왕조의 비밀》, 가시마 노보루, 신국민사, 소화59년
《일본사의 허상과 실상》, 화가삼태랑和歌森太郎, 매일신문사, 소화56년
《일본서기》, 파본태랑坡本太郎 외, 암파서점, 1984
《일본어의 기원》, 김방한, 민음사, 1985
《일본의 만엽집》, 김은엽, 민음사, 1985
《입학도설》, 권근, 을유문화사, 1983
《자석 이야기》, F. 비터, 전파과학사, 1983
《자유주의》, J. S. 샤피로, 사상계사, 4294
《잠헌서》, 홍대용, 대양서적, 1975
《장자》, 김동성, 을유문화사, 1969
《전통미술의 재발견》, 박용숙, 일지사, 1980
《정감록》, 이민수, 홍신문화사, 1985
《조선 금석 총람》, 홍대용, 경인문화사, 1969
《조선 도교사》, 이능화, 한국학 연구소, 4292
《조선 무속고》, 이능화, 삼성출판사, 1977
《조선 불교유신론》, 한용운, 삼성출판사, 1977
《조선 상고 민족사》, 최동, 동국문화사, 1966
《조선 상고사》, 신채호, 삼성사, 1977
《조선 탑파의 연구》, 고유섭, 을유문화사, 1948

《조선 혁명 선언》, 신채호, 삼성출판사, 1977
《조선의 궁술》, 이중화, 민속원, 1985
《조선전》, 이민수, 탐구당, 1983
《조선해어화사》, 이능화, 한국학 연구소, 1977
《종교와 과학》, B. 라쓸, 전파과학사, 1984
《종교형태론》, 엘리아데, 형설문화사, 1982
《종의 기원》, R. 다아윈, 1969
《주거형태와 문화》, 라포트, 열화당, 1985
《주해 한단고기》, 김은수, 가나출판사, 1985
《회남자》, 이석호, 을유문화사, 1982
《중국 고대 신화》, 이훈종, 범문사, 1982
《중국 과학의 사상》, 박성래, 전파과학사, 1982
《중국 문화사 개론》, 전목, 정음사, 1979
《중국 문화사상사》, 양계초梁啓超, 정음사, 1983
《중국 회화사》, J. 캐힐, 열화당, 1983
《중국사상의 이해》, H. G. 크릴, 경문사, 1986
《중국어와 수메르어》, C. J. Ball 외, 옥스퍼드대, 1913
《중국예술의 세계》, 마이클 설리반 외, 열화당, 1983
《중국의 고고학》, 최무장, 전파과학사, 1978
《중국의 과학과 문명》, 조셉 니담, 을유문화사, 1985
《중국의 과학문명》, 야부우찌 기요시, 전파과학사, 1981
《중국의 수학》, 야부우찌 기요시, 전파과학사, 1981
《중국의 신령》, G. 프루너, 정음사, 1984

《중국의 원시시대》, 윤내현, 단국대 출판부, 1982
《중국의 천문학》, 수내청藪內淸, 전파과학사, 1985
《중앙아시아 회화》, 마리오 부싸글리, 일지사, 1979
《증보 일선신화전설의 연구》, 삼품창영三品彰英, 동경 평범사, 소화50년
《지도의 역사》, 홍시환, 전파과학사, 1979
《지질학, 지구사 그리고 인류》, 장기홍, 전파과학사, 1984
《진한국마한사》, 김소남, 개마서원, 1981
《천부경과 단군사화》, 김동춘, 가나출판사, 1986
《청동기시대와 그 문화》, 김원룡 외, 삼성당, 1977
《초의 불꽃》, 바실라르, 삼성출판사, 1977
《춘추좌씨전》, 권오돈, 홍신문화사, 1981
《토기와 청동기》, 한병삼, 세종대왕 기념 사업회, 1974
《퇴계집》, 이황, 삼성출판사, 1977
《판소리의 이해》, 조동일·김흥규, 창작과 비평사, 1983
《포박자》, 갓 코오(葛洪), 동경 평범사, 1985
《한국 가면극 연구》, 박진태, 새문사, 1985
《한국 건축의 장》, 주남철, 일지사, 1985
《한국 경제사》, 조기준, 일신사, 1984
《한국 고고학 개론》, 김원룡, 일지사, 1985
《한국 고대 종교 사상》, 이은봉, 집문당, 1984
《한국 고대미술 문화사론》, 박용숙, 일지사, 1981

《한국 고대법사》, 구병삭, 고려대 출판부, 1984
《한국 고대사론》, 이기백, 탐구당, 1983
《한국 고대사회와 그 문화》, 이병도, 서문사, 1977
《한국 고대의 국가와 사회》, 역사학회, 일조각, 1985
《한국 금속 공예》, 진홍섭, 일지사, 1980
《한국 목조 건축》, 김정기, 일지사, 1982
《한국 무가집》, 김태곤, 집문당, 1979
《한국 무교의 역사와 구조》, 유동식, 연세대 출판부, 1985
《한국 문양사》, 황호근, 열화당, 1983
《한국 문화사 서설》, 조지훈, 탐구당, 1984
《한국 미술론》, 박용숙, 일지사, 1983
《한국 미술소사》, 김원룡, 삼성사, 1980
《한국 민속놀이의 연구》, 최상수, 성문각, 1985
《한국 민족문화의 기원》, 김정배, 고려대 출판부, 1980
《한국 민족설화의 연구》, 손진태, 을유문화사, 1979
《한국 민족전설의 연구》, 최상수, 성문각, 1985
《한국 사상사》, 박종홍, 서문사, 1977
《한국 상고사의 쟁점》, 천관우, 일조각, 1983
《한국 설화의 원시종교 사상 연구》, 박용식, 일지사, 1985
《한국 수학사》, 김용운·김용국, 열화당, 1982
《한국 음악사》, 장사훈, 정음사, 1978
《한국 음양사상의 미학》, 박용숙, 일월서각, 1981
《한국 장신구사》, 황호근, 서문당, 1979
《한국 종교 문화의 전개》, 정진홍, 집문당, 1986
《한국 통사》, 박은식, 삼성출판사, 1977
《한국 풍속사화》, 박용구, 을유문화사, 1981
《한국과 일본 문화》, 이진희, 을유문화사, 1982
《한국사 강좌》, 이기백·이기동, 일조각, 1984
《한국사 연구초》, 신채호, 을유문화사, 1978
《한국사》, 진단학회, 을유문화사, 1971
《한국사의 방법》, 홍이섭, 탐구당, 1981
《한국사의 성찰》, 변태섭, 삼영사, 1979
《한국어 형성사》, 이기문, 삼성사, 1981
《한국어의 계통》, 김방한, 민음사, 1984
《한국의 국경 연구》, 양태진, 동화출판공사, 1981
《한국의 무》, 조홍윤, 정음사, 1983
《한국의 무당》, 최길성, 열화당, 1981
《한국의 미》, 황호근, 을유문화사, 1971
《한국의 민속》, 임동권, 세종대왕 기념 사업회, 1975
《한국의 벽화고분》, 김기웅, 동화출판공사, 1982
《한국의 시원사상》, 박용숙, 문예출판사, 1985
《한국의 유교》, 류승국, 세종대왕 기념 사업회, 1971
《한국의 장승》, 이상일, 열화당, 1981
《한국의 전통사상》, 국민윤리학회, 형설출판사, 1983

《한국의 판소리》, 정병욱, 집문당, 1981
《한단고기》, 가시마 노보루, 신국민사, 소화 59년
《한단유기약초》, 강국선 엮음
《한민족의 뿌리 사상》, 송호수, 국학 연구회, 1983
《한민족의 상고사》, 윤희병, 백산학회, 1985
《한비자》, 성동호, 홍신문화사, 1983
《한웅과 단군과 화랑》, 안호상, 사림원, 1985
《한철학》, 김상일, 전망사, 1983
《해동운기》, 황순구, 청록출판사, 1970
《해동이적》, 홍만종, 을유문화사, 1982
《향가 연구》, 최학선, 우주, 1985
《혁신 국어학사》, 이숭녕, 박영사, 1982
《현대 지성과의 대화》, 홍순호, 중앙일보, 1979
《현대 고고학》, 레오 클레인, 열화당, 1980
《현대의 인간 이해》, 페리르페블, 대한 기독교 서회, 1979
《현대의 폐허 = 도시》, 미셸라공, 삼성사, 1982
《현대정신비판의 철학》, 니이버, 대문출판사, 1970
《현대정치의 5개 사상》, B. 와드, 사상계사, 단기 4294
《형질인류학 및 선사고고학》, E. 존스톤, 탐구당, 1981
《화담집》, 서경덕, 대양서적, 1975
《화동사전》, 이종대, 소화 7년
《황금가지》, 프레이저, 삼성출판사, 1977
《황제내경 운기 해석》, 백윤기, 고문사, 1985
《훈민정음 연구》, 이성구, 동문사, 1985

《훈민정음의 구조 원리》, 이정호, 아세아문화사, 1978
《흑자》, 김학주, 삼성출판사, 1977
《희랍극 전집》, 강봉식, 현암사, 1968
《희망의 실험》, 볼트만, 삼성출판사, 1977

찾아보기

ㄱ

가나안 34, 35, 295, 304, 308, 309
가락駕洛 47, 52, 233, 267, 271, 306
가림다문 289
가야 126
각간선생실기角干先生實記 224
강감찬 6, 155, 156, 224
강거康居 268
강국선姜國善 264
강수姜水 256, 258
개평현蓋平縣 57, 263
거서간居西干 99, 100, 101
거석巨石 8, 47, 58, 234, 250, 277, 282
거울 23, 273
경순왕敬順王 151, 152, 153
경애왕景哀王 151, 152
계啓 74, 88
계림鷄林 141, 219
계불禊祓 47, 48, 49, 53, 59, 102, 185, 199, 250, 261, 305, 306
계불지禊祓誌 5
계손季孫 6, 122, 163, 199, 200, 202, 203, 204, 207, 208, 209, 210, 211, 212, 213, 216
계욕일禊浴日 47, 306
고구려 16, 39, 52, 96, 98, 99, 122, 138, 140, 149, 153, 163, 202, 222, 233, 250, 271, 272, 273, 300, 309

고대 해양왕의 지도 8, 58, 234
고수씨高叟氏 239
고신高辛 238, 265, 293
고주몽高朱蒙 254
곤 77, 239
공공工共 258, 293
공손公孫 238, 258
공안국孔安國 293
공자孔子 235, 271
곽여郭輿 148, 149
관管 17, 23
관설당觀雪堂 16, 96, 116, 121, 127, 199, 201
관음管音 132, 134
구 85
구다천국句茶川國 253
구막한국寇莫汗國 253
구모액국 253
구약성서 18, 34, 35, 42, 62, 232, 242, 271, 290, 303, 307
구은九隱 6, 122, 163, 198, 199, 200, 201, 204, 207
구절라국瞿折羅國 267, 287
구지봉龜旨峰 47, 306
궁穹 29, 57, 298
궁씨穹氏 17
궁예弓裔 151, 153, 154
궁희穹姬 7, 17, 26, 43, 46, 246, 249
귀단鬼團 170, 171

규손奎孫 199, 202, 203, 204, 206, 207,
　　208, 209, 211
규원사화揆園史話 235, 286, 289
그리스 7, 8, 28, 58, 234, 239, 240, 241,
　　244, 245, 277, 282, 303
금강(산) 6, 55, 120, 160, 170, 186, 198,
　　208, 209, 213, 216, 217
금계어략金溪魚躍 105, 226
금척金尺 23, 102, 103, 104, 105, 132,
　　136, 159, 160, 164, 166, 168, 170,
　　172, 174, 185, 188, 198, 199, 220,
　　221, 222, 224, 225, 226, 227, 228,
　　229, 273
금척원金尺院 104, 170
금척지金尺誌 5, 136, 137, 164, 170, 174
금팔조禁八條 51, 252, 284, 286
금호(종합이학원)錦湖綜合理學院 7, 137,
　　183, 184, 188
금화(초막동)金化草幕洞 6, 122
금화로방루상소게金化路傍樓上小憩 216
기期 85
기독교 8, 61, 305, 306
기자箕子 97, 98, 291
기준箕準 99, 291
기화수토氣火水土 7, 24, 70, 257, 281, 282
길가메시 57
김시습金時習 5, 6, 13, 23, 103, 105, 120,
　　122, 137, 177, 178, 185, 186, 197,
　　198, 199, 200, 287
김유신金庾信 148, 149, 224
김춘추金春秋 148, 224

ㄴ

낙서洛書 70, 282
낙원 18, 34, 39, 42, 233, 236, 246, 249,
　　250, 254, 290, 305, 307
남만南蠻 238
남태백산 60, 99, 102, 103, 252
남해씨南解氏 113
내물왕奈勿王 16, 96, 122, 138, 139
노산조魯山朝 162, 213, 215
노아 34, 35, 44, 308, 309
녹도문鹿圖文 52, 234, 286
농상지農桑誌 5, 185, 199
눌지왕訥祗王 16, 96, 116, 122, 137, 138,
　　140, 142, 143, 146, 202, 211, 222,
　　303
니이벤 243

ㄷ

다물多勿 39, 236, 246, 250, 254, 255
다윈 240, 244, 247
단군檀君 5, 7, 8, 25, 46, 57, 61, 74, 75,
　　93, 99, 124, 168, 190, 228, 232, 237,
　　239, 251, 280, 286, 289, 290, 299,
　　304, 309
단군조선檀君朝鮮 18, 51, 54, 62, 110
단기고사檀奇古史 62, 74, 175, 235, 236,
　　239, 264, 286, 289, 309
단旦 44, 85, 283
단서대강檀書大綱 251, 255
단씨檀氏 150, 224, 254
단종端宗 120, 122, 162, 163, 186, 199,
　　200, 203, 204, 207, 216, 217, 218,

219, 228
당도唐都 68, 76, 172, 239, 263, 266
대력大曆 85, 283, 284
대사大祀 44, 85
대삭大朔 44, 85, 284
대성大城 25, 26, 29, 36, 40, 43, 45, 79,
　　248, 305, 307
대여산岱輿山 57, 66, 67
대월사기전서大越史記全書 295, 297
도산塗山 78, 80, 267, 280
도원(원)桃園(源) 16, 34, 96, 127
도인지陶人誌 5, 185, 199
돌 45, 46, 47
돌판 62
동경잡기東京雜記 48, 101, 143, 255
동정호洞庭湖 64, 264
동학사東鶴寺 217, 218, 219, 220
동해東海 21, 97, 99, 108, 110, 115, 134,
　　141, 142, 150, 159, 169
디오니소스 241

ㄹ
라가쉬국 52

ㅁ
마고(麻姑)(할미) 17, 24, 29, 31, 36, 40,
　　43, 46, 55, 59, 90, 91, 93, 107, 233,
　　246, 248, 249, 260, 262, 279, 307
마고성麻姑城 7, 8, 17, 18, 22, 24, 25, 34,
　　39, 42, 43, 57, 60, 79, 91, 107, 232,
　　233, 236, 238, 246, 248, 254, 261,
　　263, 270, 277, 279, 284, 289, 290,

298, 299, 304, 307
마고전설麻姑傳說 19
마더스 243
마랑馬郞 108, 109
마령간麻靈干 148, 149, 224
마르크스 240
마야 242, 243, 249, 277
마한馬韓 97, 99, 239, 283, 291, 292
말사흔末斯欣 138, 139, 140, 142, 143
망루望婁 18, 30, 57
매구여賣句餘 253
매월당집梅月堂集 23, 105, 200, 209, 213,
　　216, 217, 226
맬더스 240, 244
맹산읍孟山邑 19
메소포타미아 7, 18, 248, 249, 250, 252,
　　298, 301
메콩강 52
멕시코 47, 243, 250
명천明川 157, 158, 168, 169
명협蓂莢 68, 72, 83, 84
모산茅山 88, 89
모체족 23
목도木島 5, 141
묘 85, 87, 100, 101, 122, 149, 160, 161,
　　163, 168
묘예苗裔 68, 71, 78
무씨사당武氏祠堂 251, 259
무여율법無餘律法 49, 51, 285
무열왕武烈王 148, 149, 170
무학無學 159, 160
문량공文良公 142

문천文川 6, 7, 137, 162, 163, 184, 186,
　　188, 198, 208, 217, 300
물금리 145
물명지物名誌 5, 185, 199
물품공勿品公 125, 126
미추씨味鄒氏 114

ㅂ

바벨탑 299, 307
바빌로니아 18, 252, 286, 289, 304, 305
박경한朴京漢 224
박금朴錦 5, 13, 137, 179, 183, 184, 188,
　　191, 195
박달나무숲 47, 59, 306
박도朴渡 199, 200, 204, 206, 207, 209,
　　210, 217
박문현朴文鉉 254
박씨朴氏 113
박용문朴龍文 224
박제상朴堤上 5, 9, 13, 16, 96, 116, 122,
　　129, 137, 143, 146, 151, 156, 158,
　　182, 198, 201, 218, 229, 238, 282,
　　287, 299, 303
박창령朴昌齡 200, 203
박혁거세朴赫居世 101, 104, 225, 228,
　　252, 254
반고盤固 238, 258, 293, 294, 295, 300
반치엔 52, 249
발해渤海 65, 67, 237, 264, 292
방삭초方朔草 66
방장산方丈山 59
방장해인方丈海印 59, 62, 67, 169

배중량裵仲良 138, 222
백두산白頭山 57, 60, 168, 256, 263, 272
백모白茅 40, 41, 102, 107
백소씨白巢氏 25, 30, 33, 36, 41, 90, 249,
　　261, 279, 298, 304, 308
백악白岳 249, 263, 269
백의제白衣祭 102, 107
백제百濟 16, 52, 96, 98, 170, 172, 218,
　　233, 237, 271, 278
뱀 36, 42, 56, 64, 187, 189, 216, 259, 267
번조선番朝鮮 233, 270, 291
번한番韓 99, 216, 284, 286, 291, 292
벌휴伐休 113
변진弁辰 103
변한弁韓 60, 97, 99, 127, 217, 269, 274
보단堡壇 18, 55, 57, 102, 262
보문전寶文殿 5, 128, 129, 138, 304
보새報賽 65
복服 283
복본復本 24, 39, 40, 45, 51, 92, 107,
　　115, 233, 236, 250, 254, 258, 305, 309
복의伏義 25, 45, 83, 153, 305, 307
복호卜好 16, 96, 121, 138, 140, 201, 219
본음本音 29, 45, 47, 90, 101, 134, 250,
　　299, 301
봉래산蓬萊山 21, 64
봉산지방鳳山地方 19
부도符都 5, 13, 15, 17, 21, 23, 27, 29,
　　30, 33, 37, 39, 41, 51, 59, 63, 73,
　　77, 81, 83, 93, 95, 97, 99, 101, 103,
　　105, 107, 111, 115, 126, 128, 134,
　　140, 148, 150, 153, 168, 169, 178,

220, 224, 228, 239, 252, 254, 261, 266, 280, 284, 290
부도지符都誌 182, 185, 199, 222, 232, 235, 246, 248, 251, 256, 261, 265, 278, 283, 289, 295, 299, 300, 303
부루씨夫婁氏 92, 93
부문負文 68, 72
부인符印 66, 67
북악北岳 249
불교佛敎 8, 37, 149, 309
불사약不死藥 66
브라운 248
브로노브스키 24, 234, 303
비리국卑離國 253
비왕 142, 143, 145, 146
비커족 58
빌라라마 52
빗살무늬토기 58

ㅅ

사곡촌沙谷村 199, 204
사祀 85, 87, 283
사육신死六臣 218, 219
사해지四海誌 5, 185, 199
삭朔 43
산상웅상山像雄常 298, 301
산신産神 18, 22
삼근영초三根靈草 57, 66
삼시랑三侍郎 18
삼신三神 18, 257, 272, 277, 309
삼영근三嶺根 57, 66
삼은각三隱閣 218, 219

삼일신고三一神誥 70, 252, 273, 281, 282, 291
삼한三韓 97, 209, 269, 291
상류양양진정서上柳襄陽陳情書 200, 202
상象 45, 75
생명과生命果 42
서라국徐羅國 113
석당石堂 16, 96, 127
석씨昔氏 113, 114
선악과善惡果 18, 42, 307, 308
선천先天 17, 23, 25, 167, 246, 248, 275, 279
성공필成公弼 223
성생주星生州 18, 25, 41, 42, 74, 233, 249, 250
성聲 24, 29, 248
성약법전聖約法典 286
성주成州 19
세석기細石器 8, 47, 58, 277
세종대왕世宗大王 6, 120, 161, 174, 199, 203, 287
솀 34, 35
소도성蘇塗城 18
소력小曆 85, 283
소부巢夫 68, 71, 78, 263, 266
소소巢 8, 18, 29, 57
소씨巢氏 17
소전少典 238, 256, 258, 265
소정방蘇定方 170
소희巢姬 17, 26, 43, 246, 249
손진태孫晋泰 19
송국부松菊賦 122, 217

수계제불修禊除祓 47, 306
수로首露 25, 52, 149, 267, 297
순舜 8, 71, 74
스칸디나비아 58
스코틀랜드 28, 58
스페인 58, 245
신농神農 238, 256, 258, 293, 295, 297
신단神壇 57, 101, 219, 264
신대문자神代文字 287
신덕왕神德王 151, 152, 224
신라新羅 60, 132, 148, 163
신부信符 59, 262
신시神市 47, 51, 59, 62, 123, 220, 252, 256, 262, 267, 273, 283, 286, 293, 298, 306
신운월재申雲月齋 145, 147
신자천申自天 125, 138, 222
신표信標 23, 40
실달성實達城 24, 26, 279
실성왕實聖王 138, 139, 222
실수實數 23, 167

ㅇ

아나우 249
아난타나그 56
아도공阿道公 125, 126
아베스타어 249
아벨 242
아비류문자阿比留文字 287
아사달阿斯達 234, 269
아일랜드 58
악학궤범樂學軌範 27

압독국狎督國 22
야벳 34, 35
양덕군陽德郡 19
양陽 262
양운국養雲國 253, 268
양자강揚子江 65, 256, 262, 264, 270, 272
어아가於阿歌 62
에덴동산 18, 42, 249, 307
엔키두 57
여呂 26, 251
여성음女性音 18, 24
여호와 42, 242, 304, 309
역법曆法 7, 50, 58, 87, 234, 256, 276, 283, 286
역수曆數 24, 29, 31, 43, 108, 248, 273, 283, 291
역시지曆時誌 5, 7, 185, 199
역제曆制 44, 83
열석列石 47, 58, 250
영주瀛洲 57, 66, 67
영초靈草 57
영해군寧海君 142, 157, 183
오금烏金 31, 32, 36, 37, 254, 300, 301
오미의 변五味의 變 34, 44, 107, 248, 290
오엽서실五葉瑞實 66
오음칠조五音七調 24, 26, 27
오장군吳將軍 238
옥적玉笛 132, 134, 221, 226
올메카 47
옴OM 56
왕건王建 6, 152, 153
왕금王錦 257

왜국倭國 114, 116, 138, 140, 146, 211
요堯 34, 85, 86, 238, 277, 283, 284
요한 242, 305, 306
우라노스 241
우루카키나 52
우르크 57
우禹 75, 76, 280
우의형구羽儀亨衢 210
우차羽車 20, 22
우트 57
운림산雲林山 6, 162, 186, 198, 208, 217
운와雲窩 6, 121, 162, 186, 199, 201, 207, 216
운해족雲海族 92, 93
운해주雲海洲 18, 25, 41, 43, 44, 233, 249, 250
원가袁珂 260, 266, 295
원교봉圓嶠峯 64, 65, 67
원시한글 52
월식주月息洲 18, 25, 41, 43, 44, 233, 249, 250
위구르왕자 22
위만衛滿 233, 291
유관동록遊關東錄 120, 216
유방택柳方澤 218
유웅국有熊國 258
유인씨有因氏 45, 46, 60, 68, 73, 79, 232, 250, 254, 305
유자한柳自漢 200
유차달柳車達 218
유천乳泉 33, 34, 308
유호씨有戶氏 8, 73, 76, 88, 90, 123, 220,

239, 264, 280, 283, 299, 301, 304
육부六部 100
육약비陸若飛 257
육촌六村 97, 98, 100
윤상尹祥 202
율려律呂 24, 26, 29, 102, 107, 246, 248
율려화생법律呂化生法 102, 107
율력律曆 24, 134
율포栗浦 60, 102, 107, 194, 252
은殷 86, 97, 284
을보륵乙普勒 62, 268, 286, 287
음상音象 24, 29, 30, 251
음신지音信誌 5, 7, 185, 199
음音 17, 23, 26, 29, 47, 106, 248, 254
음절音節 26, 56, 288
읍루씨邑婁氏 92, 93, 176
의산문답醫山問答 23, 70, 133, 222
의약지醫藥誌 5, 185, 199
이계전李季甸 202, 219
이고선李固善 263, 264
이능화李能和 23
이스라엘 239, 242, 304, 305
이스터섬 47, 250
이시애李施愛 178, 179, 186
이신의 왕 52
이정간李貞幹 218
이지연李止淵 200
이징옥李澄玉 178, 179, 186
이태조李太祖 159, 160, 224
인손璘孫 199, 203, 208, 211
임검씨壬儉氏 53, 68, 73, 92, 93, 261
잉카 23, 47, 242, 243, 249, 277

ㅈ

자규사子規詞 122, 200, 204, 213
자력磁力 56
자방磁方 56
자부선생紫府先生 256
자삭磁朔 55, 57, 66, 262
자삭방磁朔方 66
자오지한웅慈烏支桓雄 60, 257
자장磁場 57
적석산積石山 7, 60, 232, 234, 250, 256, 260, 272
정음正音 6, 62, 174, 225, 228, 268, 283, 286
정재실기靜齋實記 204, 209
정종靖宗 157, 158, 179, 218
제관조음堤管調音 23
제단祭壇 18, 57, 58
제명帝明 297
제시祭市 49, 60, 68, 78, 102, 108
제우스 241
조상치曺尙治 6, 122, 199, 203, 208, 213, 216, 219
조선朝鮮 150
조선제朝鮮祭 63, 65, 264
조시朝市 47, 60, 62, 65, 102, 252, 256, 262, 264, 306
조음調音 45, 132, 134
조제朝祭 63, 65, 262, 264
준왕準王 233
중력中曆 85, 283, 284
지리산智異山 18
지마씨 113
지모신地母神 246
지석묘支石墓 250
지유地乳 26, 28, 31, 34, 39, 233, 290, 308
진위陳尉 22
진주眞珠 21
진한眞韓 97, 99, 291, 292
진현창陳顯昌 237
짐세朕世 17, 25, 26, 246, 279
징심록澄心錄 119, 121, 123, 125, 127, 133, 135, 141, 143, 145, 147, 149, 151, 153, 155, 157, 159, 161, 167, 181, 183, 185, 191, 193, 195, 197
징심헌澄心軒 116, 138, 186, 192, 198, 221
징심헌시澄心軒詩 125

ㅊ

창오蒼梧 75, 76, 77, 239, 265
채경蔡經 20, 21, 22
채미시採薇詩 122, 217
천공도天空圖 247
천공신天空神 246
천국天國 18
천궁天宮 21
천녀天女 17, 24, 25, 26, 31, 42
천도天道 7, 23, 85, 146, 283, 292
천도정치天道政治 23
천리天理 11, 23, 78, 83, 121, 125, 158, 201, 212, 255, 280, 307
천문天文 234, 243, 256, 276, 291
천부天符 7, 17, 23, 40, 45, 50, 53, 59, 62, 68, 90, 220, 224, 261, 286, 291, 299,
천부경天符經 23, 61, 62, 91, 124

천부단天符壇 18, 55, 57, 102
천부삼인天符三印 45, 47, 49, 53, 92
천부소도天符小都 102, 103
천부의 법天符의 法 164
천부의 음天符의 音 59, 61
천산주天山洲 18, 24, 41, 45, 60, 232, 249, 272
천성 36, 38, 39, 102
천손千孫 199, 203, 207, 208
천수天水 23, 29, 43, 70, 78, 81, 83, 167, 248, 256, 275, 279
천수天數 280
천웅의 도天雄의 道 53, 97, 261
천웅지天雄誌 5, 7, 51, 185, 199
천음天音 31
천인天人 17, 24, 25, 26, 29, 31, 40, 255
천지天池 24, 33, 42, 45, 47, 56, 59, 70, 78, 83, 91, 97, 102, 109, 122, 164, 166, 221, 228, 234, 250, 255, 262, 279, 282, 291, 294, 303, 307
청구靑邱 294
최치운崔致雲 202
최치원崔致遠 148, 149
출애굽기 62, 242, 304
충렬왕忠烈王 137, 157, 158
충효곡忠孝谷 145, 147
치술령가恥述嶺歌 142
칠보산七寶山 168, 169
칠색보옥七色寶玉 66, 169
칠요七曜 59, 62

ㅋ

카인 242
칼 20, 23, 47
쿠스코 47
퀴초 22
크로노스 241
크인모드랜드 247

ㅌ

탈해왕脫解王 113
태백산太白山 7, 55, 57, 60, 232, 234, 255, 260, 272
태원太原 90, 91, 98
토사兎沙 37
토인비 237
톨레도 245
통감외기統鑑外紀 293
티아와나코 243, 253

ㅍ

파라다이스 249
파라오 249, 301
파사왕婆娑王 125, 126, 168, 211
판 32, 41, 46, 166
판 43, 44
팔택八澤 63, 65, 262, 264
페니키아문자 288
페루 23
페르시아 34, 249
평나平那 249
평양平壤 8, 47, 57, 69, 154, 161, 243, 249, 263

포도가葡萄歌 35
포신逋臣 6, 162, 207, 210, 213, 217, 219
피라미드 8, 18, 23, 30, 47, 91
피리 20, 23, 30, 134, 168, 170, 235, 247
피타고라스 24, 28

ㅎ

하도河圖 19, 33, 70, 161, 250, 282, 291, 297
하프쿠트 234
한韓 97
함무라비 법전 52
합삭合朔 44
해삼海蔘 57, 66
해시海市 47, 60, 62, 102, 252, 256, 262, 264, 306
향상響象 24, 29, 30, 31, 248, 251
허달성虛達城 24, 26, 43, 249, 279
허수虛數 23, 167
허실虛實 7, 70, 103, 132, 137, 166, 221, 228, 257, 278, 282
허유許由 68, 71, 78, 263, 266
헌구軒丘 238
혁덕赫德 234, 257, 286
혼취법婚娶法 255, 257
홍대용洪大容 23, 70, 133
홍만종洪萬宗 23
홍유손洪裕孫 218
화랑花郞 46, 109, 149, 258, 290, 291
환부鰥夫 49, 73
황궁씨黃穹氏 24
황제黃帝 77, 104, 170, 172, 179, 225, 238, 258, 260, 265, 277, 283, 293, 295, 309
회남자淮南子 24
효공왕孝恭王 150, 151, 254
효손孝孫 6, 122, 162, 198, 202, 207, 216
후천後天 17, 23, 25, 29, 93, 167, 246, 248, 276, 279, 305, 307
훈민정음訓民正音 6
흑산黑山 256
흑소씨黑巢氏 25
흑수黑水 256
희생제犧牲祭 47, 63, 306, 307
히틀러 244

부도지

1판 1쇄 발행 2002년(단기 4335년) 1월 10일
1판 19쇄 발행 2026년(단기 4359년) 1월 2일

지은이 · 박제상
번역 주해 · 김은수
펴낸이 · 심남숙
펴낸곳 · (주)한문화멀티미디어
등록 · 1990년 11월 28일 제 21-209호
주소 · 서울시 강남구 봉은사로 317 아모제논현빌딩 6층 (04915)
전화 · 영업부 2016-3500 편집부 2016-3507
http://www.hanmunhwa.com

만든 사람들
책임 편집 · 강정화 | 디자인 · 이정희 이은경

ⓒ 김은수, 2002
ISBN 978-89-5699-131-3 03900

잘못된 책은 본사나 서점에서 바꾸어 드립니다.
저자와의 협의에 따라 인지를 생략합니다.
본사의 허락 없이 임의로 내용의 일부를 인용하거나 전재, 복사하는 행위를 금합니다.